黄渊普 彭丽娜 钱一如 / 著

New Wave
of Going Global

U0336309

机械工业出版社
CHINA MACHINE PRESS

对中国企业而言，出海全球化是大势所趋。在"一带一路"倡议的前十年，以大型国有企业为代表的出海企业，在全球建立起了强大的竞争优势。2024年是"一带一路"倡议第二个十年的开始，数以百万计的中小型企业可以乘此东风走向海外。本书分为战略战术篇和实践案例篇，围绕着中国企业为何要出海、如何出海、出海去哪里来展开，同时以优秀的出海企业案例为索引，总结它们出海过程中的经验和教训，共同探索中国企业新出海之道。本书适合各类企业的高层管理者阅读。

图书在版编目（CIP）数据

新出海浪潮 / 黄渊普，彭丽娜，钱一如著. —北京：机械工业出版社，2024.6（2024.10重印）
ISBN 978-7-111-75666-8

Ⅰ. ①新… Ⅱ. ①黄… ②彭… ③钱… Ⅲ. ①企业 - 海外投资 -
研究 - 中国 Ⅳ. ①F279.235.6

中国国家版本馆CIP数据核字（2024）第080867号

机械工业出版社（北京市百万庄大街22号 邮政编码100037）
策划编辑：赵 屹 责任编辑：赵 屹 蔡欣欣
责任校对：肖 琳 张 征 责任印制：常天培
北京科信印刷有限公司印刷
2024年10月第1版第4次印刷
169mm×239mm · 17.75印张 · 229千字
标准书号：ISBN 978-7-111-75666-8
定价：79.00元

电话服务 网络服务
客服电话：010-88361066 机 工 官 网：www.cmpbook.com
 010-88379833 机 工 官 博：weibo.com/cmp1952
 010-68326294 金 书 网：www.golden-book.com
封底无防伪标均为盗版 机工教育服务网：www.cmpedu.com

本书的赞誉

中国中化控股有限责任公司原党组书记、董事长
亚太经合组织中国工商理事会主席　宁高宁

中国企业最终的成功一定源自国际化。它们不惧在国内与跨国公司进行竞争，现在则要"出海"去征服新的大陆。这个战略转折的底蕴是中国迅速崛起的工业化和中华民族的奋斗精神及创造力。"出海"是滚滚洪流，势不可挡，中国企业也必将在世界市场上经历考验、成就自己。

香港科技大学教授、XbotPark 机器人基地发起人　李泽湘

2023 年我曾和阳萌、黄渊普在一个论坛上讨论"新时代如何睁眼看世界"的话题，以纪念湖南先贤魏源的《海国图志》一书发行 180 周年。《新出海浪潮》出版之际，包括 XbotPark 孵化的很多公司在内，中国各行各业正在以更大魄力、用新方式和世界融合。此书恰好记录了这一时代潮流，值得推荐。

清华大学苏世民书院常务副院长　潘庆中

数千年来，"连接"一直是全球文明进步的源泉和动力，我所在的清华大学苏世民书院就一直致力于培养中国连接世界的未来领导者。很高兴看到《新出海浪潮》一书问世，它为致力于连接和耕耘全球市场的商业人士提供了专业的建议，相信很多企业会从中获得出海全球化的启发。

全国政协委员、金杜高级合伙人　张毅

随着全球经济格局的变迁，中国商业世界的时代主题之一，已从"是否要出海"转向"如何做出海"。在这样的大背景下，《新出海浪潮》一书为企业制定出海战略、梳理出海路径提供了宝贵的方法论和丰富的经验。从我自身了解的大量的企业国际化经验来看，处于各行业、各阶段的出海企业都能从这本书中有所收获。

创世伙伴资本创始管理合伙人　周炜

中国二十多年积累的科技创业的经验和能力，结合无与伦比的供应链优势，凝结成为中国智能时代品牌全球化的强大势能。EqualOcean 是最早开始深入研究新出海趋势和战略方向的团队，这本书凝聚了他们的智慧和努力，极具价值和实用性，强烈推荐大家阅读。

新华社柏林分社社长　胡晓明

在全球化时代，出海是一道必答题，而不是选择题。让我们一起出海吧！《新出海浪潮》是一本引领时代潮流的必读之作。

纳斯达克中国首席代表　郝毓盛

我一直从事连接中美资本市场的工作，近年来也见证了资本市场的起起伏伏。但我坚信，全球化是资本乃至商业世界的大趋势，全球化也一定会让更多人受益。《新出海浪潮》紧贴时代脉络，不仅深刻总结了出海全球化的历史进程，也为当下的全球化创业者分析形势、制定战略提供了宝贵的建议，相信中国的企业家和创业者们都能从这本书中有所收获。

复旦大学国际问题研究院教授　林民旺

当今世界正处于"百年未有之大变局"，这给中国企业出海既带来前所未有的机遇，也带来地缘政治的重大挑战。《新出海浪潮》捕捉到了大时代的国际变化，为企业出海提供了丰富且独到的经营建议。作为国际问题的研究者，我对书中的不少观点都深感认同，诚挚推荐给所有意在进军海外市场的企业家，相信它能成为企业决策中的重要参考。

上海交通大学中银科技金融学院执行院长　刘少轩

我曾为众多优秀跨国企业提供经营建议，深知在当前国际面临前所未有的巨变之际，企业在海外拓展业务不仅需要高效的经营手段，更需要深入了解目的地国家的人文与历史背景。我希望广大企业家和关注海外市场的业界朋友能够通过阅读《新出海浪潮》深入了解出海目的地的政治、经济和文化因素，以此为支撑在海外市场开展业务时拥有充分的知识储备和综合素养。

英矽智能联席首席执行官兼首席科学家　任峰

作为一名前沿科技领域的研究者和企业管理者，我深切感受到出海全球化是许多企业发展的必经之路，我也一直积极投身于全球性的交流和合作。很高兴看到《新出海浪潮》这样一本专注于出海全球化的商业著作问世。它很好地结合了理论研究和实践经验，在对不同行业的观察中提炼出了出海全球化的底层原则和方法论，为我思考出海全球化的新形势提供了更多视角，诚挚推荐各位科技创业者阅读这本书。

逸动科技创始人　陶师正

我与 EqualOcean 的友谊很早就开始了，在出海创业的过程中，我始终与他们保持着密切交流和协作。很高兴看到该团队在出海愈来愈成为主流话题的当下，将其多年来一线钻研、多方积累的出海洞察整理成书，供广大像我一样的出海创业者时时查阅、细细品读。出海之行任重而道远，推荐更多创业者朋友从《新出海浪潮》中汲取力量！

华兴资本集团联席总裁　王力行

在新出海的时代，企业不仅要关注业务出海的机会，也要思考组织、品牌、资本战略等维度的全球化。我在华兴多年协助中国企业进行资本全球化配置所积累的经验，与渊普在《新出海浪潮》一书所提炼的"如何做出海"的十个步骤有颇多异曲同工、相互印证之处，相信各位出海浪潮的参与者都能从中有所收获。

KK 集团创始人　吴悦宁

我和黄渊普认识多年，经常见他奔波于世界各地，深度观察中国企业在海外市场的表现，其情怀和行动让人敬佩。KK 集团正在积极开拓海外市场，《新出海浪潮》一书来得恰到好处，将对中国企业出海起到很好的推动作用，值得推荐。

未来能源 CEO、中信集团前中东总经理　张雷

今日世界，全球化潮流滔滔，中资企业踏上国际市场之路已成势在必行。面对纷繁复杂的国际经济局势，提升国际化经营水平乃企业当务之急。《新出海浪潮》不仅是 EqualOcean 团队的一次总结，更是一笔珍贵的经验宝藏。书中蕴含 EqualOcean 团队多年来的心血结晶，为那些渴望踏足国际市场的企业献上了一本难得的指南。

自　序

2008 年北京奥运会期间，当时还在读大学的我用开源网站系统做了一个名为 CNEMAY 的英文 B2C 购物网站，北京奥运会开幕式和闭幕式的 DVD 光盘成为网站上最早的产品之一。2009 年，我把品类扩充到了中国文化类产品，如同升和的老北京布鞋、戴月轩的湖笔、谭木匠的梳子等，生意不大，但我把它们卖到了全球各地。

这段在校期间的创业经历很大程度上影响了我后面的职业选择，我因为做过网站而在读研究生期间有幸去读了位于纽约的联合国总部实习；因为学生时代有通过互联网赚钱以及在纽约实习的经历，这给我埋下了要去做一家国际化公司的种子。

我的不少同学走上了外交官的职业道路，而我选择了科技互联网的职业方向。在艾瑞咨询、美团短暂工作后，不安分的我在 2014 年 2 月创立了科技媒体和智库公司——亿欧。这家公司在过去十年，几乎报道了中国所有获得过风险投资的创业公司。作为公司的创始人，我有幸和数千名中国最优秀的创业者有过一对一的沟通交流。

2018 年 11 月，我创办了英文网站 EqualOcean，用英文报道中国的创业创新公司。为了更好地做国际化，我申请上了纽约大学 Stern 商学院的 MBA 项目，并带领 EqualOcean 出海到了纽约。2020 年 1 月—2022 年 1 月两年间，我作为班上唯一的中国学生，在纽约充分感受到了在中美关系紧张的背景下"讲好中国故事"的难处。

EqualOcean 几经转型，在 2022 年新出海浪潮汹涌之际逐步发展了起来，成为一家在出海方向备受各方关注的智库，旗下有中英文媒体网站、新出海研究院、出海全球化百人会、出海全球化百人论坛等产品，为企业提供出海战略、国际品牌定妆照、海外国别与市场研究、定制活动等服务。

2008 年至今，我的出海之路已有 16 年。我有幸赶上了过去十年的创业大潮，有一些不错的积累。时代待我不薄，但我常想新一代人的机会在哪里呢？我越来越强烈的一种感受是，比我更年轻的一代人，也许他们最大的时代机遇就在出海这个方向。

在我的本职工作之外，我在 2023 年 10 月发起了出海全球化杰出青年网络（GGY），目的是引导年轻一代树立全球化视野以及追寻出海的职业发展机会。我撰写本书的最初动机，也是希望让年轻一代更好地了解这个未来二十年的大机遇。

本书由我、彭丽娜、钱一如承担了主要的撰写工作，我的同事张明珉、刘源、李嘉祺、陈志亨、陈迪也参与了部分章节的撰写或资料准备工作。在 EqualOcean 的团队之外，过去一年有数百名出海方向的一线从业者为我们提供了他们的洞察。此书能够成稿，是各方共同努力的结果。

2023 年我去了 20 多个国家考察中国企业出海情况，2024 年及后续的很多年，我将按照每年去 20 个国家考察的节奏，深度观察和研究中国企业出海这个时代的大命题。在这个过程中，我希望能获得越来越多从业者的指点，使我能够输出更多富有洞察力的观点。

新出海方向，让我们一起前行。

EqualOcean 创始合伙人 黄渊普

2024 年 3 月

前　言

从非洲起家、以手机为主营品类的中国公司传音控股，2021 年 2 月市值一度突破 2000 亿元人民币；2020 年之前还默默无闻的希音（SHEIN）到了 2023 年估值一度达到 1000 亿美元。

2023 年 11 月 29 日，一个具有历史意义的时刻出现了：拼多多市值首次超过阿里巴巴。与此同时，媒体报道字节跳动 2023 年收入约为 1100 亿美元，将正式超过腾讯。拼多多、字节跳动各自超越前辈，其重要原因之一是两者都积极地布局了全球化，海外收入快速增长为它们打开了更大的市场空间。

财富效应激发了前所未有的动力，2023 年去海外考察商业机会的中国企业家或创业者人数呈爆发式增长，各旅游网站由中国飞往东南亚、中东、拉美、非洲的机票预订量相比 2019 年约有 75% 以上的增长。民间的新出海浪潮凶猛，由此可见一斑。

在官方层面，2023 年是共建"一带一路"倡议提出 10 周年。10 年下来，成绩斐然："一带一路"合作从亚欧大陆延伸到非洲和拉美，150 多个国家签署了共建合作文件；从"大写意"进入"工笔画"阶段；从硬联通扩展到软联通。

民间兴起的新出海浪潮和官方推动的"一带一路"，在 2023 年这个历史节点交会在一起，成为接下来 20 年最大的机遇之一，将催生一大批源自中国的世界级企业和数以百万计的全球化创业公司。

本书力图记录、传播和推动这一历史大机遇。本书的结构分为上篇和下篇，上篇为战略战术篇，围绕着为什么要出海、如何做新出海、出海去哪儿这几个问题展开；下篇为实践案例篇，挑选了代表性行业领域里面最有代表性的企业，总结它们出海过程中的经验和教训，为后来者提供参考和借鉴。

新出海方向日新月异，本书的撰写虽力图展现新出海的全貌，但由于种种原因也只能反映新出海的一个侧面。正在快速演进的新出海浪潮，会有新的大事件、新的成功案例不断涌现。新人换旧人、后浪推前浪，本书的作者团队不敢奢望会提供永远正确的观点和成功案例，而是希望通过本书认识越来越多致力于新出海事业的朋友，期望收到大家的积极反馈，以便我们能不断完善本书。

让我们一起携手前行，抓住新出海浪潮的历史机遇。

Contents

目 录

新出海浪潮

上篇
战略战术篇

上篇主要回答三个问题：

为什么要出海？
如何做新出海？
出海去哪儿？

第一个问题是战略层面的思考，第二、第三个问题是
战术层面的做法。上篇将为想了解新出海方向的朋友
建立一个大概的知识框架，为日常实践提供参考。

第一章 为什么要出海?

2023 年 12 月 7 日—8 日,EqualOcean 在上海举办"2023 出海全球化百人论坛",两天的活动有超过 3000 人次参加。7 日下午,一位嘉宾在台上分享道:他当天上午参加一个高规格的股权投资大会,现场 1000 个座位上只坐着 100 多人,大家都在讨论"冬天还要持续多久"的话题;下午到了 EqualOcean 的活动现场后他大为震惊,1000 个座位都坐满了人,同时还有不少人站着,出海的热度可见一斑。

图 1-1 2023 年 11 月,由出海全球化新型智库 EqualOcean 主办的
"2023 出海全球化百人论坛(GGF2023)"现场火爆,观众热情高涨

图片来源:EqualOcean。

为什么要出海? 绝大多数人的回答是: 国内市场竞争太激烈了。这个回答符合现实,但更多透露出的是无奈,带着这样的心态去做出海,很可能会失意。因为海外市场并不美好,潜在的风险和"坑"非常多;在国内市场没有竞争力的公司或创业者,很难指望出海后会做得更好。

更积极的回答是: 出海是中国企业升级的必由之路,是新一代全球化创业企业的历史性机遇;海外业务做得好的公司,抗风险能力明显更强;只有在全球范围进行资金、人才、品牌、法律等资源的优化配置,才能真正成为世界级的企业。

业内需要形成的一个共识是: 出海,不是为了离开中国,而是为了更好地推动企业在国内的发展,而致力于成为行业头部的公司需要深刻理解到这一点:不出海,就出局。

01　历史大转折

谈到"为何要出海"这个问题,首先要理解当前的背景。在过去的几年,"逆全球化"是绕不开的主题。在"逆全球化"的背景下,中国企业在积极出海,这看似矛盾,实则必然。

让我们先回顾一下历史。以 1840 年这个中国人非常熟悉的年份为起始,这一年成为中国近代史的开端。从全球化的视角来看,1840 年至今的 180 多年全球历史大体可以分为以下四个阶段(见图 1-2):

第一个阶段为"英国主导的全球化"阶段:从 1840 年一直延续到 1913 年,这个阶段全球贸易占全球 GDP 的比重整体持续上升,到 1913 年达到了将近 14% 的高点。这一阶段,英国是全球最大的贸易国和世界上最强大的国家。

第二个阶段为第一轮"逆全球化"阶段：从 1913 年一直持续到 1945 年，这一阶段全球贸易占全球 GDP 的比重开始持续下滑，到 1945 年降到低点 4%。这个"逆全球化"时期持续长达 30 余年，期间人类经历了两次世界大战和一次世界经济危机，美国逐步取代英国成为第一大贸易国和世界最强大的国家。

第三个阶段为"美国主导的全球化"（也称为"美式全球化"）阶段：1945 年后美国凭借自己的绝对优势地位创建了一系列国际规则，开启了新一轮全球化。全球贸易占全球 GDP 的比重在 1945 年后又开始持续提升，1979 年时达到 15%，2008 年达到了 26% 的历史新高。这一阶段，美国一直是世界第一大贸易国和最强大的国家。

第四个阶段为新一轮"逆全球化"阶段：2008 年全球贸易占全球 GDP 的比重到达新高后，新一轮"逆全球化"实际上已经开启。和上一轮的"逆全球化"阶段相似，世界又进入了不稳定的状态。2018 年开始引起全球广泛关注的中美贸易争端、2022 年爆发的俄乌冲突、2023 年激化的巴以冲突……这些无不显示世界局势正变得风高浪急。

如同第一轮"逆全球化"，美国取代英国成为世界第一大国。此轮"逆全球化"，后续会不会孕育出崭新的"世界第一"？历史会重复吗？可以肯定的是，正在不断演进的"新全球化"体系里，中国和中国企业在其中的位置感会明显强于"美式全球化"时期。

数据显示，2009 年中国首次超过美国成为第一大贸易出口国，2013 年中国首次成为全球第一大货物贸易国（包括进出口）。中国货物出口额占世界的比重，从 1978 年的不足 1%，到 2001 年"入世"时的 4.3%，再到 2021 年的 15%，稳居世界第一。在 2023 年全球贸易萎缩 5% 左右的大背景下，中国出口 23.77 万亿元，略有增长，对世界经济的影响力进一步增强。截至 2023 年，中国已经是 140 多个国家和地区的主要贸易伙伴。

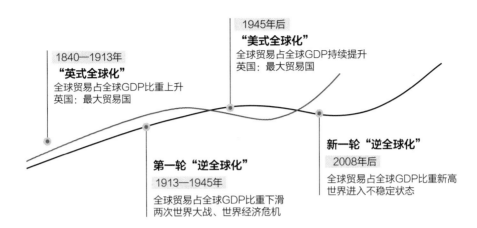

图 1-2　全球化视角下 1840 年以来的全球历史阶段

图片来源：EqualOcean。

可以预测的是，"美式全球化"向"新全球化"过渡，这是历史的必然，尽管这需要一段较长的时间。

进入 2024 年，中国明显加快了推动高水平对外开放的步伐，单边开放免签和签署双边免签的国家数量大幅增多。可以确定的是：中国企业抱团出海、借船出海、造船出海，使中国经济与世界经济更紧密地融合，这是建设"新全球化"的重要举措和必经之路。

在这样的历史大转折时期，新出海成为中国各行各业的必选项，在"一带一路"倡议的第二个十年开始描绘的"工笔画"。

02　新出海浪潮

2022 年中国企业家、创业者圈形成的"走出去"思潮，在 2023 年落地，成了各行各业气势磅礴的新出海浪潮。

无论是出于哪种心态，这一轮新出海浪潮将大大推动中国企业的全球化进程。由于中国国内长期市场规模大且增长快，中国企业走出国门的动力曾长期不足。和移民国家美国相比，中国企业的整体全球化水平较低；和同属东亚、受儒家文化影响的日本、韩国相比，中国企业推动全球化的动力明显不足。

"新出海"有别于"旧出海"，以及很多人更熟悉的"外贸""跨境"概念，首先是背后的从业者不同。中国自改革开放以来，在不同的时代大背景下，围绕着"走出去"，粗略地看，先后有五波不同的人登上了舞台：

第一波是 20 世纪 80 年代后自发去海外谋生的一批人，最开始以东南沿海（如温州人、福建人）为主，后来各省份都出现了很多去海外谋生的人。凭借吃苦耐劳的精神，经过几十年奋斗，他们中的不少人在海外取得了商业上的成功。

第二波是 20 世纪 90 年代开始由国企、私企组织的海外务工或派遣，典型的是央企、国企在全球各国承建基础设施招募的建筑施工类人员，也有华为、中兴、海信等公司派遣去海外开拓市场的员工。

第三波是 2001 年中国"入世"后一大批外贸企业成长起来，凭借中国的劳动力优势，中国商品畅销全球，叠加互联网和外贸电商的新渠道、新方式，一大批"外贸人"迅速成长了起来。

第四波是 2013 年后，凭借中国在互联网和移动互联网领域的领先优势，在工具、游戏、内容、电商等出海方向涌现出不少公司和从业者。

第五波是在 2020 年后，新一代创业者投身出海方向，他们更加具有全球化视野、技术能力和品牌思维。

过去几年"走出去"的人中，有不少人的履历很光鲜，他们嫁接了风险投资，有做世界级品牌的理想。新出海浪潮主要是由新出海人，也就是新一代创业者在推动。他们做生意时有"钱以外的追求"——包括但不限于坚持正向的价值取向，向国际公司的 ESG 标准对齐，融入和造福当地社区。

我们可以下一个粗略的定义:新出海是借助中国供应链优势、数字化能力、专业技术人才红利等,由新一代全球化创业者主导,实现从卖货到卖品牌和技术、从保持距离到积极融入当地、从以欧美发达国家为中心到真正放眼全球等方面升级的一次商业大浪潮。

和旧出海相比,新出海具备以下明显的特征:

优势溢出:新出海是中国各种优势的溢出,很多中国产业和公司已经具备世界级竞争力。

本地化、重模式:新出海公司往往在目标市场建立本土团队,服务当地用户,融入当地社区,这有别于旧出海时代业务出海但人不出海的轻模式。

长期的品牌思维:新出海摒弃短视的卖货思维,在确保产品品质的前提下,通过持续的投入和运营,建立真正被海外用户认可的品牌,实现溢价。

从以欧美为中心到放眼全球:新出海不是放弃欧美市场,但不像以前那样忽视广大的亚非拉市场;不少中国品牌的发展路径将是在广大亚非拉市场建立优势后,再进入欧美市场。

从点状到全行业领域:新出海不仅指实物商品出口,也包括各类软件、工具;不仅限于商业,也包括文化、生活方式等各方面的输出。

新出海在商业层面已经有很多表现,以下几个方面的进展就非常明显:

一是基于中国在全球各产业链上不断升级带来的机会,典型的如外贸"新三样"(新能源汽车、锂电池、太阳能电池),中国公司在全球范围已经具备领导者的地位,这有别于"老三样"(服装、家具、家电)跟随国外同行的情况。

二是建立在"去世界开工厂"基础上的产业链溢出，不少国家的关税很高，在当地建工厂是进入当地市场的极佳方式；欧美一些发达国家对中国竖起贸易壁垒，在第三方国家开工厂再出口到欧美也能降低成本，规避风险。"去世界开工厂"不仅能使中国企业在全球范围进行资源优化配置，提升国际竞争力，也能拉近和当地国家的关系，培育当地居民的购买力，使之成为中国商品的消费市场。

三是全球数字基建的巨大机会。我们发现，从东南亚到中东、非洲，再到拉美，各国和地区新出现的电商平台、社交网站、在线支付、末端物流等创业公司有相当比例是中国人或海外华人所创立的。典型的如"跨境电商四小龙"速卖通、希音（SHEIN）、TEMU、TikTok Shop 风靡全球，它们正在修建一条由中国出发、直连海外终端消费者的"高速公路"，想象空间巨大。

四是源自中国的全球化品牌正在大量出现，新出海通过直连海外消费者、嫁接先进基础设施，推动源自中国的全球化品牌成批出现。源自中国的全球化品牌主要会在两个方向上诞生：一部分会由全球化原生创业者创立，他们的优势是拥有全球化视野和对海外市场的理解，这个方向上有类似大疆、安克创新、影石 Insta360 等；另一部分为已经在国内有知名度的品牌纷纷出海，如海底捞、比亚迪、波司登、瑞幸咖啡等。

图 1-3　2023 出海全球化百人论坛现场

图片来源：EqualOcean。

乐观估计,在任何行业领域,排名全球前三的品牌里面都将出现源自中国的品牌。中国将从已经拥有全球最多的世界 500 强企业,到未来拥有全球最多的世界 500 强品牌。

可以畅想新出海浪潮的前景:很多中国公司的海外收入占比将达到 30%~50%,它们的抗风险能力会大大增强;一大批借助中国优势的天生全球化公司兴起,将成为引领中国产业升级的新动能;融入当地市场的新出海公司,将拉近当地用户和中国的心理距离,和官方交往形成配合,从民间层面推动当地和中国的关系发展。

参考美国、日本、德国等国的经验,在海外市场,中国有望创造一个 100 万亿元的经济增量,新出海浪潮的前景十分光明。

03 不出海,就出局

上一节提到,基于中国各方面的优势,中国企业有机会像美国、日本那样,在海外市场打下和创造出一个 100 万亿元规模的增量市场。从服务 14 亿用户到服务全球 80 亿用户,从用中国人才到用世界人才,从嫁接中国供应链到嫁接世界供应链……这些变化无疑将打开巨大的想象空间。

对中国企业而言,要想成为世界冠军级的企业,就得在全球范围和欧美巨头公司同台竞争。我们看到,在全球化方向取得了突破的字节跳动,已经成为 Meta 的最大竞争对手。而此前阿里巴巴凭借在中国市场的成功,市值一度逼近亚马逊,但 2020 年后被亚马逊迅速拉开差距。两家中国企业的案例说明,要比肩国际巨头,中国企业在主场(中国市场)打赢了还不够,还需要在客场(海外市场)打开局面才行。

站在 2024 年的当下,出海已经成为中国各行各业最大的确定性。2022

年和 2023 年，中国 5000 多家上市公司的财务状况和股价表现情况说明：有海外收入的企业，其健康程度好于无海外收入的企业；海外收入高的企业明显利润率更高，更受投资者青睐、股价也更坚挺。

图 1-4　2023 出海全球化百人论坛现场

图片来源：EqualOcean。

显然，出海能力将成为各行各业的基础能力，往后看 5 年，我们可以做一些大胆预测：

2018 年，蜜雪冰城在越南开出了第一家海外门店，到 2023 年底海外约有 4000 家门店，占其总门店数 3.6 万家的 1/9；5 年后的 2029 年，蜜雪冰城的海外门店数有可能会超过 3 万家。

2023 年底瑞幸咖啡的全球门店数 1.3 万多家，海外有约 20 家门店；预计 5 年后的 2029 年瑞幸咖啡的全球门店数有望超过星巴克，届时其全球门店数有望达到 5 万家左右，海外占 10% 以上。

拼多多旗下的 TEMU 在 2023 年全年完成约 150 亿美元的交易额。5 年后的 2029 年，TEMU 的交易额有望超过 2000 亿美元。

2018 年，中东用户在中国的跨境电商平台下单，需要 20 天以上才能收到货；2023 年，只需要 7 天时间就可以收到货。5 年后的 2029 年，跨境电商和本地电商的界限将模糊化、全球范围的"5 日达"甚至"3 日达"大概率会实现。

目前中国"跨境电商"概念的上市公司有 10 多家，预计接下来 5 年以"丝路电商"或新出海概念上市的公司数量会新增 30 家以上；另外，会有不少企业把国际业务单独剥离上市，这个数量也会有几十家。

以上预测，未必都会实现，但我们可以基本确定的是：顺应时代发展趋势，出海将是有追求的企业的必选项；在成为各行业龙头的竞争之路上，不出海，就出局。无独有偶，有风险投资机构的合伙人跟 EqualOcean 直言：没有出海能力的创业公司不值得投资。

尽管出海已经是中国企业的必选项，但需要指出的是，出海不是因为容易，而是因为更难才去做它；出海不是因为不看好中国，而是通过出海可以更好地助力中国的发展。

出海，不仅是接下来 20 年的最大历史机遇之一，也是新一代中国创业者的历史责任。推动中国企业走向全球、融入当地，既可获得企业发展机遇，也可以实际行动推动中国高水平对外开放。

04　新出海战略框架

进入第二个十年的"一带一路"倡议是国家的顶层设计，新出海也应该是企业一把手的核心战略。从 2024 年开始把新出海列为公司核心战略之一，不算早也不晚。更重要的是要坚持长期主义，至少看五年、想三年，踏实从第一年开始干。

看五年

五年以后，这个世界会变得怎样？我们可以基本确定的是：五年后的 2029 年，中国的各类线上平台在海外将拥有数十亿的用户；中国的各类线下连锁店，将铺到世界的每个角落；直连了 C 端用户后，源自中国、不断进化的各类品牌将在海外大受欢迎。新出海是借助中国供应链优势、数字化和专业技术人才红利等，由新一代中国企业家、创业者主导，以直连海外消费者的方式实现从卖货到卖品牌和输出技术的升级。看五年具体看什么？看影响新出海的国际局势、国家政策、技术变革、市场变化等。

国际局势层面，中国和全球多数国家的经济联系将进一步紧密，"一带一路"沿线国家与中国的贸易额在 2029 年将有望达到中国进出口贸易总额的 53% 以上（目前为 46.6%）。但整体而言，2029 年世界大概率还处在"逆全球化"的下行周期里，世界局势依旧风高浪急。

国家政策层面，可以乐观预测，2029 年时会有更多的高科技领域被中国公司攻克，中国进一步占据全球产业链的更好位置。相对应的，低端产业转移到其他国家会更为普遍；世界工厂的定位明显发生改变，去世界开工厂变得更为流行。中国将大幅提升经济外交的权重，对中国企业的海外利益保护能力得到明显提升。高水平对外开放进一步落地，"一带一路"进入了深入落地"工笔画"阶段，以民营企业为代表的新出海公司将发挥越来越重要的作用。作为"丝路电商"合作先行区，上海将推出一系列制度创新，成为中国企业走出去的枢纽城市。

技术变革层面，2029 年，全面智能化时代来临，数字基建支撑了数字经济的发展，也为后续的智能经济打下基础。数字经济能提升效率，智能经济能增加优质供给，全球贸易的范式将发生重大变化。在技术变革创造更多岗位之前，全球范围的服务业白领失业率将进一步上升，这将使全球中产阶层数量进一步萎缩；相对应的，各品牌的兴衰将加速。而借助类似 ChatGPT 的先进工具，中国新出海公司在语言和消费者洞察上的劣势会缩小。

市场变化层面，中国外贸出口正由"老三样"往"新三样"的方向发展，品牌将成为新出海的基础门槛。当前实物贸易占据绝对大头，2029 年服务贸易的比重将大幅提升。除了美国、东南亚、中东之外，拉美、东非、东南欧、中亚等区域将有望成为中国企业出海更热门的区域。

以上粗略的"看五年"，可以带给我们一些思考：

正如知名投资人查理·芒格曾说的，接下来 20 年中国依然是主要经济体中最值得看好的。因此，中国公司做新出海，没必要刻意隐藏自己的中国背景。

如果全球数字基建真如上面所预测的那样，加上智能时代的全面到来，"跨境"和"本地化"的界限将变得模糊，对全球本地化［Glocal（Global+Local）］的理解、资源配置和运营管理将和以往不同，中国企业的全球化和之前英国、美国公司的全球化方式会有很大不同。

无论是从中国出发还是在海外起家，新出海不是放弃中国市场，最终海外收入占比 30%~50% 将是很多行业头部公司的标配；新出海现在是一个大趋势，后续将成为新一代公司的重要基础能力。

新出海需要更为精细化的答案，要具体到某一国家的某个细分领域的客户／用户群体，真正理解和分析他们的需求，然后再提出解决方案。从目前有什么产品和服务然后去海外找客户／用户，过渡到未来客户／用户需要什么然后再生产什么的阶段。

想三年

在分析未来五年的发展趋势、有了基本的方向后，接下来要"想三年"，也就是制定企业未来三年的新出海战略：想要达到什么样的目标（做什么），目标的实现路径和策略是什么（怎么做），组织和资源配置又如何（凭什么）。企业要对自己有客观认知：如果对海外市场理解不深，那就不能盲目乐观；在赚到钱之前，很可能需要先交不少学费。

战略目标层面，企业的新出海战略目标不宜激进，要遵循先慢后快的原则；即便在国内有知名度的品牌，或者在移动互联网时代证明过自己的创业者，出了国门差不多各方面都得从零开始。新出海是突围战，也是一次重新创业。多数企业会把增加海外业务收入作为新出海战略的核心目标，但不应该仅限于此。新出海是一次全球资源优化配置，战略目标可以是用好海外的资本（如一些新能源公司在中东获得融资），可以是节省人力成本，还可以是用好海外的智力资源去提升产品的设计感、品牌感等。

新出海的战略目标受企业所处的行业影响，比如电子消费品行业，一个产品从设计、研发，到市场测试、投放，然后出货、根据反馈迭代产品，一套流程搞下来要么成功，要么失败。传统企业或产业背景很深的创业者，往往更慢，需要再过三年才能做出显性的出海成绩。

图 1-5　"2023 出海全球化百人论坛"现场座无虚席，后排也站满了感兴趣的观众

图片来源：EqualOcean。

　　如果参照 10 年前开始的各行各业的电商和移动互联网转型，传统企业普遍花了 5 年以上时间才熬过痛苦期。新出海比电商和移动互联网转型复杂很多，用两倍以上的时间不为过。所以，对很多企业来说，用 10 年时间使海外收入占比达到 30%，前 3 年设定为 5%~10%，这不算是一个保守的目标。

　　为了确定一个合适的目标，做一些市场调研很有必要。要注意的是，市场调研要避免在熟人圈找认可，这样会放大自身优势。去找合适的对标企业，对其进行全方位调研，往往是最好的方式。大多数中国公司刚做新出海时最大的优势就是价格低，根据价格优势的大小去设定目标。没有价格优势的，核心目标可以从提升海外品牌形象入手。

　　路径和策略层面，新出海可粗略分为：了解学习阶段、海外收入占 5% 阶段、海外收入占 10% 阶段、海外收入占 30% 阶段、海外收入占 50% 以上阶段；相对应的，企业从没有国际业务部到有国际业务部、有完备的海外团队、用全球化供应链服务全球客户 / 用户。无论哪个阶段，都面临国家和市场选择、渠道搭建、客户 / 用户定位和产品适配、品牌和市场推广等工作。

　　选择国家和市场时，除了市场空间外，企业要把中国和目标国家的政治关系、该国的政治局势和政策环境考虑在内。中国企业在印度的惨痛教训，敲响了这方面的警钟。选择国家和市场时，很多企业会选择华人多的地方，但很可能华人少的地方更好。中国公司喜欢去人口多的国家，但可能人均 GDP 高的国家更合适。

　　另外就是，合规要求高的地方，进入门槛虽高，但进去之后的风险会更小。所以，很可能欧美国家的市场风险依然小于发展中国家。

　　收购当地公司或品牌、"借船出海"的方式有望变得更为普遍；早期的联想、海尔，后来的复星、安踏、阿里巴巴、腾讯都采取了类似的方式，有不少成功的经验和失败的教训可供学习。

　　渠道搭建层面，虽然企业最终都会选择全渠道、线上线下覆盖，但在早期，还是先借助更便捷的线上渠道，后续再铺设线下渠道。搭建线上渠道时，多数情况要先借助有流量的平台（如亚马逊、希音、TikTok）测试，然后再考虑做自营渠道。但和中国不同的是，海外各国线下渠道普遍更强——先做线上是为了更快出发，线下则是更值得重视的渠道。

客户 / 用户定位和产品适配，选择小的切入点，找到和满足部分消费群体的需求即可。当前和接下来较长时间，全球贫富差距将继续扩大；在大多数国家，要么做高端用户 / 客户，要么做低端用户 / 客户，缺少稳定的中产阶层导致中间价位的产品较难生存（中国也有这样的趋势）——但是有品牌感的平价产品非常适合海外市场。

品牌和市场推广层面，即便卖再便宜的货，也要有品牌思维，去讲出感性的品牌故事。市场推广层面，既要有提升直接转化率的流量投放，也要按季度做品牌露出。如果自己不主动去讲品牌故事，就会被他人错误地理解。针对海外市场的品牌和市场推广，要摒除中式控制思维，用好本地服务商和媒介渠道资源。

组织和资源配置层面，在转型做新出海时，第一责任人应该是企业一把手，因为新出海的风险和挑战巨大，内部其他负责人做不好，也承担不起相关责任。企业一把手要自己带头去目标国家市场，至少花一段时间在那里生活和工作。业内普遍认为，做出海时，企业一把手每年要有四个月在海外才行。

相比五年前，新出海的人才已经明显更多，但能做海外业务负责人的人才依然稀缺。搭建国际业务部门时要尽量选派没有负担的新人，用新的组织文化和管理方式去打磨团队。由核心团队成员带队去培养一支国际业务团队，至关重要。

在目标国家市场业务没有做起来之前，可以先采取名义雇主的方式招募员工；达到预先设定的目标后，再成立本地公司。本地公司的核心人员，尽量采取国内派遣与本地招聘相结合的方式，国内派遣到目标国家市场的负责人搞管理，本地招聘的负责人搞业务。

企业一把手要有长期投入的心理准备，尤其是出海到欧美国家，要决定做本地化，就要克服汇率带来的薪资成本压力，忘掉人民币和美元、欧元的区别。目前在海外，中国企业并非优秀人才的首选就业目标，所以要少跟海外应聘者谈理想，要更多地谈薪资。不少企业一把手，自己不愿意跑海外，又舍不得花钱在海外招揽人才，结果不可能好。

干好一年

有了看五年、想三年的思考，对干好一年应该是有方向的。很多企业在2023年对海外市场做了考察，2024年是落地实施之年。从世界货币基金组织发布的预测来看，2024年全球经济增长率会和2023年持平（不理想）；按区域看，中东和中亚、撒哈拉以南非洲、拉丁美洲在2024年的经济增长率会高于2023年。值得关注两点，一是2024年是全球重要的选举年，包括美国、印度尼西亚、墨西哥等国家的选举，都可能对中国企业的新出海产生影响。二是2024年美联储大概率依然会维持高利率水平，这意味着新出海方向投融资低迷、海外各国的汇率将持续高风险。

2024年TEMU、TikTok Shop、希音（SHEIN）等线上渠道的竞争将进一步加剧，"全托管"模式给各行各业带来的巨大冲击已经完全显露出来；同时，中国连锁门店在全球范围积极扩张线下渠道。这线上线下两股力量，在定义"新出海"的发展方向。对企业来说，要用数据说话、按月或按季复盘，去评判"新出海"战略的落实情况；在坚持长期主义的前提下，不断调整运营策略。第一年战略执行不到位很正常，这往往并非战略有问题，而是需要更长的时间才能找到高效的执行策略。

结语

新出海线上线下的"高速公路"会在接下来三年基本修好，流量逻辑将逐步过渡到产品逻辑。未来三年，对于多数企业来说关键是做好各方面准备，届时能用好新出海的"高速公路"直达海外用户 / 客户、并根据用户 / 客户反馈快速迭代产品和服务，形成商业闭环。

新出海不是因为容易，而是因为更难才去做它。它是企业晋升到卓越、创业者升级到一流必须跨越的一道门槛。一个长期主义的新出海战略，要在人才和组织层面多下功夫，要在产品和品牌等层面不断夯实基础。

第二章 如何做新出海?

　　进入 2024 年,"不出海,就出局"已经成为各行各业的共识;有了这个共识后,业内最关心的话题是:如何做新出海?

　　现实情况是,中国企业的整体全球化水平不仅落后于美国、英国,就连和日本、韩国相比也有较大的差距。截至目前中国企业尚未探索出太多出海的成功经验,少数企业成功的实践经验也限于行业的特殊性而不能放之四海而皆准。美、英、日、韩等国企业全球化的经验可供参考,但我们也必须考虑到历史背景、文化、地缘政治环境等变量导致的适用性差异。

　　2023 年 EqualOcean 通过线上线下方式访谈了大量出海方向的从业者,举办了两场各 3000 人次的出海峰会。在此基础上综合各方的观点经验,总结出如何出海的"十部曲",分别是:判断趋势与机会、全球化人才和组织为先、海外市场洞察、重构产品与服务、梳理和搭建渠道、做好营销塑造品牌、推进本地化、把控和降低风险、用好 ESG 护身符、嫁接资本。

　　这"十部曲"并没有严格意义上的先后顺序,而是企业出海时普遍要考虑到的十个方面。另外,这"十部曲"只适用于一些行业的出海战略,而例如政策类的海外基建项目、海外资源矿产类的投资就不需要考虑所有的"十部曲"。

　　2024 年是新一波中国企业出海的落地之年,越来越多的实践者会探索出越来越多的成功经验，这"十部曲"也会不断完善。我们有足够的信心，中国企业在出海成为全球化企业方面一定会做得越来越好。

01 判断趋势与机会

在新出海浪潮汹涌的大背景下，企业家和创业者思考和关心的不仅是宏观叙事，还有行业发展趋势和具体的发展机会。

判断趋势非常重要，这甚至事关企业生死。比如十年前的 2014 年，中国最大的两家电商平台阿里巴巴和京东成功 IPO 后，认为接下来最大的机会在于中国市场的消费升级。与阿里巴巴、京东不同，拼多多、希音的负责人认为全球消费降级趋势明显，省钱是绝大多数人的选择。到了 2023 年，主推消费升级的阿里巴巴 CEO 和京东 CEO 离职，两大平台又都回到主打省钱的定位上；而拼多多、希音则在过去几年获得了飞速发展。

具体到出海方向有哪些值得关注的趋势，本书作者在和大量从业者、投资人沟通交流后，总结出特别值得关注的几点趋势供行业参考。

出海方向值得关注的趋势

全球整体消费降级

2023 年很多人有这样的一个疑问：美国经济非常好，为何 TEMU 这样的低价电商平台在美国业绩火爆？有这样疑问的人很多，因为美国在 2023 年经济增长不错，给人欣欣向荣的感觉。但其实由于长期的高通胀，美国普通民众的购买力在下降，省钱需求很强烈；而由巨头公司股价上涨带来的财富增长，实则进一步拉大了美国的贫富差距。

有些国家更惨。以新兴经济体尼日利亚、埃及、土耳其、阿根廷为例,其汇率在 2022 年、2023 年都下跌超过 50%;这些国家的很多日用品依赖进口,民众生活成本因此大幅增加。即便是日本、英国这样的发达国家,同期汇率也下跌了不少,民众的购买力明显下降。

美联储将在 2024 年降息,这并不能挽救全球经济。一是"逆全球化"大周期下,全球不稳定将是常态;二是以贫富差距为代表的全球结构性矛盾,短期找不出解决方案。在东南亚、中东的个别国家有中产阶层扩大及消费升级的趋势,但这掩盖不了全球中产阶层数量下滑的现实。

在全球最大电商平台亚马逊上,中国卖家占据了半壁江山,2023 年最痛苦的是没有品牌力的卖家。而在很多品类,如电子消费品、服饰,"大牌平替"聚拢了越来越大的势能。世界在朝着"哑铃型"结构演进,在很多国家要么服务 10%~20% 的富裕人群,要么服务 80%~90% 的平民阶层,服务中产阶层越来越不是好生意。

需要说明的是,这并非说"卖货"才有机会,"卖品牌"就没有机会。长远看,品牌出海依然是大趋势,平民阶层也需要物美价廉的品牌,"大牌平替"的逻辑虽然是低价但不再是低质,也要采用品牌的打法。

对中国多数企业来说,当前阶段出海最核心的优势并非品牌,而是低价。但长远来看,提供低价低质产品或服务的企业将逐步丧失竞争力,提供低价高质的产品将成为中国出海企业的标准能力。如同美国的沃尔玛以"天天平价"成为全球营收最高的企业,一大批中国企业将以高质低价的产品和服务在全球范围攻城略地,成为行业领导者。

社交电商、直播电商来势凶猛

2024 年 TikTok Shop 定下了 500 亿美元的交易额目标,其中增量的大部分(约 170 亿美元)将在美国市场完成。这又让很多人提出了另外一个问题:

美国人的习惯一向以线下购物为主，真的能接受短视频和直播带货吗？

此前，抖音（TikTok 国内版）的电商业务已经验证成功，其在国内甚至已经威胁到阿里巴巴、京东等传统电商巨头，其服务电商业务——抖音生活服务也给美团造成了巨大压力，后者的股价因此下跌明显。在国外，TikTok Shop 在东南亚也基本验证成功，2023 年其在东南亚的交易额达到 130 亿美元。

在中国、东南亚验证成功的社交电商、直播电商，会不会在其他国家也成功？回答这个问题，很多人会考虑到文化和习惯的根深蒂固，如个体主义盛行的国家很难改变其消费习惯。也有人认为，随着视频和直播类的社交平台不断占领全球的用户时长，社交电商、直播电商在全球流行将势不可当。

人类往往高估短期的变化，而低估长期的变化。1994 年成立的电商网站亚马逊，在很长一段时间内与线下巨头沃尔玛相比都显得很渺小，美国民众不相信亚马逊会超过沃尔玛成为最大的购物渠道。2023 年的数据显示，亚马逊的全年商品交易总额超过 7000 亿美元，同期沃尔玛在 6200 亿美元左右，以商品交易总额计算亚马逊已经超过沃尔玛，并且在以更快的增速拉大差距。

2020 年以来全球的线上化进程加速，很多国家的线上零售额超过了 10%，进入了规模化快速发展阶段。可以理性判断，全球很多国家会像中国一样，各行各业线上交易的占比会越来越大，超过 20%、30% 甚至 40% 只是时间问题。当前中国正在由传统电商向社交电商、直播电商过渡；海外很多国家会像中国一样，社交电商、直播电商将越来越成为主流。

社交电商、直播电商在全球范围兴起，不代表线下门店的价值变弱；相反，不进入线下不足以称品牌，2024 年有一定规模的出海品牌都在发力做线下渠道。更长远看，社交电商、直播电商将和线下渠道形成配合，O2O（线上到线下）和 OMO（线上线下融合）模式将逐步成为现实。

对于中国品牌出海而言，先线上后线下是绝大多数的选择。和之前不同的是，之前线上的标配是亚马逊＋独立站，接下来社交电商和直播电商将逐渐成为标配。

人工智能全球化

2023 年 3 月，正当中国科技圈热烈讨论 ChatGPT 带来的变革以及中国如何才能赶上美国时，EqualOcean 的创始合伙人黄渊普当时正在越南考察中国企业出海。他问一个越南的朋友其所在的公司是否有人讨论 ChatGPT，对方的回答是：越南这边极少有人讨论 ChatGPT，这种前沿科技是中美两国关心的事情，等做好后越南拿来用就行。

越南这位朋友的回答，反映了不少国家普通民众的看法：人工智能跟自己的关系不大。但实际上，当前正在快速演进的人工智能将在全球范围带来一次大变革，将影响到很多人的工作和生活。历史告诉我们，第一次、第二次工业革命使农业人口大量失业，20 世纪 70 年代在西方发达国家发生的"服务业革命"也使大量工人失业。

正在开启的全球人工智能革命，将使大量白领失业。人工智能技术的发展，一方面使白领工作全球化，西方发达国家的高薪职位纷纷转移至成本更低的国家；另一方面使白领工作自动化，在创造新岗位之前，需要的白领人数会大幅减少。白领失业会使很多国家的中产阶层人数下降，进一步助推全球消费降级的趋势。

人工智能天然具有全球化属性，实际上各类人工智能技术已经开始广泛应用于出海方向，典型的如数字人直播、视频生产、图片生产和视频剪辑、文案撰写、智能化客服、智能营销等。以 ChatGPT 为例，在它出现之前中国出海企业在语言层面有明显劣势，海外品牌传播能力普遍缺失；有了 ChatGPT 后，语言层面的劣势被大大抹平，国际传播变得容易很多。

人工智能的发展，除了提升效率外，也将很大程度改变中国企业出海的模式。"英式全球化""美式全球化"时期，企业全球化的共识是建立充分的本地化。中国各行各业当前在全球产业链的位置及利润分配比例，还无法支撑去采用英国或美式的全球化＋本地化方式。人工智能的兴起及各类数字基建的完善，使中国企业出海可能会走出一条独特的路径。

比如在电商领域，随着智能营销的快速发展，要形成对海外市场的洞察可以不必像之前那样需要在当地做深度调研；数字化物流的飞速发展，全球7日达、5日达甚至3日达将逐步变成现实，"跨境"的概念将日益模糊，本地化的投入可以不像之前那么大；而数字人和机器翻译技术的进步，正在大大降低海外营销与获客的成本。

对于中国出海企业而言，积极嫁接先进的人工智能技术，不断提升效率和客户服务水平将成为核心竞争力之一。

说完以上几点值得关注的趋势后，我们来讲讲如何预判出海的机会。

机会来源于企业自身优劣势与海外市场的匹配分析，通过人无我有、人有我优的逻辑来研判。企业可以借用时光机理论，通过分析中国的发展经验，去推导海外市场的相关机会。

预判出海的机会

中国各行业领域的出海情况

目前中国 A 股的上市公司超过 5300 家，目前有大约一半披露了海外收入。这些披露了海外收入的公司，其海外收入合计占总收入的比重约为18%。海外收入高的公司，利润率更好，其股价也更为坚挺。

同样以披露了海外收入的上市公司为例，电子行业的海外收入占比超过50%，家用电器、电力设备、汽车、基础化工的海外收入占比也在30%以上，这反映出这些行业的出海已经做得相对成熟。其他想做这些行业出海的公司，可以选择避开主流市场，到非主流市场发展。

其他行业，如纺织服饰、轻工制造、美容护理、商贸零售、医药生物的海外收入在 15%~25%，这些行业的出海业务近年来做得非常好，但依然有较大增长空间。而交通运输、农林牧渔、建筑材料、银行、食品饮料、环保等行业，海外收入普遍在 10% 以下，接下来非常值得期待。

跳出上市公司的范畴，根据中国整体的外贸数据，以新能源汽车、锂电池、太阳能电池为代表的"新三样"正在取代以服装、家电、家具为代表的"老三样"成为外贸增长新动能。这反映了一个趋势，中国的出海正由低附加值向高附加值方向发展；这和中国坚持科技自立自强，不断拿下高端产业链的战略相符。

更长远看，中国将在各行业出现非常多的具有世界竞争力的"隐形冠军"，它们将成为出海的主力军。

人无我有、人有我优

中国是全球工业门类最齐全的国家，有超过 40 个工业大类、200 余个工业种类、600 多个工业小类。理论上来说，基于 600 个工业小类，中国企业可以形成足够多数量的出海机会。现实中，各行业企业还要考虑各行业的优势大小、海外各国的市场空间、海外客户或用户需求等因素。

中国企业出海至某特定国家，一般有几种常见的形式：一是把特定国家主要作为产品或服务的销售市场，这类国家往往市场体量较大，典型的如美国、德国；二是把特定国家主要作为生产基地，这类国家往往有成本或产地国优势，典型的如越南、孟加拉国；三是把特定国家主要作为区域管理和法律意义上的总部或分部，这类国家往往有制度优势且区位优势和辐射效应明显，典型的如新加坡、阿联酋。

除去总体上的判断，现实中带有一些"出其不意"的出海机会往往更有发展前景。在非洲，由于日用品供给不足，一家叫森大的中国企业，其生产的瓷砖、五金、洗衣粉、纸尿裤在非洲很多国家卖得非常好；在拉美的哥伦比亚，由于70%以上的家庭养宠物，一家由中国人创立的宠物用品和食品公司CALABAZA发展得不错；在非洲的尼日利亚，人均GDP不到2000美元，一家由中国人创立的二手车公司Carloha专门售卖价格三四十万元的汽车，竟然生意很不错。

一个好的生意或机会，背后的逻辑一般是人无我有、人有我优。在美国、欧洲、日本等国家或地区，该有的产品和服务大多已经存在，大的机会在于人有我优、大牌平替；而在一些发展中国家或地区，很多产品和服务依然缺失，大的机会便是人无我有。

在出海方向，最终会是中国企业之间的竞争。从产品或服务的品类来说，主流或标准品类可以选择去非主流的市场，而主流市场更适合非主流或差异化的产品和服务。

时光机理论

时光机理论指的是不同国家或不同行业之间发展有先后，利用先发国家或行业的发展经验，去指导和开发后发国家的市场机会。比如，之前中国的科技互联网行业借鉴美国的经验，出现了百度（对标谷歌）、京东（对标亚马逊）、滴滴（对标Uber）等机会，判断对了这些机会的投资机构和创业者都获得了极大成功。

中国企业出海时，如果把中国作为一些行业的先发国家，也可以由此去推断其他国家或地区的发展机会。比如在判断出海印度尼西亚的机会时，很多投资人或创业者会拿2023年的印度尼西亚对标2010年左右的中国，当时中国的经济高速增长，人均GDP不到5000美元、互联网和电商行业欣欣向荣，中产阶层开始崛起，品牌意识在迅速增强。印度尼西亚2023年的情况有相似之处，所以很多人相信印度尼西亚存在巨大的机会。

在制造业领域，改革开放后全球产业链开始大规模转移至中国，中国在加入世界贸易组织（WTO）后很快成为"世界工厂"，随着中国产业不断升级，基于时光机理论，很多国家接下来也将享受中国产业链迁移的红利，印度尼西亚、越南、墨西哥、摩洛哥、土耳其、匈牙利等国将获得难得的发展机遇，成为"世界小工厂"。

时光机理论为我们判断出海机会提供了一个有意义的理论框架，但它也有很大的局限性，企业不能教条式地去使用。当年中国企业借鉴美国企业的发展经验，也只是在一些行业有成功案例，而在 SaaS、创新药等方向效果就差很多。用中国经验去看海外，也会遇到类似情况。一个更值得思考的问题是，即便时光机理论在一些行业成立，也会是本国人而非外国人更有机会抓住。

当下可以确定的是，中国企业出海依然处在早期阶段，在很多行业、区域存在大量市场空间，机会非常多。难的并非海外市场缺乏机会，而是企业出海所需要具备的各方面能力要求很高，比抓住国内市场的机会难太多。要成功出海，企业首先要去打造支撑出海的组织能力。

02　全球化人才和组织为先

2023 年 9 月在一次聚会上，一家中国出海品牌的独角兽公司创始人分享了他的惨痛教训，该公司在开拓海外业务时曾在十几个国家招募了国家经理，但业绩都很差，且为了裁撤这些国家经理还花了很大的成本。痛定思痛后，这位创始人决定采用从国内培养负责人然后派遣到海外的方式开展海外业务。

这位创始人遇到的情况并非个例。实际上，中国企业出海业务当前普遍遇到的最大瓶颈就是全球化人才缺失和全球化组织能力薄弱。这有一个现实的原因，中国企业出海业务整体处在早期发展阶段，行业整体的全球化人才梯队尚未建立。2023 年后要出海的企业特别多，行业过去培养的人才远远不够。

截至目前中国真正的全球化企业非常少，只有华为、海尔、字节跳动等少数公司在海外有一定规模的员工数量。华为算是中国出海人才的"黄埔军校"之一，但其人才强在 ToB 业务，与做 ToC 业务的出海企业匹配度较差。字节跳动在海外招募和培养了大量员工，有望成为中国企业出海 ToC 业务人才的"黄埔军校"，但其人才目前普遍年轻，还需要一段时间成长才能独当一面。

在人才层面，美国企业开展全球化时要明显好于中国企业现今出海面临的困境；大量在美国留学、会说英文的各国年轻人在美国工作数年后，为美国企业拓展海外业务提供了一个庞大的人才池。如出海到中国的美国公司，派往中国的管理者很多曾在中美两国学习，了解美国和中国文化。相比之下，在中国留学的外国学生，以及会说中文的外国人数量太少，这个优质的人才池就太小。

全球化人才的数量以及发展速度会影响出海业务的进展，但围绕着全球化人才和组织能力建设没有捷径可走，中国企业出海任重道远。唯一可以确定的是：要想走得远，就得起得早，不能等到出海业务开展起来后再去做人才和组织上的准备。

出海企业如何做人才和组织上的准备

基于出海战略的人才和组织定位

全球化人才和组织的搭建，首先要和企业的出海战略相匹配。如果一家企业的出海战略目标只是把海外当作一个线上销售渠道，不牵涉到布局本地化，对于全球化人才和组织的定位就不需要那么高。如果战略目标是真正成为全球化企业，要在海外各市场布局本地化，则需要以完全不同的心态和方法去做相关准备。

一般来说，中国企业出海时遵循先易后难的原则：先线上再线下，先代理再直营，先出货再建品牌。所以对于出海人才和与之对应的组织能力，不同的阶段要求不同。一个基本原则是：人才和组织要提前准备，也应该适当超配，但不能错配。比如一家只通过亚马逊线上平台卖货的出海企业，就没有必要招聘有外资企业背景的高级管理人才，而是更需要有经验的电商运营人才。又比如一家以建立欧美线下渠道为目标的出海企业，就得招聘在欧美目标市场学习和工作多年的人才，甚至最好是非华人的当地人。

企业老板需要问一下自己：出海战略是否清晰，是否有长期主义的耐心？没有出海战略就仓促招人，往往会事倍功半。企业老板抱怨人才难招、人才不好用，核心根源在于企业老板缺战略、缺认知，老板应该以责人之心责己。

图 2-1　2023 出海全球化百人论坛现场

图片来源：EqualOcean。

重视全球化雇主品牌建设

开始搭建全球化人才和组织时，企业是否具有全球化雇主品牌形象很关键。一个现实情况是，中国企业普遍在海外缺品牌影响力，更没有雇主品牌。很多在国内知名的企业，出了中国国门几乎没有品牌影响力，这大大增加了中国企业招募全球化人才的难度。因此企业在决定做出海业务后，要第一时间把全球化雇主品牌建设提上日程。

企业可以从最基础的工作开始：比如按照国际标准，把官方网站做好升级；开通海外常见社交平台（如领英、脸书、TikTok）的官方账号并维持基础运营。如果条件允许，企业可以通过媒体或智库发声，如一些英文报道，使海外潜在的应聘者在搜索公司时能看到相关内容，等等。

更进一步的工作包括：梳理工作的基础素材，制定统一的招聘策略、薪酬和福利规划、员工培训和成长制度、管理方式和文化手册……开展国内业务和开展海外业务对人才和组织的要求差别很大，原先只开展国内业务的企业开始出海后，有必要用新的方式把上述工作事项重新梳理一遍。

设计新的薪酬与激励机制

企业出海，是从 0 到 1 的一次创业，要尽量采用创业公司的激励机制：更多地放权，实施更有吸引力的期权和股权激励方案。但同时，企业出海不能像在国内创业一样抱着省钱的心态，压低人才的薪酬福利。作为企业老板，得适应不同国家的薪酬现状。

比如企业出海美国要在当地招人，就得理解美国薪酬更高。当地一些能进华尔街金融公司或硅谷科技公司的应届生年薪就得 15 万美元以上。如果企业出海到印度尼西亚，每月 4000 元人民币就能招到当地很不错的应届生。

不同国家的薪酬情况，对应的是当地不同的生意。业绩目标、岗位人才、薪酬相互匹配就行。不少中国企业出海美国时，按照国内的工资体系招业务负责人，闹出了不少被吐槽的故事。也有不少出海亚非拉国家的中国企业，花了远高于当地薪资水平的成本但没有获得本地员工尊重。

吸引和招募人才

中国企业出海一般是老板很快做出决策，而人力资源跟不上。在业务需要快速推进、人才招聘缓慢的情况下，一些老板很容易做出错误的决策：放宽标准，招进不合适的人，为后续的发展埋下隐患。在早期，不少企业老板采取"任人唯亲"的方式，从自己的熟人圈子（如同学、亲戚）挑负责人，短期来看有合理的一面。

相比匆忙从外面招进一个国际业务负责人，一个值得尝试的策略是：在原组织内部挑选数名有管理经验、懂业务的骨干，配置一批无经验但有国际视野的年轻人，通过新老配合大胆探索业务发展路径。另外一个不少企业出海早期尝试较多的方法是：先使用名义雇主（EOR）公司的人才，虽然成本高，但可以降低相应的风险和规避隐性成本。无论是哪种方式，出海企业早期在人力方面都不宜高举高打，应先低成本试错。

一个合格的国际业务负责人可遇而不可求。除非极少数特别有实力的中国出海企业，其他的很难招到欧美高级管理者做负责人。中国企业的雇主品牌形象、职业发展、潜在风险、管理方式都对他们没有吸引力。中国国内培养的高管外派也面临不懂海外市场、缺乏跨文化管理经验的困难。退而求其次，很多出海企业的国际业务负责人画像是：在国内读本科，在海外读研究生，并在海外工作过5~10年，对中国和海外市场都有一定的了解，有跨文化的沟通交流能力。

需要提醒的一点是，中国出海企业在招募国际业务负责人或国家经理时，国际背景调查至关重要，企业不要为了省小钱而埋下大隐患。已经有一些中国企业在这个问题上吃过大亏，一些国家经理利用信息不对称侵占中国雇主的利益，让中国老板有苦难言。另外，相比国际业务负责人或国家经理，先找到一个合格的国际人力资源负责人更重要。

使用和发展人才

如前所述，出海方向的人才稀缺，所以全球化人才和组织搭建得好的中国公司都会在培训层面下大功夫。首先，培训要确保所有团队成员理解组织的使命、愿景、价值观。其次，围绕着全球化技能，如语言、跨文化交流、安全等展开培训。为进一步提升团队能力，也可以增加国际政治、海外市场、跨行业分析的相关内容。一些领先的出海企业，在内部建立了"出海学院"来专门培训团队。也有一些公司和目标市场的高校建立合作关系，一方面可以高效地招募到当地的基础人才，另一方面也可以通过学校课程培养公司各层级管理者。

建立出海管培生体系是一些企业在尝试的做法，由核心高管带队，对有潜质的人才亲自指导，按照2~3年一个培养周期，给到他们多岗位、多区域的轮岗机会。企业老板在培养和发展内部人才时，常犯的一个错误是认为外部的人才更好，愿意用更高的薪资从外部招聘人才而不是把机会给到内部人才。如果是一个不错的出海组织，内部培养起来的中层应该占到50%以上。

建立全球化组织文化

全球化企业的组织文化普遍有开放、多元、包容、公平、透明等特点，比如在多元化层面，一些跨国公司对于管理层和员工整体的男女比例、族群比例都有要求；在包容层面，有反歧视手册和常规培训；在公平层面，以量化的指标而非领导的喜好去决定员工的升迁；在透明性层面，员工参与规则的制定，也允许员工指出公司做得不合理的地方。

把控风险和其他注意事项

过去几年,很多中国出海企业在沙特阿拉伯、墨西哥、印度尼西亚等热门国家都招聘了负责人,出现不少起企业归属权争端问题。因为害怕风险,中国企业倾向于派遣国内员工去到海外,但派遣方式普遍存在用工不合规、忽视当地国家的就业许可制度的情况。比如,有些中国企业派去非洲的中国员工就存在不合规问题;很多中国公司派去印度的员工也是如此,为后续埋下了法律隐患。

从国内派遣和在当地招募,各有优劣。我们建议先进行国内派遣,摸清楚基本情况后再在当地招募本地员工。海外业务的核心人员由中国人担任、其他成员尽量本地化,这是很多公司常用的做法。华为外派员工时一般要求该员工在总部工作三年以上,认可公司的核心价值观。外派后,华为会给该员工配置导师,给到生活层面的支持和保障。这些做法,值得其他中国出海企业学习。

全球化的人才和组织搭建,需要系统化思维。业务、组织、文化在不同阶段呈不同的互动关系。整体而言,随着中国出海企业越来越具备品牌和技术驱动能力,可持续性越来越好,且新一代具有国际视野的管理者在快速成长,制约中国企业出海的人才和组织瓶颈会被逐步打破。

03 海外市场洞察

不论企业出海的目标是提升销量还是塑造品牌,市场洞察都是业务落地的先决条件。只有依靠科学、真实、全面且深入的市场洞察,企业才能制定业务目标和行动策略。

出海企业做海外市场洞察，相比在国内会增加了不少难度：首先是物理层面的限制，包括与客户或用户的空间距离、时差、语言差异等；其次是心理层面的障碍，主要由文化传统、社会习俗、价值观等的差异造成。现实中，不少企业在出海时过于急功近利，往往会忽视市场洞察这个环节，为长期发展埋下隐患。

本节将结合市场洞察理论、出海业务的特殊性以及实践中的案例，给出海企业提供一个参考。对于市场洞察的流程，行业中有些分为三步，有些分为五步，但差异不大；都遵循从宏观到微观、从行业到自身的逻辑。

海外市场洞察的步骤

看宏观

多数出海企业的经营一般跨越两个及以上的国家，对宏观格局的把握非常重要。总部在中东的物流公司 iMile 的创始人表示，他们选择进入一个新市场的先决条件是当地政治环境稳定且与中国的关系良好。这两点在考量进入一些发展中国家时尤为重要。暨南大学国际关系学院陈定定教授也分享过出海企业的政治风险相关案例：在缅甸太平江一级水电站事件中，少数族群克钦独立武装与代表缅甸国内多数族群的缅甸政府军的长期矛盾演化为军事冲突，最终发生了克钦族人炸毁了中国某公司与缅甸合作的工程建设桥梁的惨剧。

除了政治风险的评估，看宏观时也应当一并了解目标市场中与本行业相关的法律法规和政策（比如税率、政府是否有补贴、政府是否有本地化的要求，以及是否有敏感行业外来投资限制）、主流的文化传统和社会习俗（包括宗教、节日、工作习惯等）、整体的经济发展前景（人口结构及增长率、近几年的 GDP 增长率、产业结构等）以及营商环境等。

复星锐正资本合伙人刘方未基于过往在印度、以色列等市场的积淀曾提出"三化理论"，即企业在判断商业模型是否能向海外复制时，需要立足于不同国家的工业化、城镇化、信息化这"三化"进程。一个国家的"三化"进程并不一定是一致的，比如印度尼西亚的工业化、城镇化接近于中国2005年左右的水平，但信息化能达到中国2015年左右的水平。这样的认知框架，对把握当地的商业机会有指导意义。

又比如中国企业出海的另外一个热门目的国沙特阿拉伯，它作为产油大国尽管相当富裕，但整体的工业基础、科技基础都相对薄弱。为了驱动国家的产业转型升级，沙特阿拉伯在2017年启动国家可再生能源计划（NREP），作为其"2030愿景"的一部分。沙特阿拉伯的萨勒曼王储还曾在《联合国气候变化框架公约》第26次缔约方大会举行前，承诺到2060年实现"净零排放"。中国作为新能源领域的强国，成为沙特《联合国气候变化框架公约》在能源转型过程中的重要伙伴。受相关政策的吸引，晶科、隆基绿能、阳光电源、TCL中环等中国新能源企业都已布局沙特阿拉伯。

看行业

看行业主要是评估企业所在行业在目标市场是否有充分的发展前景。这并不是一个拍脑袋能够决定的问题，不少出海企业在这个方面犯过错误。

行业调研需要覆盖市场规模和增长表现、利润水平、配套生态等。理想化的情况是：海外目标市场的规模大（行业规模千亿元以上）、毛利率高（有3~4倍加价率，毛利率60%以上）、复购率高（一年三次以上复购）、低货损。当然，这种理想状态可遇而不可求，但出海会导致各项成本的增加，一般产品毛利率需要高于在国内的水平。

至于评估企业能在目标市场实现多高的毛利率水平，一方面是要去当地实地调研，另一方面要结合企业自身的优劣势进行测算。增途资本创始合伙人张宇凡曾在 EqualOcean 的活动上分享过一个他在新兴市场所见的案例：国内瓷砖产业上市公司一般只有 3~5 个点的净利水平，但他在非洲参观的一家瓷砖企业年收入规模在 30 亿元至 40 亿元，净利润超过 10 亿元，净利率居然超过 30%。这是不同行业在不同国家处于不同的发展阶段和竞争态势，从而导致毛利水平不同的典型案例。

看客户或用户

看宏观和看行业提供了一个理解市场的大环境，看客户或用户就正式进入"主体研究"的环节——直接洞察客户或用户的习惯和行为。这应当是"五看法"中最被企业重视的一环，将"客户或用户至上"作为信条的企业不在少数，但深入地了解和服务好客户或用户，对出海企业来说相当有挑战性。

看客户或用户的第一步是知道客户或用户是谁，即描绘清晰的客户或用户画像，描绘越精准越好。举个例子，科沃斯旗下新锐扫地机器人品牌 yeedi 在海外以租住公寓的刚毕业大学生和年轻白领为切入点，打出了"年轻人的第一台扫地机器人"的定位；在海外营销时，主打产品颜值高、平价的卖点，在智能清洁家电竞争激烈的美国市场通过年轻人聚集的渠道 TikTok 成功收获了一大批用户。

对于很多 ToC 企业来说，描绘用户画像的第一步是汇总和清洗散落在各渠道的用户数据，在 OneID（一个用户身份）的基础上给用户打上 CRM 和 MarTech 系统可以识别的标签，包括用户的性别、年龄、婚育状况、居住地等身份属性信息和消费偏好、购买力、复购率、消费渠道、互动和支付等消费行为。从这个过程可以看出，企业在做出海时也应该推进数字化能力建设。

国外有不少成熟的 CRM 和 MarTech 工具，在 AI 技术的加持下，对于用户的识别和运营也在向更精细的方向不断进化。比较主流的有 Zoho、赛富时（Salesforce）、HubSpot、甲骨文（Oracle）、微软（Microsoft）、SAP 等。此外，数云、Convertlab、销帮帮、销售易、纷享销客、径硕科技、神策数据、用友、金蝶等一些国内的 CRM 和 MarTech 公司也随着客户出海而在开展出海业务。

需要注意的是，在收集和使用用户数据方面不少国家的相关法律法规相比国内要严格得多。2018 年生效的欧盟《通用数据保护条例》，对所有欧盟成员国和冰岛、英国、列支敦士登、挪威都适用，旨在保护个人免受隐私和数据泄露的影响。条例规定与个人身份相关的任何信息都属于个人信息，只有在为了实现合法目的的情况下才能使用个人信息，且必须经过信息主体的同意，违反者可面临最高 2000 万欧元或全球年营业额 4% 的罚款。2021 年苹果公司随 iOS 14 系统推出的新隐私政策——要求开发者在跟踪用户数据前获得用户同意，也给出海数字营销行业带来了震荡。

随着各国的数据法规逐步完善和精准投放的成本日益提升，出海企业获取客户或用户的主动反馈变得日益重要。所以，在了解客户或用户的消费行为之外，也要了解他们的内容偏好，包括内容的形式和内容呈现的平台。

除此之外，KOL（关键意见领袖）也在出海企业的用户洞察活动中发挥着日益重要的作用。通过赞助内容制作或赠送产品，企业可以邀请 KOL 在自己的社交平台介绍品牌故事或产品；并通过与 KOL 交流，获知其粉丝群体对于产品的反馈和建议。目前，国内有不少服务商专注于帮出海企业连接海外各类 KOL，做得比较好的有抖鹦传媒、吃鲸、卧兔、聚星、映马传媒、橙意出海等。

对于大多数 ToB 出海企业来说，目标客户群体比较清晰，难点在于摸清客户内部的组织架构，找到关键决策人。像欧洲、美、日、韩等发达国家或地区的中大型企业一般拥有比较复杂的职级体系和业务线条,部门采购也需要向上汇报和层层审批,新增或更换供应商的流程也比较烦琐,经常会对出海企业的售前能力和法务、财务合规体系提出额外的要求。

一位出海日本的软件企业负责人说,在日本销售软件,客户会在前期对于实施方案提出极其细致的要求,经过反复沟通和修改,耗时一两年也实属正常。但一旦敲定方案开始交付,客户一般不会再提修改意见或新增要求,这与国内是很不一样的。

此外,中国 ToB 企业服务海外大客户还涉及信任问题——主要是因为有些国家对中国制造仍存有偏见,以及中国企业普遍缺品牌影响力。要解决这个问题,需要对客户真诚并具有耐心。很多时候企业也需要"曲线救国",通过当地人去接触客户。在做好基本功的基础上,ToB 出海企业需要从客户现场获取一手资料。

海外市场洞察的方法和工具

具体到方法和工具层面,出海企业做海外市场洞察时可以参考以下方式:

一手调研

问卷调查:企业可以根据需求设计个性化的问卷,为业务做出针对性指导,但需要聘用专业的统计人才,且问卷的发放与回收需要耗费较大的人力。问卷调查可以通过 App、电话、短信、邮件或者 Global Test Market、Survey Junkie 等专门的问卷网站进行,也可以在线下人流量密集的区域或品牌门店分发,一般会以小赠品或优惠券吸引消费者参与。

访谈:一般是以企业为中心,邀请少量客户或用户线下闭门深谈,可以真实、深入地获悉客户 / 用户的需求和使用场景等信息。《营销学原理》中介绍过一个案例，是关于迪士尼如何将"访谈"这种形式运用到极致。迪士尼每年邀请约175~200位活跃于社交媒体和社区的妈妈和她们的家人到佛罗里达参加打折旅行，这些家庭在为期4天的旅行中可以参与迪士尼组织的娱乐活动和研讨会。对于迪士尼来说，这是一种成本很低但收效很好的用户访谈形式。

社交媒体：不论是对ToB还是ToC企业，社交媒体在获取用户、了解用户、维系用户等方面都发挥着日益重要的作用。脸书的群组、WhatsApp的私域群、TikTok的互动、Reddit的提问、Discord社区等，都可以好好利用。

众筹：众筹平台不仅可以帮出海企业筹集启动资金，也能产生获取种子用户和市场洞察、品牌宣传等效果。中国企业最常使用的平台是Indiegogo和Kickstarter，Indiegogo上更多的是消费科技品类，Kickstarter上的品类则更全，甚至也有文化艺术活动。

第三方信息

新闻媒体：除了目标市场主流的综合媒体，企业也应当通过关注与自身产品或服务相关的垂直媒体来了解特定客户或用户群体的兴趣点，比如CNET、TechCrunch等科技媒体。

研究报告：研究报告可以帮助出海企业从群体的角度系统洞察客户或用户，企业可以关注调研公司、咨询公司定期发布的主题报告，也可以在Content Crowd、TalkingData、欧睿（Euromonitor）、英敏特（Mintel）等网站搜索关键词。

数据平台：Index Mundi、Nation Master、Google Trends、Similarweb、Alexa、Flurry、Adbeat、App Growing、Data.ai、BuzzSumo、MonsterInsights、QuestMobile、Statista等。

专业服务机构

如果预算充足，企业也可以雇用权威机构开展专题调研。专业的调研公司如凯度、尼尔森、益普索、盖洛普等；专业的咨询公司如贝恩、麦肯锡、埃森哲、波士顿咨询、罗兰贝格等。

出海企业做市场洞察时存在一个常见的误区，即在通过第三方机构完成调研、生成相关报告后就认为市场洞察活动结束了，既未将调研结果与业务相结合，指导产品和服务优化，也没有将市场洞察流程化、标准化，建立以市场洞察驱动的 SOP 和组织能力。这种为了调研而调研、流于形式主义的做法对于企业实现战略没有任何帮助。

要解决这个问题，需要管理团队和主导市场洞察的部门（一般是市场部或营销部）充分认识到市场洞察对业务的价值，以科学的顶层设计驱动各部门为市场洞察做贡献，用市场洞察结果驱动业务优化。用营销学的术语来说，就是促成公司内部形成衔接各部门的"以客户或用户为导向的价值链"。

04 重构产品与服务

必胜客在美国是快餐，消费者用手撕比萨吃，在中国成了正餐，消费者用刀叉吃比萨。在欧洲定位为平价品牌的宜家，进入中国后逐步改变了定位，成为中产阶层喜爱的品牌……

除去外贸型企业，中国出海企业可笼统地分为两大类：一类是做国内业务的企业出海寻找新的增长点；另一类是从开始就定位为面向全球市场的全球化企业，业内称为"生而全球化"。

　　不论是上述哪一类企业，在出海的过程中都绕不开一个问题：需要根据海外市场的实际情况，重构自己的产品与服务体系。从国内到海外，中间涉及多种语言、习俗、工作和生活场景乃至价值观，用一套产品或服务体系去全面覆盖市场是行不通的。即便是 iPhone 手机这样高度标准化的产品面向不同市场也有不同的版本，也搭建了不同的售后服务体系。

　　重构产品和服务体系的前提是洞察市场，这部分内容已在上一节进行了阐释。本节将按照前置要素、主体设计、配套完善的逻辑梳理出海产品和服务体系重构的流程及各环节的要点。

前置要素：不打无准备之仗

　　不论是"生而全球化"的企业，还是"先国内后出海"的企业，品类都是首先需确定的要素。"生而全球化"的企业相对比较清晰，基于前期对趋势的判断和对用户的洞察，企业直接开发出精准匹配海外需求的产品和服务。这样的出海案例不少，比如近几年比较火爆的 E-bike 公司乌托邦（Urtopia）、十方运动（TENWAYS）、唯乐高（VELOTRIC），泳池机器人公司元鼎智能、星迈创新，便携式储能公司正浩创新，健康监测指环公司玖智科技，3D 打印机公司拓竹科技，车载冰箱公司艾凯电器等。

　　先做国内后做海外市场的企业，面临的不只是简单的渠道拓展问题，还需要对品类进行重新定位。比如小牛电动在国内更为消费者熟知的是其电动摩托车产品，但据该公司 CEO 李彦的分享和 EqualOcean 驻纽约记者线下实地探访，在出海美国时，小牛电动基于当地的出行场景在门店主推 E-bike 和电动滑板车，这两者是其位于曼哈顿的旗舰店卖得最好的产品。

　　在确定品类的过程中，企业需要考虑三个问题：该品类在目标市场的发展前景是否能与企业战略相匹配？目标市场当前有哪些竞品，其优劣势如何？基于自身禀赋，该品类是否具有技术可行性？

如果目标市场的天花板和品类增速都比较理想，自然为企业发展提供了沃土。还有一种情况是"项庄舞剑，意在沛公"。企业在一个国家试水，目的是以该国作为跳板进入其他国家或市场，这种情况下应考虑该国的代表性及其在地区内的辐射效应。比如，很多企业出海东南亚时选择新加坡，出海中东时先去迪拜，大多有把新加坡、迪拜当跳板的想法。

第二个问题和第三个问题牵涉到"看竞争和看自身"——企业找到在目标市场占据领先地位的对标公司，将重心放在可以改进的地方。美国是名创优品最重要的海外市场之一，美国排名第一的性价比零售店 Dollar General 拥有两万家店铺，在当地有很强的影响力。为了建立差异化优势，名创优品在购物环境这个维度下足了功夫，对于店铺设计、陈列、氛围、产品的 IP 属性、门店人员的管理等做了非常多的细节调优，成功将美国做成单店平均年化收入最高的市场。

有时候企业与对标公司的品类或商业业态未必相近，这个时候"看竞争和看自身"的核心是比较为客户或用户提供的价值与竞争对手是否类似。比如出海中餐品牌西少爷的主营餐品是肉夹馍，在北美地区对标的并非其他中餐厅，而是麦当劳、汉堡王等本地人更熟知的连锁快餐店。西少爷的投资人曾戏称肉夹馍为中式"汉堡包"。

与海外公司对比，中国企业的供应链优势、工程师红利明显，所以中国出海企业的供应链和部分研发一般放在国内。由于中国的市场规模大，商业生态高度多样化，不少企业在国内经历了充分的试炼，向海外拓展时形成了一定的"降维打击"能力。中国出海企业常常发现自己在目标市场最强劲的竞争对手也是中资企业。那同为中国企业，在海外比拼的又是什么？在产品力差不多的情况下，对海外客户或用户的洞察和本地化水平往往能起到决定性作用。

确定品类后还有一些准备工作要做，包括资质、认证的获取和基础设施的搭建。在资质、认证方面，除了要符合国际通行标准，有些国家还设定了额外的要求。以汽车配件出海美国为例，企业需要通过质量控制监测（ISO、SAE、ASTM、ECE/DOT、FCC）、材料认证（RoHS、REACH、EPA、火灾安全认证）等。以户用储能为例，出海北美需要通过 UL 认证，出海欧洲需要通过 CE 认证，出海澳大利亚和日本则分别需要通过 CEC 和 JIS 认证，另外还有运输相关的 UN38.3，以及危包证、危特报告、海运鉴定书等。

主体设计：全方面本地化

针对产品或服务本身，企业需要做一系列烦琐的本地化工作。

首先是产品和服务可视化、可感知层面，如外观、包装、重量等。便携式储能企业德兰明海的常务副总兼 CTO 雷健华曾分享了一个案例。他们的产品在国内看来非常重，但是美国的"彪形大汉"却可以单手把它拎起来，这样的重量更适合美国的精神文化，做得太轻便了反而不好。

不同国家和地区在习惯和审美上有一定的规律可循。比如对于软件产品，欧美的用户普遍习惯简洁的界面和聚焦的功能点，国内各类"超级 App"在海外的受欢迎程度一般。美图在这一点上就做得比较好，其在海外主打的产品包括 AirBrush（免费人脸修图 App）、BeautyPlus（美颜相机海外版）和 Meitu（美图秀秀海外版）等。截至 2023 年 6 月 30 日，美图在巴西、美国、日本、韩国、伊朗、加拿大、土耳其、俄罗斯、南非等 20 多个国家各拥有超千万级的用户。通过对比可以看出，海外版 Meitu 的界面精简了一些功能，更加干净和清晰，更符合海外用户的习惯。

又比如，日本消费者非常喜欢"卡哇伊"的风格。凭借着极致"少女心"和"二次元"的风格，中国彩妆品牌花知晓被日本少女杂志 *Popteen* 评选为"日本女高中生最爱的彩妆品牌"，旗下产品"泰迪熊口红"连续霸榜亚马逊口红销售日榜第一名。

图 2-2　花知晓"小天使"系列部分产品宣传图

图片来源：花知晓日本 Instagram 官方账号。

当然，如果是出海欧美国家还需注意规避"过度包装"问题，可以使用当地消费者更接受的可降解材料，这也是提升企业 ESG 形象的触点之一。

产品和服务的名称、口号（Slogan）和宣传材料等，常因为中国出海企业不懂海外文化而踩坑。国际命名组织 WeAreNaming 的中国代表曾分享，中联重科的英文名 ZOOMLION（寓意是强有力的狮子），会让西方人联想到一些科幻或者动画片，比如迪士尼经典动画《妙妙熊历险记》里的人物"Zummi Gummi"，或者哥斯拉（Godzilla），与其所在的行业和形象并不相称。

当然也有一些正面的案例。2023 年初蜜雪冰城正式进入泰国市场，选址在曼谷的商业中心区域。蜜雪冰城不仅定制了身穿本地传统服饰的吉祥物形象，还将广告歌改编成当地语言在门店循环播放，效果很不错。空气净化器品牌贝昂智能进入中东市场的时候，了解到当地文化对于"狗"不太喜欢，所以舍弃了其主品牌名"Airdog"而改在当地推广其另一品牌 TPA。这些涉及文化差异的问题，我们建议企业多听取本地品牌服务机构的意见。

产品和服务在海外如何定价也有不少讲究，企业不能只是简单地以成本加上利润来计算，还要考虑到企业希望传达给客户或用户的品牌定位以及目标市场的接受程度，后者可以参考对标产品和服务的价位段。像蜜雪冰城这样主打性价比的品牌在海外基本保持了与国内同等的价格水平，而一些科技产品在海外的定价要比国内高出不少。比亚迪的元 PLUS 国内售价为 13.58 万元起，而同款 ATTO 3 在瑞典、法国、以色列、西班牙、英国等国家的定价折合人民币在 30 万元以上。

此外，国际版网站或应用程序的设计开发看似简单但容易踩坑。除了界面问题，企业也需要注意语言的本地化。语言本地化不是简单地将中文翻译为当地语言，而是要尽量建立和丰富标准化的多语言语料库，以减轻后续的工作负担。比如，一些 IT 产品在设计多语言能力时，就可将语料分为通用元素类、字段类、图片类、新闻公告类、外部系统传入类、业务流类等六大类。网站和 App 的支付工具、链接（一般是社交平台）等也应以当地主流的习惯为准。同时，还需把握用户数据收集和使用的分寸，遵循目标市场相关的法律法规。

智能家居是中国企业出海的主流赛道之一，对于这类兼具软硬件属性的企业来说，在重构产品和服务体系的过程中需要考虑与海外主流系统的兼容性，也就是尽量让用户"易得"。以绿米科技旗下全屋智能品牌 Aqara 为例，为了让海外用户能更顺畅地使用其智能家居产品，绿米打通了苹果 HomeKit、Google Assistant、Amazon Alexa、LG ThinQ 等系统。

配套完善：打造产品和服务体验闭环

产品和服务在海外售出后，企业能否提供良好的、甚至超出预期的配套体验是企业提升客户或用户黏性及 LTV 的关键。

客服是企业整个服务过程中相对基础的一环。对于出海企业来说，客服团队不仅要能够提供基本的答疑解惑服务，还要具备多语言、跨时区提供服务的能力。很多企业都采取以下两种客户团队模式：一是整个团队布局在印度、菲律宾等英文水平较高、用人成本较低的国家，通过早、中、晚三班倒实现全球 7×24 小时在线服务；二是借鉴微软的经验，在全球不同时区分别设立客服团队，利用时区差完成 7×24 小时接力服务。在 AI 技术迭代的浪潮之下，不少客服企业也在利用 AI 提升多语言服务能力、降低人力成本，未来客服对于出海企业来说越发不成障碍。

一个成熟可靠的海外客服组织包括服务团队、系统工具及国际线路等部分，其中最核心的是服务团队。但对海外服务团队的管理不仅面临着当地用工合规性问题、人才资源情况及文化差异带来的挑战，也对技术的可靠性、合规性以及团队自身的敏捷性提出了高要求。

作为国内最早建立海外客服交付能力的服务商，东软能够为出海企业提供一站式的客服解决方案。方案覆盖 30 多种语言，并可实现 7×24 小时在线支持。深耕客服领域 20 余年，东软已在亚洲、欧洲、美洲、非洲等成功运营10 余个交付中心，座席数量近 5000 个，在跨境电商、泛娱乐、消费电子及汽车制造领域积累了丰富经验。

对于一些面向重点大客户、重交付的 ToB 出海企业来说，搭建服务团队所花费的精力和成本更多——需要细化到售前、服务与技术支持、客户成功等环节。服务与技术支持可以常驻国内，定期或按需派驻客户所在地，但与客户直接接触的售前、客户成功则需要本地提供服务且尽量使用本地人。

以软件方向的中国 SaaS 企业出海日本为例，日本客户对质量、服务、稳定性要求极高，做事认真谨慎，需要十分细致的教程等。很多从业者跟我们都反馈过这样的感受：日本人的细致程度，可能超乎一般人的想象。出海日本市场有一个"五年の時間"的说法，即企业用五年左右的时间才能在日本有一些成果出现。可想而知，出海日本对于企业售前和客户成功的工作要求有多高。

对于跨境电商和消费品企业来说，退换货是一种比较常见的配套体验，常见的做法有以下几类：一是仅退款，如果货值不高，可以与买家协商仅退款或者将商品在海外集中销毁、处理；二是部分退款，如果商品仅有小瑕疵，不影响使用，可以与买家协商部分退款或者以优惠券等形式进行补偿；三是退货或换货，退货至平台或第三方的海外仓，在无商品质量问题的情况下可二次销售，存在质量问题则需退回保税区或通过国际快递退回国内工厂返修并重新发货。

对于大多数品类而言，好的产品和服务体系并非一蹴而就的，需要企业根据客户或用户反馈及市场表现不断优化、迭代。当中还存在一个尺度的把握问题，过快的优化、迭代会损伤客户或用户的体验，有可能使企业陷入老用户不满、新用户不买的尴尬境地。

橘生淮南则为橘，生于淮北则为枳。企业在不同的市场，需要重构其产品与服务。一个优秀的全球化品牌最理想的是在海外各个市场都会被当成本地品牌，但这并非说品牌没有起源地。否认起源地的企业，也会丧失成为全球化品牌的可能。接下来十年，源自中国的全球化品牌一定会越来越多。

05　梳理和搭建渠道

由于国内竞争越来越激烈，不少企业转向出海方向更多是为了尽快提振业绩，对于渠道的关切远高于战略、品牌等维度。说到出海渠道，不少企业只能想到跨境电商、独立站等线上平台，对于海外的渠道生态没有清晰的图景，更不了解哪些渠道更能匹配自身的业务和品牌。

在跨境电商领域，全球流量成本日益昂贵是一个不争的事实。即便在线下，因为近年来中国企业大规模走向海外，对于渠道的争夺也越发激烈。对于企业来说，搭建精准的渠道是核心壁垒之一，其重要性不亚于产品和服务本身。当下，出海企业的渠道搭建从线上到线下，从单一渠道到多渠道、全渠道的趋势逐步成型。

本节将为企业全面梳理海外的渠道生态及其各自的优劣势，为出海企业搭建合理的渠道体系提供参考。

线上渠道

中国企业出海，多数是以实物商品贸易的方式。由于线下门槛较高，中国企业往往先以线上渠道作为切入点。一般来说，线上渠道分为电商平台和独立站两大类；而电商平台又可以细分为综合类和垂直类、ToC 类和 ToB 类、全球类和区域类。

综合电商平台：亚马逊遭中国"跨境电商四小龙"挑战

中国企业入驻电商平台的优势在于平台有稳定的流量池，入驻门槛也较低，生态比较成熟的平台还有各类服务商可提供各种服务。对中国出海企业来说，首先绕不开的是全球性综合电商平台亚马逊。

　　截至 2023 年底，亚马逊是全球最大、覆盖国家最多的电商平台，拥有超过 3.1 亿个活跃用户账号，每月有超过 1.9 亿用户访问该网站。亚马逊在 2004 年以收购卓越网的方式进入中国，但在和阿里巴巴、京东的竞争中渐渐落败；2015 年，亚马逊中国转型"全球开店"，帮助中国卖家做跨境电商。经过近 10 年的发展，成为中国企业出海的首选电商平台。

　　数据显示，亚马逊上的第三方顶级卖家里，来自中国的占比约 50%，贡献了超过 2000 亿美元的 GMV（商品交易总额）。亚马逊对中国出海企业的价值，由此可见一斑。

　　亚马逊收取的费用整体较高，包括保证金、月服务费、销售佣金等，使用其 FBA 配送服务的费用也不低。相关机构发布的《2024 年亚马逊卖家统计数据》报告显示，大多卖家的启动资金超过 1 万美元。为了与全球 950 万卖家竞争，企业也需要应对站内越发昂贵的流量成本，这从近几年安克创新、易佰网络等公司的财报中可见一斑。

　　除亚马逊外，其他两家中国企业比较熟的全球电商平台是亿贝（eBay）和 Wish。亿贝进入中国的时间甚至早于"跨境电商"一词的诞生。在亚马逊"全球开店"崛起之前，亿贝是跨境电商第一大平台，但近年来衰落比较明显，只在少数品类上还有一定优势。同样来自美国的电商平台 Wish 也曾在中国火过几年，但由于连续 7 年亏损，Wish 已在 2024 年初"卖身"给趣天（Qoo10），基本丧失了其行业地位。亚马逊与中国主流跨境电商平台的对比如表 2–1 所示。

　　亿贝、Wish 衰落的同时，以速卖通、希音、TEMU、TikTok Shop 为代表的中国"跨境电商四小龙"兴起，为不少出海企业提供了机会。根据 data. ai 发布的《2024 移动市场报告》，"跨境电商四小龙"包揽了 2023 年全球购物类应用下载量增速排行榜的前四名，依次为 TEMU、SHEIN、速卖通和 TikTok Seller。

表 2-1　亚马逊与中国主流跨境电商平台的对比

平台名称	平台特色	适合的企业类型
亚马逊	覆盖主流市场、主流人群，有近20个国家站点开放给中国卖家	适合基础条件较好、销售量较大的卖家
速卖通	社区和培训体系不错，在欧洲和新兴市场较流行	适合初级玩家及产品目标市场不太明确的企业
希音	女性用户较多，客单价较高	以美妆、家居等时尚类产品为主，有供应链优势的公司为佳
TEMU	流量崛起速度快，性价比 + 砍一刀模式让人印象深刻	适合低客单价、有极致性价比优势的工厂或极具差异化的产品
TikTok Shop	基于 TikTok 短视频和直播优势，流量大，国别数较少	适合品牌弱或无品牌，新奇特、实用且客单价不高的产品
阿里巴巴国际站	B2B 平台，覆盖国别广	适合有供应链或工厂型的卖家

"四小龙"中速卖通（AliExpress）起家最早，覆盖 200 多个国家，2022年在欧洲市场占有率排名第一（据 Cross-Border Commerce Europe）。截至2023 年 1 月底速卖通在全球购物 App 中 iOS 用户规模排名第 7（据 data.ai），在韩国、俄罗斯、沙特阿拉伯、智利等国也跻身为主流平台。2024 年 1 月，速卖通正式上线"半托管"模式，所有卖家皆可申请加入。

独立站起家的希音在 2023 年开启了"平台化转型"，当年 5 月宣布在全球范围推出平台模式 SHEIN Marketplace，后又推出了全国 500 城产业带计划，其重点品类包括男装、童装、美妆、家居、3C 电子以及鞋靴和配饰珠宝。希音在全球年轻女性群体中的影响力对于一些出海企业来说无疑有不小的吸引力。

TEMU 作为后起之秀，2023 年收获了非常高的关注度，也带火了"全托管模式"。2022 年 9 月至 2023 年 9 月的一年时间里，TEMU 在 47 个国家上线，下载量超 2 亿次，在苹果公布的 2023 年美国 App Store 免费应用下载量排行榜中，TEMU 排名第一。2024 年 3 月 15 日，TEMU 美国站上线了"半托管"模式，商品定价权仍归属平台，具有生产能力的工厂是 TEMU 主要的招商对象。

另外一家 TikTok Shop，截至 2023 年底在 9 个国家上线，包括东南亚六国、英国、美国和沙特阿拉伯。从 2021 年到 2023 年，TikTok Shop 的 GMV 分别是 10 亿美元、44 亿美元和 200 亿美元。2024 年，TikTok Shop 的全球 GMV 目标定为 500 亿美元，美国市场计划完成 175 亿美元。出海企业在 TikTok 上不仅可以通过电商业务带动销量增长，也可以开展用户运营、品牌营销等一系列工作，不少从业者认为直播带货和短视频带货是出海方向未来几年最大的风口之一。

亚马逊、中国"跨境电商四小龙"之间的竞争，将在接下来几年影响到中国企业出海的格局和模式。目前，亚马逊依然是更容易赚钱的平台，但亚马逊上的卖家，日益发现品类流量被中国"跨境电商四小龙"截流，生意不像之前那么好做。往后看三年，"跨境电商四小龙"都是 GMV 千亿美元的体量，它们的渠道不得不予以重视。但"跨境电商四小龙"对配送时效性要求越来越高，这导致目前卖家普遍赚不到钱，有苦难言。

除了以上这些 ToC 类电商平台外，B2B 电商平台依然有很大的价值。阿里巴巴国际站是全球最大的 B2B 跨境电商平台，覆盖 200 余个国家和地区；阿里巴巴集团旗下的 B2B 批发平台 1688 也在 2023 年宣布将出海，给行业带来了新的可能。

垂直和区域电商平台：本地化平台实力依然强劲

除了上述综合类电商平台，也有不少平台在垂直领域建立了很深的影响力，可以帮助特定行业的企业打开海外销路。比如主打原创性、个性化手工艺品的 Esty，主营奢侈品和时尚用品的颇特（Net-A-Porter），主营厨具和家居用品的 Williams-Sonoma，美国最大的家居电商平台 Wayfair，美国最大的数码产品电商平台 Newegg，欧洲最大的园艺家装电商平台 ManoMano，欧洲最大的二手交易平台 Vinted 等。

此外，不少国家/地区也有一些更受本地人欢迎的平台值得企业关注，如东南亚的 Shopee、Lazada 和 Tokopedia，拉美的美客多（Mercado Libre）和 Americanas，日本的乐天市场（Rakuten）和 Qoo10，韩国的酷澎（Coupang）和 Gmarket，俄罗斯的 Yandex.Market 和 Ozon，印度的 Snapdeal 和 Flipkart，欧洲的 Cdiscount、Zalando、Allegro 和 Worten，非洲的 Jumia 等。总之，出海企业不要只盯着亚马逊一个线上渠道。

虽然众筹平台并不等同于电商平台，但却日益成为出海企业重点关注的渠道之一。据 Indiegogo 统计，2022 年该平台上位列前 10 的品牌有 7 个来自中国。2023 年 2 月 27 日，储能品牌 Bluetti 在 Indiegogo 上线的 AC500&B300S 家用储能电源，众筹总额达到了 1219 万美元，创下中国品牌在世界范围取得的最好众筹成绩。众筹平台的活跃用户多来自欧美发达国家，他们收入较高，愿意为创新和体验买单。这些科技品牌的种子用户也更注重与品牌之间的交互，筹集资金的同时帮助企业在前期获得宝贵的用户反馈，积累品牌声量。全球部分垂直和区域电商平台对比如表 2-2 所示。

表 2-2　全球部分垂直和区域电商平台对比

平台名称	平台特色	适合的出海企业类型
Etsy	美国手工艺品电商平台，入驻门槛低、运营简单	适合销售中小型手工制品公司
Wayfair	美国家居电商平台，需要海外仓发货	对入驻企业的要求较高，需要企业有较强的实力
Shopee	东南亚最大电商平台	适合工厂或有价格优势的公司
美客多	拉美最大电商平台	致力于去拉美开拓业务的公司
Ozon	俄罗斯电商平台	对俄罗斯市场感兴趣的公司
乐天市场	日本电商平台	适合走精品路线的新手卖家
Jumia	非洲最大电商平台	对非洲市场感兴趣的公司
Indiegogo	众筹网站	有创新的科技产品

独立站：品牌商家的必备

独立站是企业在线上的另一大阵地，以独立站为标志的 DTC 模式在 2016 年前后从美国兴起，几经起伏，曾诞生过 Warby Parker、Allbirds、Olaplex 等一众明星上市企业，也在 2022 年前后因集体陷入亏损甚至倒闭引发业界对这一模式的质疑。希音是中国独立站出海最成功的代表之一。当前，用户对独立站的认知回归到了一个更理性的水平。

相比于电商平台，独立站给出海企业提供了更大的安全性、自主性，企业可以 100% 掌握用户的行为和消费数据，可以根据品牌定位设计网站风格，是强化品牌形象的重要阵地。尽管有 Shopify、店匠（Shoplazza）、Shopline 等建站 SaaS 的帮助，企业从零开始搭建和运营独立站的难度也可想而知。虽然独立站为企业节省了平台服务费和分佣，但持续获取并维护流量、提升投放的 ROI 都是巨大的挑战。

不少企业会将独立站与达人营销相结合，通过社交媒体上的 KOL、KOC 为独立站引流。希音在起家时就是通过大量赠送服饰给各平台上的达人，请他们试穿并帮忙宣传而获得流量的。海外 KOL、KOC 的合作价格一般比国内同等粉丝量级的达人要低，尚属于"流量洼地"，但他们是否选择与某一品牌合作也不是只由报价金额决定的，会更加考虑品牌调性和产品属性是否与账号定位相匹配。

线下渠道

对于不少出海企业来说，2024 年的重心之一就是打开线下销路，拥抱多渠道、全渠道的趋势。一般来说，无论是通过经销商、进入连锁商超还是打造品牌门店，线下渠道的入场门槛、对现金流管理能力的要求都更高。因此，企业需要更谨慎地评估不同渠道的优劣势，并与自身的核心目标和所处阶段相对应。

经销商 / 加盟商

不论是售价十几万美元的新能源汽车，还是几美元的潮流玩具，不少出海企业都选择与海外的经销商、加盟商合作打开销路。这方面比较成功的案例有宇通客车、名创优品、蜜雪冰城以及制造业隐形出海冠军——缝纫机企业杰克股份。

截至 2023 年 6 月 30 日，名创优品在海外共有 61 位合伙人（主要分布在越南和印度尼西亚）和 229 位代理商。名创优品的 CMO 曾向 EqualOcean 分享道：海外代理商获得名创优品的品牌代理授权后，负责在当地选址、开店、招聘、管理等日常经营事项；代理商基于对本地市场更真实更精准的洞察，可以向总部提出商品需求，由总部负责开发和供货；在代理商遵守品牌授权准则的情况下，总部只会对关键决策提建议。

出海企业与海外经销商 / 加盟商的合作原则属于"双向奔赴"，但相互之间也需要精心选择。名创优品的法国代理就由当地多位商业名流组成，包括在华经商 15 年以上的 Jonathan Siboni——他创办的 IT 服务与零售咨询公司 Luxurysight 是全球最大的奢侈品、时尚、美容等零售行业业务数据整合和洞察平台，以及法国资深媒体人 Ariel Wizman、资深金融咨询分析师 Nicolas Rey 等。在名创优品高管看来，除了资金实力、零售经验、社会资源这些硬性指标，他们也很看重代理商对于合作的态度以及双方的目标是否一致。

建立合作关系后，定期的交流以及对海外伙伴的赋能也是不可忽视的。杰克股份就会每年专门举办海外经销商大会。2023 年的经销商大会，杰克股份邀请了 300 多名来自全球各地的海外经销商共聚国内，为他们宣讲新战略、新方向、新技术，喊出从"China NO.1 到 World NO.1"的豪言壮语，大大提振了伙伴的信心。

获取海外经销商、加盟商的最直接方式就是参与国际性或区域性的展销会。相关调查显示，2023 年中国境内企业参加境外展览的次数和规模恢复增长态势，尤其是进入第四季度，中国境内企业共参加了 27202 场境外会，覆盖中国香港、欧洲、东南亚、中东、北美、南亚、日本等地区。

商超便利店

与电商平台一样，不同国家或地区都有主流的综合类或垂直类连锁商超、便利店。企业在进入市场前，需要先摸排清楚当地最有影响力且符合自身定位的商超和便利店品牌及入驻要求。

以美国为例，出海美国的企业可以查阅美国零售联合会（National Retail Federation，NRF）发布的《2023 年美国零售商百强榜》，除了沃尔玛（Walmart）、开市客（Costco）、塔吉特（Target）、家得宝（The Home Depot）、百思买（Best Buy）、劳氏（Lowe's）等更为大众熟知的商超，零售业态高度发达的美国还有很多值得关注的渠道。

欧洲的渠道体系相对美国更分散一些，既有家乐福、欧尚、Lidl、Kaufland 这种布局全欧洲的商超，也有各个国家自己的品牌，比如法国的 E.Leclerc 和 Express U，德国的奥乐齐和麦德龙，瑞士的 COOP 和 MIGROS 等。

除了大型商超，便利店业态也值得关注。除了 7-Eleven、全家等中国消费者熟悉的品牌外，在亚非拉一些发展中国家也有很多有实力的连锁品牌，比如在印度尼西亚随处可见的 Alfamart，越南的 Vinmart，墨西哥的 OXXO 等，这些连锁品牌在当地都有极深的根基，进入它们的渠道要看机缘。

出海企业进入线下商超、便利店的门槛比入驻电商平台要高不少，商超的采购人员会对企业的产品质量和包装、市场潜力、供货价格、生产和物流能力、供应链、在其他渠道的表现、资质和专利等做出考量——往往要经过多轮谈判。不少企业会选择聘用当地人担任重要客户渠道的谈判代表。

当然，也有一些"窍门"。比如，追觅北美负责人曾向 EqualOcean 透露，追觅在北美地区先入驻了沃尔玛的线上平台，在运营了一段时间取得不错的市场表现后，再去谈判进入线下门店就有了更强的说服力。园林工具上市企业格力博则通过收购欧洲本地百年品牌 Cramer 来拓宽欧洲的线下渠道。

自营品牌门店或体验店

对品牌更为重视且资金实力较强的企业会选择在海外开设品牌自营店或体验店，以高度把控消费者体验，打造高端化的品牌形象。比如，对标哈雷的高端电动摩托车品牌达芬骑的联合创始人就向我们透露，2022 年该公司在北美地区规划了数家体验店，一方面用于陈列和销售产品，另一方面也将打造机车爱好者的互动空间，加深用户对品牌的认知。名创优品也是选择在 2023 年 5 月在全球零售黄金地段——美国纽约时代广场开出首家全球旗舰店，以营造更有实力的形象，彰显品牌与美国折扣百货店 Dollar General 的差异。

图 2-3 名创优品位于纽约时代广场的旗舰店

图片来源：EqualOcean。

店员管理是开设自营门店的一大难题，需要企业提前考察目标市场的相关法律法规，尊重当地习俗。一位多年深耕新兴市场的创业者说，在沙特阿拉伯开设门店，只允许聘用本地人担任前端店员，且需要在店内为员工规划祈祷室，排班时间也要考虑到当地人的宗教习俗。

在中国企业大量出海的当下，抢夺海外代理商资源也成为不少 ToB 企业的关注焦点，例如许多工业和物流机器人、软件企业就对代理商资源尤为关注。

低价有时并非是产品竞争力强的唯一标签，企业是否在国内积累了丰富的应用场景、实现了产品化、标准化才显得更为重要。中国企业的技术品牌在海外不少地区还缺乏认知，即便产品过硬，与代理商建立信任的过程也离不开时间和高频率的交互。与此同时，至少要拿出 20% 的资源投入品牌建设，使代理商看到企业的技术和产品实力、标杆案例、社会责任感等。

06　做好营销塑造品牌

"你爱我，我爱你，蜜雪冰城甜蜜蜜……"，这样一首歌曲，过去几年伴随着蜜雪冰城一道开拓国际版图。蜜雪冰城在海外每个地区开店，都会推出一首与该地区相关的歌曲，通过歌曲的传播，让人们提前了解蜜雪冰城的产品和文化。这种独特的营销方式让蜜雪冰城在市场上独树一帜，使其在海外不少国家成为知名品牌。

蜜雪冰城在海外的成功，给很多中国出海企业注入了信心的同时也带来了一些争议。有人认为蜜雪冰城强在营销，在产品层面并没有过人之处；也有人认为，蜜雪冰城虽然在东南亚取得成功，但还没有真正成为全球化品牌，也没有形成品牌溢价能力，和星巴克、麦当劳这类品牌相比差距很大。

尽管各方有争议，但大家的共识是：做好营销是塑造品牌的关键，塑造品牌是做好营销的目标。在中国企业从商品出海迈向品牌出海的大背景下，本节将梳理出海营销生态、行业营销模式，同时对出海企业正确的营销行为进行分析，旨在为出海企业做好营销、塑造品牌提供参考。

正在进化的出海营销生态

业内一般把出海营销生态分为三大参与方：营销需求方、营销服务商、营销流量方。营销需求方指使用出海营销服务的公司，按业务类型可以划分为：游戏、应用、电商（含外贸电商、B2C、独立站）、品牌等类别。针对营销需求方多样的营销需求，营销服务商按照业务模式可以划分为：整合营销、营销咨询、达人营销、精准营销（含 DSP、ASA）、营销云等类别。营销流量方指的是可投放的渠道，可分为：公域媒体（如社交媒体、电商平台、搜索引擎、应用商店、工具应用、手机厂商）、私域平台（如社群平台、独立站）、传统媒体（如电视、报纸）、线下流量入口（户外广告、地铁）等。

三方的关系一般是：营销需求方提出需求、产生营销预算；营销服务商根据需求提供方案、收取服务费；营销服务商向营销流量方采买品牌广告或效果广告等营销服务，营销流量方获取广告收入。实践中，营销需求方也可能绕开营销服务商，直接与营销流量方对接合作；而营销服务商，也往往包含非常多的类型，很少有一站式能解决营销需求方所有需求的营销服务商。营销流量方也可以细分，业务类型既包括线上流量平台，也包括线下广告流量入口。

在本书之前的章节里面提到，通过海外市场洞察、重塑产品和服务，借鉴已经成功的企业，可以在获客层面少走弯路。基于企业所处的行业、发展阶段、面向的市场、客户类型不同，营销的战略和策略也会有差异。整体而言，在出海营销层面，业内越来越重视两大环节：一是数据沉淀，二是全渠道定位客户或用户。

出海营销早已过了粗犷的时代，基于数据而非个人经验下决策早已成为业内主流做法。对中国出海企业而言，对海外市场的理解本就相对粗浅，"扬长避短"用好中国在数字化方面的人才和运营优势成为多数企业的选择。可以说，数字化能力已经成为中国企业出海营销的核心能力之一。

具体到营销的渠道，越来越多的中国出海企业采取"全渠道"的打法：企业梳理所有可触及用户的渠道，然后在这些渠道中进行测试，根据测试结果进行不断调优；将创意和预算以组合拳的方式覆盖各渠道，追求整体 ROI（投入产出比）达标，实现全渠道营销的目标。

全渠道营销形式可简单分为线上和线下。线上包括搜索引擎、内容营销、电子邮件营销、网站营销、在线广告等方式。线下包括展会、街边广告牌、地铁公交广告等形式。线上和线下营销结合，可以实现出海企业不同的营销目标，但中国企业在做出海营销时一般先做线上营销，有了较大销售体量和用户基础后再转战线下营销渠道。

中国企业出海营销的正确做法

内容营销服务生态公司时趣曾发文，认为中国企业在出海营销时有五个常见的误区：入驻海外电商平台就完成了出海；出海营销就是内容分发、一稿多投；出海就是卖最火爆的产品；忽略和用户的沟通、互动；中国品牌出海营销一定要打中国元素。在与企业交流过程中，我们发现这些误区确实存在。中国企业搞出海营销，正确的做法应该是什么样的呢？

合理使用中国身份和中国元素

中国企业出海做营销时目前有两个极端：相当多的企业故意隐去其中国

企业的身份或与中国的渊源，也有部分企业试图用纯中国元素去影响海外用户。前者的逻辑是，在地缘政治的背景下，担心中国背景在海外受到歧视、影响生意；后者的逻辑是，相信随着中国国力的持续提升，中国文化和中国元素很快会成为主流。

正确的做法可能是：企业可以不宣传，但不要刻意隐藏中国背景，并基于品牌定位、目标市场和目标用户，合理用好中国元素。以花西子为例，其品牌定位为东方美，当其出海去到日本时，主打中国元素没有任何问题。实际上，中国传统文化让不少日本用户产生了亲切感，花西子如果能挖掘好唐宋文化元素，在日本会更有市场。

近年有一些行业不敏感的企业在出海时，明明其核心管理者、供应链、员工都在中国，但对外宣称自己是日本、韩国或美国品牌，这实际上为后续发展埋下了隐患。好的企业都应该做本地化，但做本地化的前提是不能在重大问题上撒谎。比如新式茶饮品牌奈雪的茶，此前一直给人日本品牌的印象，后续在品牌上做了调整，才显得更加真实。

重视与客户或用户的真实互动

国外一些国家的用户特别在意对商品真实的评论。以亚马逊为例，其商品评论体系做得相当客观公正，成为消费者决策的最重要依据之一。那些同时指出了产品优点和问题的评论，往往很有公信力，即便是负面评价，处理得当也可能会"因祸得福"——关键是企业要重视与客户或用户的真实互动。

摄影器材品牌斯莫格（SmallRig）是一个不错的案例，这家公司的用户主要在美国，对于用户在网络上的评论非常重视，几乎能做到每条必回，并且从不要求用户删除负面评价。经过长年累月持续和用户真实互动，这个品牌在美国积累了大量的拥护者；品牌又借助短视频和直播兴起的势头，成为网红之都洛杉矶几乎人手一件的知名品牌。

尊重用户，做个性化营销

中国企业出海营销，喜欢"一处水源供全球"，这是没有用户思维的表现，指望用一篇稿子、一个招式影响所有目标用户，结果很可能是所有用户都觉得跟自己无关。

首先，各个渠道有自己不同的氛围、调性、价值观，聚拢的用户不一样。比如脸书在年轻一代中已经失去了"酷"的感觉；如果想影响年轻一代，TikTok 和 Instagram 是更好的渠道，当然 TikTok 和 Instagram 之间也不同，前者强调真实感、用户更年轻，后者强调美感、用户年龄更大、购买力也更强一些。

其次，出海去的国别不同，文化、消费习惯也有非常大的不同，对应的影响方式也不一样。以中东为例，虽然近年来电商在蓬勃发展，但整个中东和中国、美国相比，电商基础设施和购物习惯都还不够稳定，消费者依然更喜欢通过传统媒介辅助决策，到线下渠道消费。

三个行业的出海营销实践

电商是中国企业出海的重要行业之一，各企业积累了丰富的出海实践。以电商独立站为例，其站内营销包括邮件营销和视觉营销。前者主要是定期向用户发送定制化的优惠信息、新品推荐等，从而捕获消费者的购买意向和偏好；后者主要通过精美的图片、视频和布局，为消费者呈现更加吸引人的产品展示效果，进一步提升购买转化率。站外营销的方式有很多种：通过搜索引擎优化（SEO），提高网站在搜索引擎中的排名，从而吸引更多的用户；在社交媒体平台上投放信息流广告，精准定向目标用户，提高品牌知名度和点击率；近年来达人营销越来越受到电商企业的青睐，通过与知名达人合作，引导他们的粉丝关注和购买，实现流量转化。

源自中国的电商公司希音抓住了达人营销的红利，从一开始就定位为海外市场电商平台，并选择了开设独立站。为了吸引更多流量和提升品牌影响力，希音采用了达人营销模式。在其他商家尚未认识到达人的价值前，希音通过与时尚、美容、化妆等领域的达人合作，将品牌形象传递给他们的粉丝和年轻消费者。同时为了更好地与消费者互动，希音在社交媒体平台上积极开展多种形式的营销活动。例如，通过包裹开箱、lookbook（潮人街拍）和真人试穿解说等方式，希音将品牌和产品信息以生动有趣的方式呈现给消费者。希音早期以极低的成本成功地获取了大量的流量，提高了站点关键词的排名，增加了站点的曝光率。其独立站在各国扩张时，希音不断复制和优化达人营销的打法，取得了巨大成功。

游戏出海是中国出海最成功的行业之一。游戏公司普遍采取内容整合营销的方式，例如游戏公司通过海外社交媒体平台发布游戏宣传视频、图文、直播等内容，吸引用户的关注和互动；游戏企业还可以与达人、游戏主播合作，通过他们的影响力来推广游戏。此外，打造 IP 也是游戏出海的重要营销手段之一。IP 是游戏的品牌形象和商业价值的体现。通过打造独特的 IP，游戏企业可以在海外市场上获得更多的曝光和关注，提高游戏的知名度和口碑。

中国游戏公司莉莉丝在出海营销过程中，运用了多种营销策略。首先，莉莉丝积极与各类线上 KOL 合作，尤其是视频网站 YouTube 上的知名社交媒体达人。同时，莉莉丝也高度重视内容营销的力量。该公司的营销部门认为，高质量的内容是吸引用户关注和留住用户的关键。比如，在其《万国觉醒》这款游戏的开发过程中，莉莉丝的营销团队提早做出内容营销的策划和准备。他们不仅在游戏 Demo 尚未完成时就进行了画风测试和吸量测试，还利用美术素材在脸书等社交媒体平台上进行广泛宣传，取得了不错的效果。

消费品也是中国企业出海的重要行业之一。除了常规的方式，达人营销、IP 营销是两种越来越被重视的方式，前者主要针对线上用户，而后者则专注于线下市场。以名创优品为例,这家公司的 IP 营销做得非常成功。名创优品先给 IP 立住主人公人设,然后打造它的世界观,后续围绕它进行多维度多形式的产品创新和内容创作。名创优品甚至会在社交媒体上开通各 IP 的账号,并在美国市场积极和迪士尼等公司进行 IP 授权联名合作,基于赫赫有名的 IP 开发了一系列产品。名创优品的纽约旗舰店,像一个各类知名 IP 的大集合。

从营销到品牌,中国出海企业任重道远

不止一个资深从业者说,中国企业整体的营销水平很高,但懂品牌意愿、用长期主义心态做品牌的企业却很少。中国企业出海时善于抓流量红利,也有很多抓住流量红利后成功的案例(包括希音)。但目前,海外各平台的流量洼地几乎都被填平了,基于流量思维的各种营销方式也走到了尽头。

品牌构成四要素为品牌载体、品牌表象、品牌内涵、品牌传播。中国出海企业在品牌载体层面的产品和服务进步非常快,在一些行业(如电子消费品),已经出现了不少品牌;在品牌表象层面,中国品牌的设计、包装还有很大的提升空间;在品牌内涵层面,中国出海企业普遍缺价值主张、品牌故事,短板非常明显。

图 2-4 2023 出海全球化百人论坛现场照片

图片来源:EqualOcean。

"对外讲好品牌故事"，这并非只是一个营销问题。长期的经济高速增长，让中国创业者形成了害怕失去机会的短期思维；而品牌的打造，要以十年为基本单位。随着劳动力红利消失、中国制造正在朝着微笑曲线两端（技术、品牌）发展，只有加上品牌故事、提炼品牌价值主张的企业才能避免陷入低价竞争的恶性循环。

07 推进本地化

一个有着 20 年餐饮行业管理经验的从业者分享说，中餐企业在出海过程中要遵循一个基本的本地化原则：根据餐厅消费者的构成，去配置餐厅的服务员和管理者——如果想主要服务非华人消费者，餐厅也应该用非华人的服务员和管理者。

新出海时代与传统外贸的一大不同就是对于本地化的要求大幅提升。传统外贸时代，主要是商品出海而很少牵涉到人的出海；新出海是各种生产要素的转移，相当多的公司需要在海外落地实体、招募本地员工。可以说，本地化能力正在成为影响中国出海企业成败的关键。

在此前的章节里面我们零散地提到了企业要建立全球化的组织文化，要在理解本地用户的基础上做市场洞察，要基于用户的需求重构产品和服务。本节将更系统地阐述本地化的意义、存在的误区以及结合具体案例，围绕产品、营销、人才、运营等方面去实现本地化的要点，为企业推进本地化提供参考。

本地化的意义

企业出海的目的是成为一家 Glocal（Global+Local）的公司，不仅仅是为获得更大的销售市场，也包括在全球范围进行人才、法律、资本、供应链等资源的优化配置。而要想实现上述目的，推进本地化是唯一途径。

据一家供应链出海公司的负责人分享，此前他们在深圳总部招聘了1000人的团队支持公司的全球化业务拓展。随着他们在印度尼西亚业务的落地和深入，他们发现必须招募更多的印度尼西亚本地员工。在度过早期的管理瓶颈期后，现在他们在印度尼西亚本地的团队规模已有数百人。这些团队成员更了解当地市场，而雇用他们的成本不到深圳的1/3。

本地化的意义不止于财务层面，也是形成品牌护城河的关键。被称为"非洲之王"、以手机为主营产品的公司传音控股，其在很多非洲国家被当地消费者视为本地品牌。即便是后面有一大批竞争对手也杀入了非洲市场，且在产品和价格上不比传音差的情况下，也没能撼动传音的地位。

很多中国人第一次去美国时，会惊奇地发现在源自美国的肯德基在美国的门店数不多，并不受主流人群欢迎。实际上，从1987年第一家肯德基在北京前门开业起，肯德基在中国的门店数已经超过10000家，可以说，肯德基在中国落地生根，焕发了生机。

随着中国产业链不断升级，加上中国市场的竞争日益激烈，越来越多的中国企业寄希望于通过出海找到新的商机。还有些缺少核心技术的中国企业，更是希望在海外目标市场落地生根，像一家当地企业。

推进本地化的一些误区

在谈落地生根这种深度的本地化的同时，我们必须承认目前多数中国出海企业还处在很初级的本地化阶段，更多是带着如何更好卖货、推动销量的目的而在产品设计、营销层面做出一些本地化。普遍处在初级本地化阶段的中国出海企业，经常遇到以下几个问题。

缺长期本地化的决心

出海是一次从 0 到 1 的创业，绝大多数情况出海面临的条件比不上在国内开拓业务。一个长期在沙特阿拉伯生活的朋友说，2023 年他接待了几十批去沙特阿拉伯考察的中国企业代表团。有很多企业对出海沙特阿拉伯感兴趣，但这些企业负责人无一例外都不想在沙特阿拉伯常驻。结果是，去沙特阿拉伯考察的 100 家企业里面，能落地的是个位数。

其实，沙特阿拉伯的条件不算差，只是不符合中国人的生活习惯。在非洲的一些国家，基础的水电、卫生都是问题；而在拉美的一些国家，也有安全问题。所以，如果缺长期主义的决心，即便是出海了，本地化业务也很容易半途而废。

长期主义不是一句口号。首先，本地化需要投入巨大成本，满足合规性要求、招募当地团队、开展迎合当地市场的业务活动，都需要持续的投入；其次，本地化需要很长的时间才能见效，在很多国家建立客户信任关系都要好几年。以在沙特阿拉伯做生意为例，中国人"短、平、快"的做事方式经常不奏效。

考虑到本地化可能会遇到的各种问题，中国出海企业要做好先亏三年、五年小成、十年大成的心理准备。同时，对于支撑体系不完备的企业，企业老板一定要带头，每年要有相当的时间花在海外目标市场。

本地和总部的关系处理不好

当我们在分析美国公司，如亚马逊、谷歌、Uber 为何在中国折戟时，我们经常会这样分析：这些美国公司的中国业务没有按照中国的实际情况做本地化适配，加上中国团队缺乏独立的决策权，导致在激烈的市场竞争环境下反应迟钝、丧失了发展机会。

美国公司在中国的折戟故事，目前在中国出海企业的身上也经常发生。典型的一个案例是阿里巴巴出海东南亚时收购了该区域最大电商平台 Lazada。阿里巴巴对被收购企业的控制非常紧，在阿里巴巴总部的干涉下 Lazada 数年下来换了很多任 CEO，但结果都不好，在东南亚市场逐步被 Shopee 赶上和超过。

阿里巴巴尚且如此，绝大多数中国公司都处理不好这个问题。中国企业老板普遍不放权给职业经理人。而企业本地化适配工作，如果不相信国家经理，不相信本地员工，前线听见炮火的人没有决策权，结果可想而知。

处理总部和本地关系的合理方式可能是：总部确保使命和文化的一致性，在具体的打法层面要充分授权给本地团队。但知易行难，前提条件是得选对本地负责人、培养好本地团队。不止一家中国出海企业跟 EqualOcean 分享了他们的惨痛故事：因为过于相信国家经理和本地团队，导致公司利益被侵占。

盲目推崇欧美公司的本地化经验

客观来说，尽管一些欧美公司在中国因为没有搞好本地化而折戟，但也有很多成功的案例。除了上文提到的肯德基，星巴克也是一个非常好的案例。这家总部位于美国西雅图的咖啡连锁品牌，在中国积极推进数字化建设，甚至把上海作为其全球创新中心，把在中国这个充分竞争市场沉淀的经验和解决方案复制到其他国家和市场。

中国出海企业的很多高管出自外企，尤其是做出海全球化咨询的人，开口闭口谈的经验都来自欧美大公司。这可能会产生两个问题，一是中国出海企业处在非常早期的阶段，欧美成熟公司的全球化经验能给人信心，但没法学习；二是时代不同，过往的最佳方案可能已经不是最优解。

在数字化、智能化时代，本地化的很多做法可能会发生变化。比如理解当地用户习惯，传统的做法是通过问卷、线下访谈的方式，现在越来越多的企业借助机器算法进行线上数据分析。这样的变化，某种程度上已经重新定义了营销本地化。在新时代，中国出海企业要在本地化这件事上扬长避短，借鉴学习经验的同时可能会走出一条与当年欧美公司不一样的本地化之路。

推进本地化的几个方面

前面的章节已经对本地化的一些方面有所提及。全面的本地化由非常多的方面构成。本节结合中国出海企业所处的阶段，谈一下产品、营销、人才、供应链的本地化。

产品本地化

产品本地化是一项至关重要的战略举措，它要求企业根据目标市场消费者需求和习惯进行精细的创新和改进。这一过程不仅涉及产品设计和包装，还包括卖点等多个方面。由于全球各地在经济条件、宗教信仰、文化风俗等方面存在差异，因此用户的使用习惯和需求也千差万别。成功的产品本地化策略的关键在于深入的用户调研，通过了解当地人的生活方式、文化习俗和消费心理，企业能够树立良好的品牌形象，赢得当地消费者的信任和支持。

此外，企业还需要追求差异化的产品策略，在满足当地需求的基础上，打造独特的卖点，从而在竞争激烈的市场中脱颖而出。以喜茶为例，该品牌在进入新加坡市场后，根据当地消费者的独特喜好和需求，推出了符合当地口味的限定产品，成功地拉近了品牌与新加坡消费者的距离，赢得了市场份额的提升。

营销本地化

营销本地化是将目标市场的本土文化和产品巧妙结合起来的创新策略。通过本地人可接受的营销内容和方式，品牌能够与本土文化紧密相连，实现深入人心的宣传效果。然而，由于不同国家和地区具有不同的文化背景，品牌在推出营销内容时必须避免触犯当地的文化禁忌。因此，深入了解目标市场的文化对品牌商家来说至关重要。在制定营销策略时，品牌需要考虑到地域差异所带来的文化差异，采取因地制宜的策略，以确保营销活动的有效性和适应性。

以东南亚美妆品牌 Skintific 为例，这家由中国人在东南亚创立的品牌强调天然、安全，与当地年轻用户日益增长的健康意识和环保需求相契合。借助 TikTok 在东南亚的流行，通过大量内容输出和快速种草，迅速霸屏 TikTok，展现出强大的影响力。在印度尼西亚市场，通过官宣尼古拉斯·沙普泰拉作为代言人，巩固了用户对其品牌的认同。

人才本地化

人才本地化是出海企业成功的关键之一，它要求企业构建一支具有国际化思维和本土化嗅觉的多元团队。然而，大多数出海企业面临着驻外负责人多来自总部派遣的情况，这就需要这些人员具备跨文化管理的能力，能够融入当地社会，建立有竞争力的团队。企业在全球化过程中，必须克服文化差异和沟通障碍，确保在当地市场的运营效率。

海外人才的管理重点在于跨文化管理，正如传音学院院长陈元海在"2023 出海全球化百人论坛"的发言：跨文化管理的本质是理解和认同。传音系公司 Palmpay 在尼日利亚，除了少数管理者是中国人之外，其他数千名员工都是本地人。通过培养本地中层干部，用当地人管当地人，Palmpay 在尼日利亚业务进展顺利，成为当地最大的移动支付公司。

在人才国际化、本地化方面，中国第一家上市的软件公司东软积累了较为成功的实践经验。如前所述，全球化公司的本地管理战略重点在于充分的本地化融合、授权与信任。其中，融合又在于将总部的商业战略和管理文化潜移默化至本地核心管理层，并持续提升本土管理团队的国际化思维能力。

东软作为一家全球化公司，多年来一直秉承中外融合的组织发展理念，不盲从"派遣"模式，而是交付团队各层级均任用本地员工且制定了完备的人才晋升及培养机制。通过多维度的文化制度落地，实现国内外团队的知行合一。同时，东软通过行业专家POC的设置，确保了海外团队能够充分理解和执行中国客户的需求。

供应链本地化

供应链本地化将是下一步中国出海企业特别要重视的一个方面，原因有很多，一是很多国家在扶持自己的产业，对于外资企业本地化有越来越高的要求；二是受地缘政治影响，中国一些企业如果想进入欧美市场，要么在欧美地区布局供应链，要么需要到越南、墨西哥、土耳其等国布局供应链；三是从成本角度考虑，布局供应链长远看也有优势。

中国正在由"世界工厂"朝着"去世界开工厂"的方向发展；典型的如比亚迪，这家中国新能源汽车的头部企业已经或计划在泰国、匈牙利、巴西、墨西哥设厂；还有电商平台希音，其扶持的供应链在土耳其、巴西布局了工厂。中国出海企业，通过扶持当地供应链、解决当地就业问题，可以获得当地政府和民众的更大支持，出海之路因此走得更长远。

全球化，是在各个国家和市场实现本地化。真正的全球化，包括管理全球化、产品研发全球化、服务体系全球化、销售全球化、品牌营销全球化、渠道全球化、财务全球化等。本地化，就是把这些方方面面进行本地落地实践。随着中国企业在全球产业链的位置不断提升，出海成为企业共识和基础能力，由浅入深，中国出海企业一定会探索出越来越多本地化的成功经验。

08　把控和降低风险

2023 年 12 月，印度执法局以"反洗钱调查"为由拘捕多名 vivo 印度公司高管，其中包括 vivo 印度公司临时 CEO 和 CFO；vivo 印度发言人称此事给整个行业带来不确定性，vivo 将坚决利用一切法律途径予以应对。除了 vivo，此前 OPPO、小米等中国公司也都在印度遭遇到了税务调查。

在印度市场之外，中国出海企业也遇到过各种风险。2021 年 7 月，中国企业在巴基斯坦和马里接连发生员工遭遇绑架袭击事件。2023 年 4 月，美国得克萨斯州的法院陪审团做出一项裁定，裁决大疆侵权，要求赔偿金额合计 2.8 亿美元。2024 年 1 月，中国知名药企海普瑞发布公告，其在意大利的子公司遭遇电诈，损失 1170 万欧元。

一系列事件接连发生，让如何把控和降低风险，成为中国出海企业越来越重视的一大问题。本节内容将梳理中国出海企业常见的风险，以及讨论把控和降低风险的一些举措。

企业出海常见的风险

不容忽视的地缘政治风险

2023 年 3 月和 2024 年 1 月，TikTok 的 CEO 周受资两次参加美国国会听证会，受到中国出海企业的广泛关注。TikTok 的遭遇，显示地缘政治对企业的经营风险正在日益增大。

地缘政治风险，如俄乌冲突、巴以冲突，中国并未作为当事方，但中国出海企业也受到了一定的影响。海外国家的政府高层更替或政策变化，对中资企业在当地的利益也会有直接影响。

不断变换的合规风险

Mocasa 的 CEO 汪晓明就曾在接受采访时提到，合规将成为一道护城河，如果外资企业在当地满足合规性要求，便能够进行更长期、更大的投资；反之如果没有满足合规性要求，虽然前期看起来发展迅速，但很难保证未来可持续的利益。

但问题是，合规的政策层出不穷，要求越来越严格，即便是大公司也招架不住。2023 年 9 月下旬，印度对中国相关产品发起 13 项反倾销调查。美国制裁中国企业的实体清单（Entity List）过去几年不断扩容；2024 年 1 月，美国议员提交的《生物安全法案》草案在中国资本市场和生物医药行业引起巨大反响；同样是在 2024 年 1 月，欧盟《关于公平访问和使用数据的统一规则条例》正式生效。

中国出海企业在合规层面，需要更加重视，也要补上很多明显的短板。值得注意的是，一些国家打着合规的旗帜，不断抬升门槛以限制中国企业的正常发展。比如近年来随着中国电动汽车崛起和出口增多，欧盟针对中国电动汽车发起的反补贴调查也越来越频繁。

随处可以遇到的欺诈风险

除了前文提到的海普瑞遭遇电信诈骗，2022 年 3 月大亚圣象也披露了其全资美国子公司成为一起电信欺诈案的受害者，肇事者入侵该公司租用的邮箱系统，伪造假电子邮件冒充该公司管理层成员，伪造供应商文件及邮件路径，实施了诈骗，涉案金额约为 356.9 万美元。

2005 年，商务部研究院对 500 家外贸企业的抽样调查表明，中国出口业务的坏账率高达 5%，是发达国家平均水平的 10 至 20 倍。如果以 2023 年中国出口总额 23.77 万亿元计算，5% 意味着超 10000 亿元；即便是 1%，也是高达 2377 亿元的损失。

一个出海东南亚的中国创业者跟我们私下分享过这样的故事:其经人介绍认识了印度尼西亚最大企业集团之一三林集团的一位"负责人",经过来回几个月的沟通,对方承诺在收取一定费用后可以让他公司的商品进入三林集团的线下渠道。这位朋友给了一部分费用后,就再也联系不上这位"负责人"了。

甚至海外一些国家有名为"中华商会"的组织,就是靠欺诈中国出海企业获利。在海外,中国人骗中国人的案例也层出不穷。

严峻的海外安全风险

根据公开报道,2020 年,全球范围共发生 362 起针对海外中资企业及人员的袭击事件,共造成 38 人死亡,多人受伤。在南非、刚果(金)、安哥拉等非洲国家,抢劫、偷盗、绑架、枪击、谋杀等社会治安问题频发;如 2022 年 8 月,安哥拉罗安达中信联合舰队旗下公司三名中国人被一名当地员工先后杀害,凶手卷款潜逃。而在缅甸、阿联酋等国,则因为赌博、诈骗而发生过不少安全事件。

安全事件不仅发生在亚非拉的一些发展中国家,也会发生在美国纽约、洛杉矶,法国巴黎,英国伦敦这样的世界中心城市。越来越多的中国出海企业,在海外的员工规模持续增加,要承担的安全风险也随之变大。

关于出海风险应对的建议

建议一:建立地缘政治团队和海外情报系统

针对地缘政治风险,有实力的中国出海企业可以考虑在组织内部建立一支地缘政治研究团队,甚至设立首席地缘政治官,密切监控全球地缘政治事件。这个团队,要直接向 CEO 汇报,其建议和意见要作为董事会决策的核心考量因素之一。对于大多数中小出海企业,在总裁办里有必要招募一两名有国际政治或国际安全专业背景的员工。聘请国际关系学者担任公司顾问，保持定期交流也是企业可以尝试的一个措施。

由于各国的合规政策经常更新或变动，很有必要建立一套海外情报系统，持续跟踪目标海外市场的相关政策；基于海外市场的政策变动，协调和组织内部讨论，形成应对方案。根据企业的实力，海外情报系统可大可小、可复杂可简单，整体是为了做到事先知晓、有备无患。

建议二：不要把鸡蛋放在一个篮子里

中国出海印度的企业遇到一系列问题，其中犯的一个主要错误就是把投资过于集中在某个邦，而没有利用好邦与邦之间的相互竞争关系。

中国出海企业在海外经常有一种惯性思维，认为打通了某些关键人脉就可以高枕无忧。海外绝大多数国家政治权力分散，中央政府和地方政府，行政、立法、司法之间相互制衡。另外，很多国家的智库、媒体、商会有很大的隐性权力，对于制定国家的相关政策有非常大的影响；如果缺少对它们的了解，很容易陷入只见树木、不见森林的认知盲区。

在"逆全球化"的背景下，不能寄希望于海外单一市场而把所有鸡蛋都放在一个篮子里面。欧美大公司的海外收入占整体收入比重虽然不低，但海外收入一般来源于多个国家；如果某一个国家出现特殊情况，也不太能影响整体的业绩。中国出海企业的视野要从欧美地区跳出来真正放眼全球，使海外业务更加分散。

建议三：引入专业服务机构

中国部分企业缺乏付费使用专业机构的习惯，在做国内生意时自己动手研究也可以勉强应对。做出海业务时，海外200多个国家和地区，政治、经济、文化背景不同，政策和商业竞争情况实时变化，再厉害的公司也难以单纯靠自己解决信息不对称问题。

非洲电商平台 Kilimall 创始人杨涛就曾分享了他的经验："一方面，公司聘请了当地优秀的律师，把合规作为一个专项的、长期的事情来做；另一方面，我们积极与当地监管部门沟通。这是很多中企出海容易忽略的一点。"杨涛的经验表明，与专业人士合作并与当地监管部门保持良好的沟通是确保合规的关键。

有别于国内市场，中国企业出海时要更多使用专业的战略咨询机构、法律服务机构、市场研究机构等。至于是使用中资背景的服务公司，还是国际背景的公司，这要根据实际情况看。中资背景的服务公司，更了解中国和相关企业的实际情况，如果本身有全球洞察的话会是不错的选择。在挑选专业服务机构时，要跳出外资品牌更好的狭隘观念。随着中国企业走向全球，中资背景的专业服务机构也必然会实力越来越强。

建议四：在海外国家重视社区和民间

在之前推进本地化的章节里面，我们提到全球化是在各个国家和市场实现本地化。实现本地化，其重要举措之一就是要和本地社区建立深度关系。

中国企业在海外的很多项目与当地政府关系搞得不错，但民间层面的公共关系却没有做好，导致实际上企业在当地的口碑不好。一个对印度尼西亚很有研究的专家曾告诉我们，中国与印度尼西亚在官方层面关系很好，企业和企业之间的关系还不错，但民间层面就很一般。

为影响海外社区和提升企业在海外国家的民间形象，中国出海企业除了善于干实事，也要学会务虚，比如在海外要重视 ESG（环境、社会与治理）的传播。企业的出海部门要与国内的部门打通，共享符合全球受众的商业故事，并做好同步转换。

建议五：加强相关培训

如前文所述，中国全球化人才和组织搭建得好的公司都会在培训层面下大功夫。培训首先是确保所有团队成员理解组织的使命、愿景、价值观。其次围绕着全球化技能，如语言、跨文化交流等展开培训。此外，要加强对从事海外经营管理部门以及驻外分支机构所有员工的合规管理培训。通过培训，营造依法依规、诚实守信、和谐友善的企业文化氛围，使员工养成合规经营的意识和习惯。对于一些比较敏感行业的出海企业来说，还得加上安全和保密层面的相关培训。

海外风险无处不在，但企业不能因为有风险而惧怕；风险只能降低，而不可能完全消除。要用概率思维，而非绝对安全思维去看待企业出海。中国出海企业面对风险，正确的心态应该要像歌曲《水手》唱的那样：他说风雨中这点痛算什么，擦干泪不要怕，至少我们还有梦。

延伸阅读：实战中的出海挑战与合规经验

正所谓"企业出海路千条，安全合规第一条"，地缘政治风险、合规风险、欺诈风险、安全风险……无不考验着企业的智慧和勇气。伴随着此轮新出海浪潮，越来越多的专业律所和合规团队入局，他们与中国企业站在一起，以期在中资企业走出去的发展新规划中扮演好"保护者"的角色。

EqualOcean 特别对话天达共和律师事务所（以下简称"天达共和"），从实战角度出发，分享企业在出海过程中如何确保合规安全，扬帆远航。

EqualOcean：在"不出海，就出局"成为新共识的背景下，出海企业如何搭建合理的跨境法律架构？

天达共和家族与财富管理团队负责合伙人林泽军律师、合伙人白雪律师：要想摘得全球化的硕果，出海企业需要设计和搭建一个适当的跨境法律架构，将股东、资本、业务、市场、生产资源、技术资源等分配到不同的国家或地区。要达到降低风险、优化成本、扩大市场份额等目标，离不开对于离岸地和中岸地制度资源的整合和运用。

具体来看，企业可以从以下几个方面入手：（1）结合企业股东身份规划，选择合适的顶层持股结构，如信托、基金会、PPLI、类信托结构等；（2）善用离岸地灵活的信托和公司法律机制，根据实际需求，区分相关资产的所有权、控制权、管理权和受益权；（3）考虑在中岸地设立合适的资产管控平台；（4）选择合适的法域设立区域平台／中心；（5）充分考虑"国际资本"与"本土资本"的区分与应用；（6）对架构中的公司按照实体运营公司与持股公司进行分类规划；（7）区分"积极收入"与"消极收入"，实现合规遵从和成本优化；（8）善用控股公司机制、双边、多边税务、金融、贸易条约；（9）考虑将本土优势业务复制到境外，设计各海外公司的业务形态和职能，优化跨境业务链条。

EqualOcean：在数据日益重要的今天，企业在深入挖掘数据商业价值的同时，也面临着越来越严格的数据保护法律和监管要求。很多国家受欧盟《通用数据保护条例》（GDPR）影响纷纷制定或修改了相关法律。对于越来越多走出去的中国企业来讲，如何以最小的管理成本实现不同国家和地区的数据保护法律合规？

天达共和数据合规团队负责合伙人申晓雨律师、叶鹏律师：宏观而言，企业需认识到国际数据保护的战略意义，深刻理解不同国家或地区加强数据保护不单出于合规风险管理考量，更涉及国家安全、数据主权和公民隐私等重要因素。

从我们的客户案例来看，对于出海企业，应当将数据保护理念贯穿整个业务体系和管理架构，包括但不限于建立覆盖数据处理全生命周期的安全技术措施和制度保障；梳理企业数据资产，进行数据分类分级管理，重点保护敏感个人信息和重要数据；完整保存数据处理记录，应对数据审计和监管；积极履行不同法域的数据保护要求；合理适用安全评估、标准合同和保护认证的数据出境路径，密切关注监管要求；探索数据密集型行业数据跨境流动的良好实践。基于我们长期服务客户的经验，我们通常会协助客户有针对性地制定个性化的合规方案并分阶段、分层次落实，在帮助企业满足数据合规需求的同时，合理把控合规成本。

EqualOcean：ESG 是出海企业的护身符，ESG 合规管理是中国企业迎接全球化新阶段的必修课。其中欧洲议会在 2023 年 4 月 18 日批准了三项法案，以期实现欧洲版的"双碳"目标。请问计划向欧盟出口产品的中资企业该如何应对碳边境调节机制（CBAM）带来的影响？

天达共和合规团队顾问梁巍：我们在助力客户响应 CBAM 这类合规要求时，会根据实际情况从以下几方面入手：首先，确保对欧出口的全过程合规。虽然目前过渡期仅需报告进口信息，但在此阶段报告数据准确、合法的重要性将在正式实施后凸显。

其次，要及时调整战略。在合规指导下制定长期战略以应对 CBAM 带来的影响，包括调整业务模式、优化供应链管理以及评估技术升级等必要性，来满足不断变化的国际贸易环境。

再次，要增强自身在跨境贸易和税务方面的能力。面对 CBAM 国际新型税种，需提前规划自身成本和税务负担，保持合法财务健康。同时，应考虑国际贸易相关协议及其对自身可能产生的影响，从而更好地利用协议优势减轻负面影响。

最后，为确保提前规避相关法律争议，企业须认真对待国际交易基础合同，使合同条款能够有效处理与 CBAM 相关的风险；如果企业面临法律争议或贸易壁垒，也要及时运用法律机制保护自身的合法权益，确保能在复杂的国际环境中得到公正的对待。

09 用好 ESG 护身符

一个给某欧美知名服饰品牌做代工的中国企业老板分享了他的故事:他的企业为了成为那个欧美知名服饰品牌的代工厂,在公司治理层面做了一系列"脱胎换骨"的改变——除了环保、员工福利、公益等层面外,还被要求企业管理层里面必须有女性。这位中国老板遇到的情况有迹可循,2018 年 9 月美国加州就曾通过强制法案要求加州上市公司董事会必须包含至少一名女性董事,这被视为男女平等的一项举措,也和持续走热的 ESG(环境、社会与治理)直接相关。

从美国、欧洲、再到日本,越来越多国家和地区的企业把 ESG 摆在了重要位置。企业由不可持续向可持续的转变,由单一的经济增长模式向多元商业价值驱动转变,ESG 是带动这一系列转变的重要理念和工具。在新出海浪潮下,越来越多中国企业走出国门,如何才能在海外走得更稳更远? ESG 是一个必不可少的护身符,值得重视。

理解 ESG 的重要性

2024 年 3 月,上海市发布了涉外企业环境、社会和治理(ESG)能力三年行动方案,成为中国第一个发文支持 ESG 的城市。ESG 这一概念,并非近几年才出现。

回顾其"前身",20 世纪 60 年代,社会责任投资发轫;1987 年,联合国环境与发展委员会《我们共同的未来》报告发布,"可持续发展"的概念随之兴起。1992 年,联合国环境与发展大会在里约召开,各国首次签署《气候变化框架公约》和《生物多样性公约》;2006 年,联合国负责任投资原则(UNPRI)发布,成为首个大规模、全球性的 ESG 投资指导原则。2015 年,联合国发布可持续发展目标（SDGs），同年巴黎气候大会（COP21）上178个缔约方共同签署了《巴黎协定》。

随着一项项重大事件落地，可持续发展、社会责任等逐渐成为国家治理、企业发展的关键词。在 ESG 这个事情上，欧美发达国家走在了前面。对于希望在国际市场站稳脚跟的中国企业，ESG 到底有什么用？香港大学教授施涵曾在公开场合提到，"ESG 已成为中国企业在'一带一路'建设上的重要的护身符"。其实，ESG 的意义，不仅可用于"一带一路"倡议下的出海行动；积极拥抱 ESG，是对合规问题的及时响应，更是关乎长远发展的战略决策。

ESG 理念日益受到投资者青睐。根据美国金融信息服务平台彭博的预测，到 2025 年，全球 ESG 资产总规模有望突破 53 万亿美元，超过全球预计资产管理总额的三分之一。中国企业在注重 ESG 指标的欧美金融市场，可能面临募集资金方面的困难。与此同时，一系列严格的 ESG 监管措施正在欧美及全球快速出台落地，如果中国企业忽视这些快速演变的监管要求，在经营方面很可能会付出高昂代价。

识别差异，从基础工作做起

想要真正做好 ESG，中国出海企业首先要对 ESG 做基础研究，即要学习全球现有 ESG 环境生态，其大致包括引导者（国际组织、政府及监管机构）、评价体系完善者（股票指数机构、评级及咨询机构）、投资者（资管机构、投资机构）、实践者（各类企业）。同时中国出海企业要提早做好目标出海市场的 ESG 发展程度、披露要求、评估体系的研究，识别和了解与国内 ESG 的差异之处。

从政策和标准来看，世界 ESG 发展正走向统一化、标准化、高质量化。2021 年第 26 届联合国气候变化大会呼吁采用更严格的方法来披露公司的可持续发展信息，随后正式启动了国际可持续发展准则理事会（ISSB）。2023年6月，ISSB发布新版本ESG标准IFRS　S1和IFRS　S2。与之相互补充的组织，还有气候披露准则委员会（CDSB）框架、气候相关财务信息披露工作组（TCFD）、可持续发展会计准则委员会（SASB）等。

　　欧盟、美国、日本等国家或地区在ESG方面已有较多积累。欧盟出台了《企业可持续发展报告指令》（CSRD）和《可持续金融信息披露条例》（SFDR），美国有纳斯达克《环境、社会和公司治理报告指南2.0》、美国众议院金融服务委员会通过了《ESG信息披露简化法案》等。而在中国，ESG相关的监管部门主要涉及国务院国资委、生态环境部、中国人民银行、中国证券监督管理委员会和各证券交易所等。

　　随着2020年中国明确提出2030年"碳达峰"与2060年"碳中和"目标，以及全国碳市场正式开市，中国政府和证券监管机构逐渐强化了对上市公司ESG信息的披露要求。整体而言，无论从法律层面还是金融层面，全球ESG信息披露正从非强制性走向强制性。出海企业应做好ESG条例越来越细、要求越来越严的准备。

　　在做好宏观的ESG生态调查，研究目标市场的ESG标准和指标体系之后，出海企业还需要结合自身行业特点和业务模式，识别并确定与企业发展密切相关的ESG重点议题，以便排好优先级。比如，国际市场对互联网公司在社会、治理方面的行动关注度较高，着重关注企业的社会公益、员工责任、数据安全、用户隐私等相关信息；而对传统消费品企业、新能源企业、仓储物流公司，则更关注环境议题，更强调节能减排、环境管理；对科技、制造业企业，更关注数字化变革下的价值创新。

从ESG出发重塑企业价值

　　根据毕马威会计事务所（KPMG）对全球"财富500强"前250名企业

进行的调查统计，全球头部企业的 ESG 信息披露率在过去十年中稳步增长，已达到 70% 以上。到 2022 年，全球前 250 名企业（G250）中的 96% 发布了可持续发展报告。在新出海浪潮下，中国企业越快形成 ESG 内部业务体系，实现 ESG 披露且提升 ESG 评级等级，就越容易吸引投资，形成独特的竞争力。

现实情况是，大多数中国出海企业还缺乏 ESG 意识。即便是披露过 ESG 信息的少数出海企业，每年发布的 ESG 报告也是由多个部门联合献力，或是直接外包给咨询公司。另外，企业的组织架构上不设置 ESG 或可持续发展部门，遇到相关工作时分配给市场公关部门也是问题之一。企业没有从战略上重视 ESG，会导致可持续发展理念与商业增长的逻辑不相容，无法真正依托 ESG 形成企业增长的"第二曲线"；同样，在业务层面将 ESG 和出海业务分离，会严重影响决策质量。

如何把 ESG 这块护身符用起来？我们都知道，出海必须由一把手负责。与之相同，中国出海企业要把 ESG 放到企业最高决策层，让核心决策者（如董事长、CEO、总裁）参与进来。同时，在国际舞台传播企业 ESG 理念和实践，也不应该只是海外业务部门的负责人，而应该是公司核心决策者。事实上，中国出海的大型企业也在慢慢重视 ESG 的作用。在 2023 年底的《联合国气候变化框架公约》第二十八次缔约方大会（COP28）上，就有多家中国大型企业高管的身影，在中国举办的责任投资、可持续发展论坛上，海尔智家、工业富联、海信、安踏等许多企业的高管都有参与和发言。

中国出海公司做 ESG 理念下的价值重塑，是由解决生存、合规问题，向公司变革、创新转变的过程，可以落到几个具体动作上。

首先，企业要将 ESG 融入企业战略和发展规划，明确公司的目标和愿景。用社会、环境、经济的三重标准，代替原有的单一财务指标，并选取契合目标市场劳动力特征、文化价值观和消费关注点的 ESG 理念（如环保、减排、公益、注重隐私等），作为打开当地市场的工作总纲领。

其次,企业要确保 ESG 与企业出海整体战略协同一致,信息畅通;并建立健全 ESG 治理体系,董事会、高管层从高站位做规划。企业要配备懂海外市场绿色金融、责任投资、ESG 标准和评价指标、ESG 数字化工具的研究人员和负责 ESG 价值对外传播的品牌人员,以及保持和各类国际组织、咨询公司、评级机构、资方进行咨询互通反馈的联络人员。出海企业要舍得花些钱,雇当地 ESG 方面专家协助工作。

最后,企业要将 ESG 落实到企业组织行为和文化上,自上而下让所有员工理解相关理念和工作准则,比如在办公场所实行节能减排举措,发布对员工友好的公司活动和福利政策,鼓励员工参与承担社会责任,在当地社区做公益活动等。可持续的组织文化将更有利于建立长期稳定的劳动伙伴关系,在当地成为有吸引力的雇主。

让 ESG 替企业讲好故事

对于中国出海企业而言,ESG 不仅是实现自身高质量发展的内在要求,也是走向世界、提升品牌形象的必要举措。从传播的角度看,企业如何将自身的 ESG 实践转化为成功的故事,让目标客户、社会大众理解并支持,从而更好地进入新的市场,或扩大在国际市场的影响力? 如下几条路径可以参考:

一是让产品本身成为商业价值和社会价值融合的载体。践行 ESG 的企业区别于慈善机构,实现商业的可持续,往往需要依托核心产品。在产品设计中融入"可持续发展""环境友好"等概念,可以实现经济效益和社会价值的结合。据麦肯锡在 2021 年和 2023 年的调查,在英国,有约 25% 的受访者表示其购买决策是由生产企业的可持续性驱动的,80% 的美国消费者表示,在选择购买的品牌时,企业的可持续性是重要考虑因素。

在 2023 年拿到"Axios Harris Poll 100"(品牌声誉百强榜单)第一名的

户外服装公司 Patagonia，为中国企业出海提供了参考思路。Patagonia 将"拯救地球""保护环境"作为关键词，使用回收材料、可生物降解材料制作其户外鞋服和包装，推出了回收聚酯纤维制成的 Better Sweater 夹克、Nano Puff 夹克，藻类墨水印刷的吊牌等，获得了全球消费者的普遍赞誉和支持。其品牌创始人曾在公开信里宣布将市值 30 亿美元公司的所有权全部转让，并称"地球现在是 Patagonia 唯一的股东"。

图 2-5　创立于 1973 年的户外服装品牌 Patagonia

图片来源：Unsplash。

中国出海企业中也有值得学习的榜样，波司登长期坚持"可持续时尚"的理念，MSCI 评级连续两年获"A"，使其在美国、欧洲国家打开销路。截至 2023 年底，其羽绒服销售规模（销售量、销售额）做到了全球第一。中国美妆集团逸仙电商旗下的完美日记、皮可熊、小奥汀等品牌也优化了纸箱包装，采用更环保的牛皮纸材料，减少碳排放和塑料包装的使用。

二是主动利用互联网平台。从线下到线上，互联网平台是很多企业进行市场营销、传播自身理念的主阵地。一方面，企业应在品牌官网设置专栏，系统介绍自身在社会责任方面的工作及成就，主动传递信息；另一方面，企业还要打造社交媒体矩阵，覆盖差异化受众，主动拿起讲企业故事的"麦克风"。目前，进行全球化布局的企业往往在包括脸书、Instagram、推特、领英等在内的国际社交媒体开通账号。除此之外，企业要根据目标海外市场，增加当地的社交媒体传播。

三是学会转换，把发生在中国的 ESG 故事带到海外去。做循环经济颇有名气的 Nespresso，与各国环保组织（基金会）、本地农场、艺术家合作推出咖啡胶囊回收计划，在中国官网讲述扶持咖啡原产地农民的故事。其实，中国也有类似的故事：喜茶在云南红河做红米扶贫，蜜雪冰城与农户建立了合作茶园，用咖啡豆保底收购协议为云南咖啡农户托底等。同一件事，在国内叫助力乡村振兴，在国外也可以是一个 ESG 优秀案例。

四是学会借力，主动去争取"被评估""被报道"。依托国际社会普遍认可的评价标准和行动准则，企业可以提高自己在价值传播方面的影响力。一方面，企业可以参与非政府组织、国际组织发起的活动，如在"科学碳目标倡议"（Science Based Targets initiative）和联合国全球契约组织等领导下的"奔向零排放"活动（Race to Zero）等。在活动的体系框架下，企业要制定一系列目标，用于企业对外宣传。另一方面，通过参与并认定成为某一组织下（如 B Corp 企业）的成员，企业可以降低受众理解自身行动的门槛，并放大这种身份带来的积极效果。

中国企业出海，做好 ESG，拥有"护身符"并非只出于公关目的，也是中国企业从出海真正走向全球化的必修课。从更大的层面来看，中国出海企业需要掌握 ESG 的国际话语权，用"天人合一"的理念重塑全球价值观。只有这样，中国企业才有可能在出海全球化的征程上行稳致远。

10 嫁接资本

2023 年，出海成为各大投资机构重点关注的方向，券商也纷纷把目光投向了出海方向。

从 2015 年到 2022 年，投"出海"就约等于投"跨境"——以跨境电商为核心，兼看上下游配套。在投资主题稀缺的当下，"出海"已经变成了一个包罗万象的概念——软件出海、消费出海、新能源出海、制造业出海……主流语境的转变，使得出海企业在融资时可接触到的资本方变得更广泛。与之相应的，企业从不同资本方那里能获取的资源也变得更多元。

在这样的背景下，出海企业就要思考：如何转变融资思路，通过融资最大限度地提升团队能力、为出海开路？本节将梳理出海领域几类不同的资本方，为出海企业嫁接资本提供参考。

出海成为主流投资方向

一个知名投资人前不久告诉我们，他所在的机构 2023 年后把跨境电商作为主投资赛道，认为跨境电商的机会才刚刚开始。

从数据看，2023 年跨境电商出口占中国外贸出口的比重仅为 7%。7% 这个数据对应的是，截至 2023 年底，中国跨境电商有 10 多家上市公司，另外有几十家在排队上市。如果从 7% 上升到 15%，这意味着跨境电商领域起码还将诞生数十家上市公司。加上接下来一些上市公司可能会把海外业务单独上市，如海底捞旗下的特海国际，将使这个数量变得更多。而已经上市的跨境电商公司，如三态股份、致欧科技、安克创新、赛维时代，业绩表现都不错，也给了行业很大信心。

而且，跨境电商只是出海的一个组成部分，在别的出海领域，机会更多。很多中国企业也在海外疯狂布局线下业务，比如前不久在香港提交上市申请的蜜雪冰城，它仅用五年时间就使海外门店数从 0 突破至 4000 家。从数据看，有海外业务的公司，业绩好于没有海外业务的公司；海外业绩越好，企业的利润率也更高。

所以，到了 2024 年很多投资机构已经把企业是否有出海能力或出海潜力作为投资的前提条件。毫无疑问，出海已经是一个主流投资方向，行业里面有影响力的机构都在重点布局。但具体到投资层面，美元基金、人民币基金和国际资本有不同的打法。

出海方向的主要资本类型

美元基金

美元基金在国内一度是出海投资的主力，但从 2021 年起，因中美贸易摩擦、美元加息、行业周期等一系列因素，市场风险尤其明显。

S&P Global 的统计显示，2023 年第三季度美国私募股权和风险投资在华投资总额从 2022 年同期的 14.7 亿美元降至 8.695 亿美元，降幅达 40.9%。当季公开的交易数量也从前一年同期的 64 笔降至 31 笔。知名投资机构红杉中国、纪源资本、蓝驰创投相继宣布了中国地区的业务将独立运营。

仍坚守在中国的美元基金，投向了哪些出海企业？从 2023 年一些备受关注的融资案例中我们可以一探究竟。

2023 年 1 月，出海智能割草机公司来飞智能宣布完成种子轮和天使轮融资，累计金额 800 多万美元。核心研发团队来自宾夕法尼亚大学 GRASP 机器人实验室，首款产品即上线 Indiegogo 众筹。投资方包括 IMO Ventures 和 XVC Fund 等，其中 IMO Ventures 还参与了 AIGC 自动化设计服务商 Collov 的早期融资，后者总部位于硅谷，也受到了波士顿深科技投资基金 Taihill Venture 的青睐。

2023 年 5 月，消费级外骨骼企业极壳完成数百万美元 Pre–A 轮融资，由德迅投资领投，奇绩创坛跟投。同年 3 月，极壳在众筹平台 Kickstarter 上销售了超 3000 台产品。

2023 年 8 月，消费电子品牌 Oladance 获得数千万美元的天使轮融资，由蓝驰创投、黑蚁资本领投，蜂巧资本跟投。2019 年，BOSE 前高管李浩乾联合多位 BOSE 工程师共同创立了 Oladance，提出"开放式音频"的市场引领概念。

上述企业以及其他在 2023 年获得美元投资的出海企业，具有一些共同特征。首先是产品具备显著的创新性，市场渗透率还比较低，但非常符合欧美消费者为体验和创新买单的偏好，且已通过众筹平台完成初步的市场验证，是这几年不少投资人追逐的"小而美"型企业。

由于产品的创新性强，企业的目标用户群体也非常清晰，欧美的高消费人群是最理想的种子用户。对于这类企业来说，中国的供应链优势固然是加分项，但更重要的创业契机是其对海外消费市场的趋势洞察。这类团队的国际化背景、品牌意识普遍都比较强，且从开始就定位为全球化企业并面向全球市场。

贝恩资本私募股权投资合伙人陈中崛就提到："新能源和新基建、先进制造、新消费、全球化有望成为中国市场投资的四大主题。其中，核心机会还是全球化。"同时，由于企业所处的阶段较早、单笔融资金额不高，对于美元基金来说负担也比较小。

人民币基金

如何与人民币基金打交道，是这两年来不少投资人和财务顾问（FA）正在艰难摸索的议题。

国家级创投基金和地方政府引导基金是人民币基金的一大重要组成部分。这类资本的投资偏好与地方优势产业有着鲜明的关联，最为典型的代表当属深创投。

深创投（深圳市创新投资集团）是由深圳市政府出资并引导社会资本出资设立的综合性投资集团，现管理各类资金总规模约 4665 亿元，创投业务主要投资中小企业、自主创新高新技术企业和新兴产业企业，涵盖信息科技、生物技术及健康、智能制造、新能源、新材料、互联网、消费品及现代服务等行业。

2023 年，深创投投资的出海企业包括数码配件品牌倍思（A 轮，数亿元；A+ 轮，数亿元）、智能宠物用品品牌霍曼科技（C 轮，近亿元）、智能驾驶公司寅家科技（B 轮，未公开）、眼科医疗器械公司视微影像（C 轮, 3 亿元）、智能机器人公司宇树科技（B2 轮，近 10 亿元）等。

这类基金的另一个偏好也比较明确——喜欢体量大、能给地方带来产业升级和增加就业的企业。出海企业想拿这类投资，一定要考虑到自身是否对供应链有比较强的依赖，是否有自建供应链的可能。

比如, 2024 年年初电动摩托车企业达芬骑就宣布完成了 B 轮数亿元融资，并宣布将在中山建设新能源智慧摩托车生产基地，落地后续车型产线。该公司在 2021 年获得了淄博高新产业投资参与的 Pre A 轮融资，并在次年落成了山东淄博智能制造基地。

2023 年 12 月，储能系统核心装备企业奇点能源在 C 轮融资中获得了交银金融资产有限公司、建信金融资产有限公司联合领投、中集资本管理有限公司、广州产投私募基金管理有限公司跟投的 3 亿元资金。

产业资本和战略投资机构也正在成为不少出海企业日益关注的资金来源，除了资金支持，这类机构也可以帮助企业连接产业资源、扩展战略乃至获取订单。2023 年 5 月，储能企业深湾能源获得了过亿元 A 轮融资，由湖北小米产业基金和北京小米制造股权投资增资，小米系创投基金总持股占比达到 20%。

2023 年 9 月，出海智能宠物用品品牌鸟语花香在 A+ 轮融资就获得了纳爱斯集团参与的近亿元投资。光源资本董事总经理娄洋建议出海企业在接洽这类投资方时要更有耐心，以业务合作促成投资决策。同时，因为公司基于融资获取了更多的产业资源，相应地在估值上也可能要给出一定的优惠。

其他国际资本

2023 年，去中东融资成为不少投资机构和企业的一个美好愿景。就在这一年的年底，蔚来宣布获得了阿布扎比投资机构 CYVN Holdings 总计约 22 亿美元的战略投资。而在更早的 10 月，自动驾驶企业小马智行宣布获得沙特阿拉伯王国新未来城（NEOM）及旗下投资基金 NIF（NEOM Investment Fund）的 1 亿美元投资。

尽管中东的钱"很热"，但经过一年多的考察，不少企业也已认清，想要获得青睐，实施本地化策略是一项必要条件。如果企业确实在中东地区有业务规划，且处在新能源、数字经济、生物医药、智能制造等前沿产业，去当地融资不失为一个理想的选择。

当然，并不只有中东的资本才投向中资背景的企业。如果出海企业在目标市场建立了一定的品牌知名度，也有机会获得当地资本的青睐。2022 年，宠物生活方式品牌未卡宣布公司旗下的新加坡子公司 VETRESKA FUTURE PET FOOD 获得东南亚食品巨头旗下基金 Quest FoF 的 5000 万美元战略投资，未卡创始人兼 CEO Donald 宣布将在新加坡搭建食品业务中心和品牌中心，并与投资方共同打造全球宠物营养研究院。

2023 年，消费科技品牌 Nothing 获得 Highland Europe 等机构参与的 9600 万美元投资、机器人品牌健行仿生（BionicM）获得日本 NEC 全资子公司数千万元投资、智能手机品牌 FreeYond 获得马来西亚拿督蔡文杰（Datuk Chai Woon Chet）近亿元的天使轮投资。

在变动的资本市场中，并非只有初创公司是风险投资的潜在伙伴，大企业也可以借力风险投资，开创新的出海融资方式。这方面的代表案例是深耕沙特阿拉伯的易达资本（eWTP Arabia Capital）。易达资本早期进入中东地区时，也是延续了标准的财务型投资打法，但在当地经营了两三年后，发现并没有那么多合适的早期项目可投。此后该机构转变了打法，改为与中国细分行业的头部企业合作，帮助他们开拓中东市场。

目前，易达资本在出海方向上已积累了近 20 个成功案例，包括 2022 年与阿里云、中东最大移动运营商沙特电信公司（STC）、沙特人工智能公司（SCAI）和沙特信息技术公司（SITE）在利雅得成立云计算合资公司，与中石油下属信息科技公司昆仑数智就中东北非石油、天然气和能源行业的数字化转型展开合作，以及在 2021 年协助极兔速递落地中东并成为第一家获得沙特阿拉伯物流牌照的亚洲公司等。

在当下的环境中，出海企业应当以更长远的视角去规划融资这件事。一方面，一级市场上的估值体系仍在重构中，且投资人出手更加谨慎，从接触、考察到条款谈判、做出决策往往需要更长的时间。如果不提前储备资金，企业难免容易使自己陷于被动之地。即便企业目前具备良好的盈利能力，也要考虑是否能够以合理的条款引入外部投资而将自身的资金水平维持在一个相对安全、能够抵御寒冬的水平。

另一方面，如果核心团队对自身的市场洞察和战略判断能力有充分的信心，那么此时反而也是业务扩张、获取低价优质资产、强化供应链建设的宝贵窗口期。出海已成显学，领先竞争对手、建立先发优势，这是需要资金支持的。

同时，对出海企业来说，由于业务的特殊性，尽早考虑去哪里上市、以何种形式上市是一个明智的选择，这也关系到企业在前期的融资规划。不仅要考虑上市门槛、交易市场的规模和流动性，最好也要兼顾安全性及在海外市场的品牌效应。

Chapter Three

第三章　出海去哪儿?

在回答了为什么要出海，以及如何出海后，接下来我们讨论出海去哪儿的话题。本章将围绕着中国企业出海时常去的区域展开，对各海外区域和重点国家的情况做一些基础分析。

需要先说明的是，在看海外机会时，本书以大洲或大区域作为分析单元只为提供一个粗略的框架。企业在出海实践中，务必落实到分析具体的国家、具体的城市、具体的客户或用户群体，只有这样，才能给企业更好的指导。

另外，本书选择以大洲或大区域作为分析单元，主要原因是大多数出海从业者还处在初入行的阶段，盲人摸象、先有大轮廓，形成大体而非具象的框架对他们更有价值。本书在分析每个大洲或大区域时，也会通过描述重点国家的市场特点和机会，引导读者形成具体国家具体分析的意识。

从 2024 年开始，EqualOcean 按国别发布月度研究报告，覆盖中国企业出海最常去的国家，如印度尼西亚、沙特阿拉伯、墨西哥、越南、埃及、巴西等，围绕每个国家的政治、经济、文化、商业动态持续进行跟踪。在阅读本书时对具体国家感兴趣的读者，可以上 EqualOcean 网站寻找相关报告或内容。

如前文所述，新出海的一大重要特征是中国企业从以欧美为中心到放眼全球。作为全球工业、收入、人口不平衡的中心国家，中国企业出海基于供应链优势、工程师红利、数字化能力，可以在不同国家和地区获得不同的发展机遇。

01 东南亚

东南亚一直是中国企业出海最热门的地区之一，也是不少中国企业出海的第一站。首先东南亚在空间上离中国更近，且东南亚多国在历史上都深受中国影响，也有不少华人，文化与心理的距离也更近。近年来，中国的优势产业、优质模式不断外溢，东南亚国家承接了不少。无论是传统的工业、制造业，还是发展迅猛的新能源产业、互联网产业，都渴望通过耕耘东南亚来获得增量或走向世界。

另外，从整体上观察，虽然全球经济增速放缓，但东南亚地区的发展前景依然相当可观，主要国家都拥有不错的增长表现，在各自的主要产业上又根据自身禀赋存在一定的差异化。在评判出海东南亚的具体机会前，需要先对该地进行一个全景式介绍。

东南亚整体概况

东南亚地区共有 11 个国家，分别为缅甸、泰国、柬埔寨、老挝、越南、菲律宾、马来西亚、新加坡、文莱、印度尼西亚和东帝汶，总面积约 457 万平方千米，总人口约 6.8 亿。其中，印度尼西亚、菲律宾、越南三国人口均过亿，印度尼西亚人口过两亿。东南亚不仅农业资源和矿业资源丰富，也是连接太平洋与印度洋的海上十字路口、全球海运最繁忙的地区之一，战略地位不言而喻。

从东南亚受关注最多的金边六国来看，印度尼西亚、越南、菲律宾2023年的GDP增速均维持在5%及以上水平，高于全球平均水平（IMF预测，3.0%），泰国、马来西亚、新加坡则相对较低，为1%~3%。

从经济水平和产业结构来看，金边六国差异也非常显著。新加坡以科技、金融等产业为主，人均GDP、生活水平等都名列世界前茅。越南、菲律宾、泰国以基础制造、农业为经济支柱，偏向"农耕社会"。印度尼西亚主要产出农产品、石油、矿产等，因镍矿丰富近年来颇受中国新能源企业重视，同时该国也在积极进行产业升级。

尽管东南亚各国在地理上一衣带水，但地区内民族和文化高度多元，语言也不统一，泰语、越南语、印度尼西亚语、英语、中文等各行其道。菲律宾通行英语，信仰也以基督教为主。越南、泰国都有各自的官方语言，泰国还是佛教信仰大国。新加坡是以华人为主的国家，中文及华人文化畅行无阻，但其作为国际金融城市，西方政治文化体系的影响也同样深远。印度尼西亚是世界上穆斯林人口最多的国家，但由于历史原因及地缘交织，中国文化在该国的影响也较为深远，两地许多民俗传统存在相似之处，天然地提高了中国企业及中国文化在印度尼西亚的接纳度。但同时也需要注意两国的差异性，尤其是宗教文化导致的差异，对商业活动的影响较大。

东南亚重点国家出海机会介绍

印度尼西亚

印度尼西亚（以下简称印尼）是全球第四人口大国，东南亚地区第一人口大国，也是不少出海东南亚的企业在该地区最重要的市场。2023年，印尼的GDP总量达到了1.4万亿美元，增速为5.05%，高于全球平均增速。从产业分布来看，印尼的工业和服务业对 GDP 的贡献分别为 43.3% 和 43.7%。近几年，印尼的制造业受政策驱动发展迅速，增长率连年提升，超过工业增速的平均值，成为拉动印尼经济增长的马车之一。

印尼经济的一大增长动能是其人口红利。根据 IMF 统计，2023 年印尼人口总量约为 2.77 亿，约占东盟的 40%。同时印尼的人口相对年轻，约有一半人口年龄在 30 岁以下，对于新鲜事物的接受能力更强，消费欲望也更高。另外值得一提的是印尼的人口分布特征。根据 2023 年印尼中央统计局的数据，该国约有 1.5 亿人口集中于面积仅占全国 7.25% 的爪哇岛，该岛也贡献了约 58% 的 GDP。作为首都雅加达的所在地，爪哇岛的基础设施相较于其他地区更为完善，中国高铁出海首站——雅万高铁即通往此处。

上述印尼的人口特征，叠加上当地互联网、移动互联网的渗透率，使得印尼成为互联网、电商及其配套产业、O2O 等商业模式的沃土。近年来，TikTok、Lazada 等电商平台在印尼的 GMV 增长普遍保持在两位数到三位数，2023 年登陆港交所的快递物流企业极兔也是起家于印尼。

印尼的人均月收入折合人民币为 1300~3500 元，当地人消费注重性价比。以蜜雪冰城为代表的平价茶饮品牌深受当地人喜爱（见图 3-1），在当地已开出 2300 家门店。印尼广受欢迎的连锁咖啡店 Kopi Kenangan 和 Janji Jiwa 的定价折合人民币 8~15 元，讲究极致实惠。

印尼现任总统佐科曾提出诸如"2045 年黄金印尼愿景""世界海洋轴心"等理念，力图使印尼在当前中等强国的水平上更进一步，在 2045 年成为世界第五经济强国。为此，印尼政府一方面寻求借助外部力量实现发展，与中、美分别建立了战略伙伴关系。另一方面，"佐科经济学"主张强化中央政府的宏观调控能力，提出大力兴建基础设施项目、推进产业下游化、能源转型、扶持中小微企业、发展旅游业的五大经济转型举措。

图 3-1　蜜雪冰城位于印尼首都雅加达的一家门店

图片来源：EqualOcean。

全球新能源产业发展热火朝天，镍作为重要的电池原材料，成为各国争抢的战略资源。印尼针对其坐拥的大量高品质镍矿出台了限制出口政策，以此吸引新能源企业到本国投资设厂，以资源换技术。这其中不乏中国的新能源巨头，如宁德时代、比亚迪、青山控股等均已在印尼当地建立厂区。青山控股布局印尼镍矿产业，通过旗下的莫罗瓦利园区（IMIP）和纬贝达园区（IWIP），实现向"世界镍王"的迈进，并以镍矿产业为基础逐渐转型成新能源企业。

印尼传统汽车制造业目前被日韩企业把控，丰田、本田、大发等品牌合计占据 50% 以上的市场份额。在印尼提出产业下游化（即从镍矿开采到以镍为原料的电池生产的过渡）和能源转型的背景下，中国新能源汽车产业有望在印尼实现弯道超车——五菱宏光 EV 成为雅加达亚运会指定用车；比亚迪 2024 年初以三款首发车型正式登陆印尼市场。

在新能源摩托车领域,两轮摩托车抢先于汽车一步成为出海印尼的主要赛道。印尼是全球第三大摩托车市场,摩托车用户数量达到1.3亿,2023年印尼家庭摩托车拥有率为85%。雅迪、爱玛、小牛等企业均已布局印尼市场。2023年初,在中国生活了十几年的印尼华人蔡佶华回印尼创办的换电及电摩企业SWAP还获得了中国风险投资活水资本领投的Pre-A+轮融资。

图 3-2 印尼首都雅加达日益拥挤的马路

图片来源:EqualOcean。

中国企业在印尼营商,普遍需要适应当地的宗教习俗。穆斯林一天需进行5次礼拜,企业在排班、管理的过程中需要考虑到这一因素。以名创优品为例,名创优品印尼的店铺里都设有专门的礼拜室,不仅节约了员工往返礼拜场所的时间,也收获了当地人的好评。

越南

越南是与中国接壤的邻国,历史上与中国有着密切的关系。整体来说,当下两国的关系是以合作共赢为基调,因此越南也是中国企业出海东南亚的重要一环。

根据 IMF 的数据，2023 年越南的 GDP 达到 4300 亿美元，增速为 5.05%，受全球经济下行的影响相较 2022 年的 8% 有所下降。2024 年初，越南跨过 1 亿人口大关，成为继印尼、菲律宾后第三个人口过亿的东南亚国家。与印尼类似，越南人口也较为年轻。根据越南统计局的数据，近七成越南人口处于劳动年龄，也被认为具有显著的人口红利。

庞大、年轻且廉价（人工成本约为中国的一半）的劳动力资源托举着越南制造业的发展，处在工业化起步阶段的越南也承接了大量的劳动密集型产业，被视为继中国后的下一个"世界工厂"，与千禧年前后的中国多有相似。因此，越南目前成为全球电子制造业的重要基地。越南三星工厂承接了其全球 50% 的手机生产，鸿海、立讯、富士康等企业也逐渐将产能转移到越南工厂。

图 3-3　越南胡志明市夜景

图片来源：EqualOcean。

目前越南的产业模式主要是从中、韩等国进口原材料或中间商品,在本国加工后出口到美国、欧洲等地。从越南的进出口情况可以看出,越南对美国的出口比重由 2018 年的 20% 上升至 2022 年的 30%,而从中国进口比重在此期间上升了近 10 个百分点——一条以越南为桥梁的全球电子制造产业链正在形成。

劳动密集型产业为越南带来发展。面向下一个阶段,全球产业链的重塑也要求越南加快完善工业基础、提升产业承接能力,这就给中国数字企业带来了出海越南的机会。阿里巴巴旗下电商全栈服务商 PandaPon 的 CEO 应宏曾说,目前中国企业出海越南主要聚焦于供应链转移,随着市场供应链的逐渐完善,下一阶段的出海窗口将聚焦于数字化管理能力。比如,服装产业数字化服务商凌迪科技就随着客户的步伐进入了东南亚市场。

早在 2020 年,越南政府就提出了国家数字化转型愿景,力争于 2030 年全面实现经济社会数字化。根据《2023 年东南亚数字经济报告》来看,越南是东南亚地区数字经济增速最快的国家之一,越南工贸部统计数据表明 2023年越南数字经济增长约 11%。社会生活方面,越南也在大力推行数字转型,包括电子身份认证、国家数据中心、电子政务等。

在消费方面,早期越南在市场容量、客单价上均不占优势,被各大电商平台"遗弃"。但事实证明,越南以电子商务为代表的 C 端消费市场拥有庞大的动能。2023 年,越南电子商务市场规模达 205 亿美元,同比增长了25%,且近几年增速均维持在 20% 左右。从细分品类来看,服装、美妆个护、家用电器、电子产品、食品饮料等长期霸占销量主力。这与越南庞大的Z 时代消费群体及他们注重享乐、追求时尚及科技前沿的消费观念有着深刻联系。

图 3-4　越南胡志明市繁华的老街

图片来源：EqualOcean。

菲律宾

与越南、印尼同为东南亚人口大国的菲律宾，也较受中国企业关注。2023 年菲律宾人口约为 1.1 亿，GDP 增速为 5.7%，基本盘良好。与越南类似，菲律宾也是一个出口导向型经济体，以对外输出农产品、矿产等为主。菲律宾盛产铜、铬金、镍等，资源禀赋与中国形成互补关系。

菲律宾人民长期受多元文化影响，具备良好的英语水平及服务意识，使该国成为国际热门的服务外包目的地之一。2021 年菲律宾服务外包产业的年产值近 300 亿美元，占全国 GDP 的 7.5%，创造了超过 500 万个就业岗位。

全球化信息技术企业东软在 2014 年设立了菲律宾交付中心，提供面向北美、欧洲及东南亚等市场、以英语为主的 7×24 呼叫中心业务。经过十年发展，该中心已实现了管理团队自主本地化交付。同时，东软以其强大的数智化能力赋能本土管理，打通了业务各生存周期流程数据底座，细化了智能

交付场景落地,真正做到了智慧管理、智能服务,为菲律宾交付中心的蓬勃
发展提供了动力。

图 3-5 菲律宾首都马尼拉的时尚购物中心

图片来源:EqualOcean。

　　菲律宾是许多金融科技出海企业的理想市场。首先,菲律宾施行宽松的
外汇管制,个人可以在银行系统内外自由买卖、储存外汇。同时,菲律宾的
金融行业准入门槛较低,允许外资直接参与金融活动。据菲律宾金融科技从
业者称,先前菲律宾金融牌照仅需 10 万元就可获得,虽然近年来随着从业者
增多,政府将门槛提至 100 万元,但相比印尼停发贷款牌照而言依然更具吸
引力。

　　根据 ADVANCE.AI 发布的《2023 年菲律宾金融科技报告》,截至 2022
年 12 月,菲律宾登记在册的金融科技企业多达 216 家,主要开展数字支付、
金融借贷、区块链、电子钱包等业务。此外,菲律宾的民众收入有限但普遍
追求享乐型消费,创造了可观的金融借贷需求。

菲律宾另一个被看好的产业是电商。由于人口基数大，且互联网普及率高达 73.1%，人均每日上网时长居世界第三，菲律宾被誉为"世界社交媒体之都"，也是电商的沃土，根据 eMarketer《2023 年全球零售电商预测报告》，2023 年菲律宾以 24.1% 的电商增长率位列全球第二位。菲律宾市场存在巨大的信息差，同类产品线下价格约为线上的 2~3 倍，本土又缺乏供应链及品牌，消费品供给严重不足，市场竞争水平较低，因此五花八门的电商品类都在菲律宾拥有占位空间。

除了中国"跨境电商四小龙"在菲律宾齐聚一堂，Shopee、Lazada 等都已在菲律宾布局，Shopee 更是将菲律宾作为全托管模式的试验田，足以看出头部玩家对这片市场的关注。除了传统的货架电商，以 TikTok 为代表的新型社交电商在菲律宾的接受度也较高。2023 年，菲律宾市场贡献了 TikTok 全球 GMV 的 11.62%，TikTok Shop 在该国的市占率和 GMV 已和 Lazada、Tokopedia 等主流平台相当并有赶超趋势。

图 3-6　比亚迪位于菲律宾首都马尼拉的一家门店

图片来源：EqualOcean。

同时，菲律宾本地的短视频制造能力也远不如中国，在内容营销、MCN机构等细分领域也存在机会。目前，本地主流的MCN包括F-Commerce、X-MEDIA、Klayia、Jet Commerce等。

时至今日菲律宾的电商业态还没被完全开发，说明有些问题仍然不能忽视。比如，商品出口越南、泰国等国，通过陆海联运，卖家5~10天即可完成交付。但菲律宾和中国隔海相望，跨境物流普遍需要10~15天，存在一定的交付压力。另外，由于菲律宾的经济水平较低，人均客单价不高，商家的利润率被一再压缩。而本土消费者对于国际头部品牌的认可度更高，也愿意将线下消费作为娱乐生活的一种方式。除此之外，菲律宾还存在教育市场及品牌心智培养的问题，其电商市场理念不如国内繁盛。对于出海企业来说，需要根据这一市场特征花费大量营销费用，打法不可照搬国内的"先进理念"。

泰国

泰国作为"东盟心脏""亚洲脐带"及东盟第二大经济体，较之印尼、越南、菲律宾等国有更优质的产业基础，是东南亚的汽车制造中心。2023年泰国人口约6500万，GDP约5000亿美元，增速仅为1.9%。传统的房地产、制造业都有不同程度的下滑，而服务业提升4.3%，分布在旅游业、信息产业及金融业。

中泰关系历来较为友好，为中国企业出海泰国提供了稳定的前提。泰国处于东南亚沿海要地，从海路出口、作为"中转站"辐射全球也十分便利。泰国自中国承接了大量新能源汽车、通信电子、光伏等高新产业，也实现了自身的产业升级。

2023年，泰国政府启动了新一轮五年投资促进战略，计划到2030年将新能源汽车生产比例提高到30%，并鼓励新能源汽车制造、动力电池交换站等类型的企业在泰设立总部，为其提供税收豁免。这些措施旨在促进泰国成为东南亚电动汽车的生产中心，也符合中国相关企业"定位泰国，辐射东南亚"的战略目标。

2023 年中国新能源汽车在泰国市场实现畅销，市占率高达 70%~80%，市场销量前 10 名中有 8 席来自中国，分别是比亚迪、哪吒、欧拉、名爵、沃尔沃……仅比亚迪 ATT03 的销量（15924 辆）就比特斯拉两种车型合计销量（6596 辆）高出一倍。长城汽车以泰国作为试验地，在泰国邦纳中心广场开设了全球首家新零售体验店。长城汽车东盟区品牌负责人称，长城汽车将以泰国为基础，逐步将新型业务模式推广向全球。

新能源汽车产业出海泰国的一大新趋势是由整车出口逐渐转向在泰国生产。2023 年，比亚迪、长安、上汽、哪吒等车企已经在泰国建立主机厂；上游的宁德时代、蜂巢能源、亿纬锂能、国轩高科等电池厂商也在泰国布局厂区。

马来西亚

马来西亚与中国有着较深的渊源。2023 年马来西亚人口约 3413 万，其中 23.2% 为华裔，除了英语和马来语外，当地部分华裔可以说普通话甚至是粤语、闽南语、潮汕话、福州话等中国方言。2023 年马来西亚的 GDP 总量约 4000 亿美元，增速 3.7%，人均 GDP 约为 12000~13000 美元，属于中高收入水平。这也使马来西亚市场呈现出客单价高、利润率相对丰厚的商业市场特征。

马来西亚在电商方面拥有超强的禀赋。截至 2022 年第三季度，马来西亚拥有 3300 万互联网用户，互联网渗透率高达 96.8%，作为对比，印尼、越南、菲律宾等国的互联网渗透率仅在 70%~80%。马来西亚的互联网用户日均在线时间为 8 小时，仅逊于菲律宾，电商渗透率也高达 61.3%。

在电商客单价方面，马来西亚以 54 美元位列东南亚第三，仅次于新加坡和菲律宾。且马来西亚人口多聚集于城市中心,降低了商品配送成本。同时,马来西亚文化受到中国影响,消费者更容易青睐中国产品。

马来西亚主要的电商平台为 Shopee、Lazada 和 PG Mall,三者占据 90% 以上访问量。热销的产品主要为电子产品、时尚品及爱好类商品,更加偏向于升级型取悦消费,也自然拥有更高的利润空间。以国产电动牙刷 Usmile 为例,其在马来西亚 Shopee、Lazada 上的市场份额均突破 20%,主打智能、口腔护理等卖点也深受当地消费者认可。

马来西亚还是东南亚电商极佳的试验田,马来西亚的穆斯林群体在生活和习俗方面都像印尼,马来人又普遍懂英语——和泰国、菲律宾市场存在相似之处。在这样一个相对小的多元化市场里,商家可以根据当地市场反馈及时调整产品的针对性,从而在未来更从容地投向其他东南亚市场。

新加坡

新加坡可以说是东南亚最特别的国家。虽然新加坡的面积小(大约为北京市面积的 1/23)、人口少(约 590 万),但经济高度发达,2022 年 GDP 达 4667 亿美元,人均 GDP 更是高达 8.28 万美元,位居全球第六。其国际化程度、国民受教育程度也排在世界前列。

新加坡扼守马六甲海峡,连接太平洋、印度洋,辐射范围覆盖整个东南亚,加之本国拥有完善的机场、道路、港口、商业建筑等基础设施,国际贸易高度繁荣。同时,新加坡还拥有稳定的政局和开放的商业环境,对各路外资持友好和公平的态度,其监管机制、知识产权保护及司法系统完善且高效。由于签署了多项国际自由贸易协定、双边免税协定及投资保障协议,在新加坡注册的公司可以 100% 由外国人持有。作为国际资本市场和金融中心,新加坡的离岸外汇体系、较为简单的税收制度以及资本买卖免税制度对跨国企业具有相当大的吸引力。因此全球市值 TOP100 的企业有 46% 都选择在新加坡设立国际总部,超过 7000 家跨国公司在该国注册。

新加坡是以华人为主的国家,中文在这里几乎畅通无阻,天然成为中国人更加青睐的区域市场之一。综合来看,中国企业出海新加坡的优势明显,不少中国企业在此落地或以新加坡为试点进军东南亚。海底捞在 2012 年就在新加坡开设了第一家海外门店,在新加坡完成市场验证后又相继进入了美国、韩国、日本、加拿大等国家。小米、Urban Revivo、喜茶、内外、巴拉巴拉、呷哺呷哺、蕉下、海伦司等企业也锚定新加坡为海外首站。目前的"跨境电商四小龙"中,TikTok 和希音的总部都位于新加坡,东南亚的电商龙头 Shopee 和 Lazada 也做出了同样的选择。蔚来更是在 2022 年赴新加坡上市。可以说,新加坡虽国土面积有限,但可以满足中国出海企业的多重诉求。

出海东南亚风险

由于东南亚整体情况复杂,我们建议出海东南亚的中国企业需要注意以下几方面:

一是降低心理预期。很多人会认为东南亚地区人口红利显著、人力成本低廉。在低端的劳动密集型企业上,东南亚的人力成本确实低,但人效并不如国内高,因此总成本、回报率并不会有显著优势;而留存高端人才的成本往往更加高昂。

二是寻找正确的合作伙伴。东南亚各国国情不尽相同,中国企业出海的考察、投资、运营成本都十分高昂。选择真正懂当地、有资源的合作伙伴将有助于中资企业规避如合规、财税、市场盲点、政商关系等带来的风险。

三是东南亚国家普遍存在"隐性成本"(除新加坡的政策透明度较高),中资企业出海当地需维护好和相关利益方的关系。

02 中东

从两河文明到古埃及,从奥斯曼帝国到海湾合作组织(GCC),中东在历史上一直具有举足轻重的地位,从文化、宗教等方面影响着世界发展。第二次工业革命后,因石油和天然气储量丰富,中东在全球能源市场扮演了重要的角色;又因为能源出口积累下的财富和地位对全球的资本市场、政治格局产生影响。

中东地区的经济在很大程度上以石油出口为主导,这使得其经济对全球石油价格波动非常敏感。在 2023 年,面对美联储加息、巴以地区紧张局势以及俄乌冲突等外部挑战,中东多个国家遭遇了通货膨胀、资金流出和货币价值下降的困境。

为了摆脱对石油的依赖,寻找经济可持续发展的新动能,中东国家纷纷采纳了加速其经济结构改革的策略。中东地区吸引了越来越多中国出海企业的目光,包括但不限于基础设施建设、新能源、前沿科技、互联网、电商和金融服务等领域。

在详述中国企业出海中东的机会前,我们先要加深对该区域的了解。

中东整体概况

通常出海业务所提及的中东地区,涵盖了地理上的中东和北非地区。国内常将中东地区、阿拉伯世界、伊斯兰国家等词汇画等号,但这是一种误区。中东地区的以色列和塞浦路斯既非伊斯兰国家、也非阿拉伯国家,而土耳其和伊朗也并非阿拉伯国家。

一般认为中东地区涵盖 23 个国家或地区,总人口约 4.9 亿,主要民族有阿拉伯人、波斯人、犹太人、土耳其人和库尔德人,主要信奉的宗教有伊斯兰教、犹太教和基督教，其中伊斯兰教又分为逊尼派和什叶派。中东地区还有一个特殊之处是其地理位置，此处连接亚洲、欧洲和非洲，靠近大西洋和印度洋，坐拥地中海、黑海、里海、阿拉伯海和红海，战略位置极其重要。

海湾六国（全称为海湾合作委员会 GCC，包括沙特阿拉伯、阿联酋、科威特、卡塔尔、阿曼和巴林）是中东最受关注的国家。国际货币基金组织 2023 年的调研显示，海湾六国的人均 GDP 在 4 万美元至 8.4 万美元，均位于发达国家基准线之上。尽管石油和天然气仍然是这些国家最重要的出口商品和支柱产业，但在国家总出口额中的比例正在逐步下降，从 2000 年的 86% 降至 2020 年的 54%。2014 年和 2020 年国际油价大幅下跌，导致海湾六国的石油出口收入大幅减少。

面对这种情况，加之全球能源转型对以石油为主导的经济模式构成的挑战，海湾国家开始转向经济多元化和可持续的策略。这些国家制订了一系列经济转型计划，包括发展制造业、增加对可再生能源、旅游业、金融服务等非石油行业的投资，吸引外国直接投资刺激私营企业发展等。

但经济多元化转型带来的"中东红利"在各国间分布并不均匀。地区内部分国家如以色列、巴勒斯坦、叙利亚和也门仍受军事冲突影响，而土耳其、黎巴嫩、埃及、约旦和阿曼等国家由于自然资源匮乏（例如缺乏石油资源）和政治不稳定，未能充分抓住时代变革中的机遇。同处海湾产油国之列，卡塔尔和科威特尽管富足，但发展模式尚不成熟。因此说到经济多元化转型的关键样本，主要集中在沙特阿拉伯和阿联酋两国。

中东重点国家出海机会介绍

泛泛来看，中国不少行业都有机会"掘金中东"，比如互联网社交和游戏产品、母婴用品、美妆、快递物流、新能源、自动驾驶、云计算、数字化软件等。但具体到中东地区的重点国家来看，每个国家的机会都有一些不同。

沙特阿拉伯

近几年，最受中国创投圈关注的中东国家当属沙特阿拉伯（以下简称沙特）。极兔、阿里云、小马智行等企业相继落地沙特或获得当地的巨额投资。但是，在俄乌冲突导致全球油价大幅上涨之前，便宜的油价一度让沙特连续八年国库亏空。外加全球范围内愈演愈烈的新能源浪潮，石油经济这一根大支柱已经无法在未来支撑沙特的成长。王储穆罕默德·本·萨勒曼在2017年就开始了大刀阔斧的改革，致力于打造一个摆脱石油依赖的全新经济体。

2016年，萨勒曼提出了著名的"2030愿景"，称今后要大力发展非石油产业和私营企业，特别是要发展制造、旅游休闲、金融投资等行业。此外，萨勒曼还希望多发展娱乐产业，成为一个"温和的沙特阿拉伯"，这得到了年轻人的欢迎和支持。

2022年，沙特GDP首次超过万亿美元（11081亿美元），人均GDP达到3.04万美元，位列全球第17大经济体。2023年前三季度，受OPEC及减产协议影响，沙特经济增速放缓，全球排名下降到第19位。尽管如此，沙特对其未来经济发展保持乐观，预计未来几年GDP增长率将稳定增长，非石油产业将占据越来越大的比重。

近些年，中国企业迎来了出海沙特的黄金窗口，首当其冲的是新能源产业。沙特不少地区属于亚热带沙漠气候，高温和充足的日照为太阳能发电提供了理想的条件。"2030愿景"中明确提到沙特要在2030年前建成46吉瓦的太阳能电站，目前实装的太阳能电站只有2吉瓦~3吉瓦，这给中国光伏企业带来了广阔的发展空间。

图 3-7　沙特首都利雅得的金融中心

图片来源：EqualOcean。

2023 年，光伏支架龙头中信博与中国能建国际集团签署了合作协议，为沙特 ASB 项目提供装机容量 1.5 吉瓦的天际 II 跟踪系统。同年 10 月，TCL 中环与沙特 Vision Industries 公司签订协议，在沙特共建初期产能为 20 吉瓦的光伏晶体晶片生产项目。此外，隆基绿能、阳光电源等企业，均在沙特光伏市场有了深入布局。2022 年，隆基绿能成功交付了 406 兆瓦的光伏组件给沙特红海新城项目，而阳光电源在 2023 年为同一项目供应了 536 兆瓦 /600 兆瓦时的储能系统。

数字产业是出海沙特的另一大方向。在云计算领域，华为云、阿里云和腾讯云三家巨头在沙特市场争得不可开交。沙特正在积极推进本地数字经济的增长和全面的数字化改革，凭借廉价的石油资源和充足的阳光，当地具备低成本发电的优势，工业用电价格仅为 0.05 美元 / 千瓦时，是建设云计算中心的理想地点。

沙特是中东地区人均医疗支出排名第一的国家,正成为中国医疗企业出海的新热土。2023年,蓝帆医疗完成沙特首例ALLEGRA经导管主动脉瓣膜植入手术——开启了输出中国技术、标准和品牌的新阶段。新华医疗始终把沙特作为扩大国际合作的桥头堡,并积极寻求在沙特市场的新机遇。2019年新华医疗与沙特PHARMATECH建立了战略合作关系,新华医疗提供技术支持,实现感控设备在沙特的本地生产和组装。

沙特对新兴技术的追逐十分迫切,且开放程度非常高,预计到2030年人工智能产业将占沙特GDP的12.4%,将为沙特经济贡献1350亿美元。商汤科技早在2021年就与沙特国家主权基金PIF共同成立合资公司SenseTime MEA,为中东地区提供创新人工智能解决方案,构建当地的人工智能生态系统。物联网AIoT服务商特斯联凭借其整体智慧解决方案,赢得了PIF的投资。

由于娱乐活动相对贫乏且用户付费能力强,沙特一直是中国的游戏和社交产品出海的重要目的地。一些在中国市场表现平平的游戏在沙特却取得了意想不到的成功,如游戏《征服》(*Clash of Kings*)。但这类企业出海沙特需要充分适应当地的文化和社会习俗,比如号称"中东小腾讯"的雅乐科技就采用了语音直播而非视频的形式成功吸引了沙特用户。

此外,由于沙特生育率较高、女性地位逐步提升,母婴用品乃至线下的婴童服务也值得出海企业重点关注。2022年沙特人口出生率为16.2%,0~14岁的儿童占总人口的32.4%(全球平均值为26.8%)。沙特目前是世界第一大婴童产品进口国且市场持续增长,家庭相关年支出是欧美国家的5倍。与此同时,近些年女性权益的提升以及沙特旅游产业发展将促进家庭为单位的户外活动增加,也会带动母婴产品消费。Hibobi是当前出海沙特母婴品牌中的佼佼者,年营收稳定保持在5000万美元左右。

图 3-8　沙特首都利雅得的线下亲子中心

图片来源：EqualOcean。

阿联酋

阿联酋长期以来扮演着中东门户的角色，以开放和现代著称。在 2020 年世界银行营商环境指数排名中，阿联酋被评为商业效率第一、政府效率第二的国家。2022 年阿联酋宣布启动政府 2031 愿景"我们阿联酋 2031"（We The UAE 2031），这是该国塑造未来十年的综合计划，重点关注社会、经济、投资和发展方面，目标是到 2031 年将国内生产总值翻一番，达到 3 万亿迪拉姆（近 8200 亿美元），非石油出口额增加到 8000 亿迪拉姆。

未来三年，阿联酋在数字技术（包括 IT、电信、人工智能、物联网、区块链、机器人等新兴技术）方面的支出预计将达到 200 亿美元。未来十年内，阿联酋数字经济对 GDP 的贡献将从 9.7% 提高一倍，达到 19.4%。2022 年，阿联酋内阁还批准成立了政府数字化转型高级委员会。

图 3-9　阿联酋迪拜商场里面的中餐厅大受欢迎

图片来源：EqualOcean。

在新能源方面，阿联酋计划到 2030 年实施所有建筑安装太阳能电池板的强制性政策，并致力于到 2050 年实现一半道路车辆电动化。预计 2022—2028 年，阿联酋电动汽车市场将以每年 30% 的速度增长。以迪拜为例，迪拜提出的《2050 年迪拜清洁能源战略》将投资 270 亿美元建设迪拜绿色区，吸引清洁技术企业和研发中心入驻。

2024 年 2 月 22 日，小鹏汽车宣布与阿联酋经销商集团 Ali&Sons 建立战略合作伙伴关系。2022 年，红旗新能源车加入了迪拜警车队伍，而远程汽车也与阿联酋企业签订了 1000 台新能源商用车的大订单。截至 2023 年 3 月，阿联酋已将近五分之一的政府机构车辆转换为电动汽车。为实现更宏伟的目标，阿联酋还推出了能自动扣除充电费用的专用信用卡。

迪拜政府建立了逾 30 个自由区作为关键枢纽，包括针对商品交易的杰贝阿里自由贸易区（JAFZA）、迪拜机场自由区（DAFZA）和迪拜多种商品交易中心（DMCC），以及专注于特定领域的自由区，如媒体城（DSC）、硅谷绿洲局（DSOA）和 CommerCity 电商自由区等。这些自由区向入驻企业提供一系列服务，包括办公空间配置、公司注册和关税减免等。企业在自由区内享有 100% 的外资所有权，无须本地赞助人，仅需支付 9% 的公司所得税，且免征个人所得税。官方数据显示，迪拜的自由贸易区贸易总额接近 1450 亿美元，吸引了包括 56% 的世界财富 500 强公司在内的超过 20 万家注册企业。

卡塔尔

卡塔尔通过 2022 年承办世界杯，在全球大放异彩。这个国家位于波斯湾西南岸的半岛中部，总人口大约为 260 万，只有约 30 万是本地居民，剩余的大部分是来自印度、巴基斯坦等国的外籍劳工。

得益于丰富的油气资源，卡塔尔 2022 年的人均 GDP 高达 8.4 万美元，排在亚洲第一、世界第五。本地居民享有较高的生活待遇，包括每月上万美元的收入和大额政府补贴。但外籍劳工的工资通常每月仅为几百美元，且生活条件通常较差。

在促进经济转型方面，卡塔尔也推出了"国家愿景 2030"，核心是通过大力发展经济多元化，到 2030 年将卡塔尔打造成一个可持续发展、具有较强国际竞争力、国民生活水平高的国家。在这一背景下，卡塔尔投资局亚太区负责人阿卜杜拉·库瓦里透露，卡塔尔的主权财富基金正积极探索在中国零售、医疗保健、科技和物流等新兴产业的投资机遇。

卡塔尔也是最早响应和加入"一带一路"倡议的国家之一。近年来，中卡关系全面快速发展，两国经贸合作已逐步形成以油气合作为主轴、基础设施建设为重点、金融和投资为新增长点的新格局。中国企业参与的重大基础设施建设涵盖了卡塔尔港口机场、通信网络、战略蓄水池和清洁能源发电等多个领域。其中，具有代表性的项目包括中国铁建承建的 2022 年世界杯主场馆鲁赛尔体育场、中国能建葛洲坝集团承建的卡塔尔供水工程 E 标项目以及中国电建集团参与承建的卡塔尔首座非化石燃料充电站项目等。基建相关的行业将迎来在卡塔尔发展的重要机会。

埃及

埃及在北非地区是一个较为独特的国家。该国拥有数量庞大的人口，达到 1.12 亿，年龄中位数仅为 25 岁，人均 GDP 约为 4500 美元。埃及的地理位置对于外国投资者具有较强的吸引力，该国的苏伊士运河连接了地中海与红海，是全球贸易的重要通道。该运河每年承载了全球 12% 的贸易量，占全球集装箱流量的 30%。同时，由于近年来埃及货币的汇率大幅贬值和政府推动经济增长，外国投资者在埃及处于比较有利的商业环境中。

中埃经济伙伴关系也在中国的"一带一路"倡议中得到了加强。中埃两国在海上贸易、物流和基础设施建设方面的合作日益深入，其中苏伊士经贸合作区（SETC-Zone）自 2008 年建立以来，已吸引了 102 家中国企业投资逾 12 亿美元，创造了 30000 多个就业岗位，并实现了超过 25 亿美元的销售额。

图 3-10　华为位于埃及首都开罗的一家专卖店

图片来源：EqualOcean。

目前，最为埃及人熟知的中国品牌当属海尔和东风。2022 年，中国家电对阿拉伯联盟的出口额达到了 78.3 亿美元，同比增长 11%，其中埃及是主要的进口国。海尔的空调凭借快速制冷能力、性价比高、使用寿命长以及高水准的售后服务，成为当地消费者的首选。扩大销售网点、主推节能家电和合理定价是海尔在当地取得突破的秘诀。

随着全球对绿色能源和可持续出行的关注度提高，埃及政府已经认识到了电动汽车市场的潜力，并以此作为经济增长的战略，制定了一系列的扶持政策，如建设充电桩、税收减免等。为了吸引国际企业，埃及在 2022 年授予了宝马和东风两家企业电动汽车经营牌照。东风汽车在当地主攻中低端市场，通过与本土企业合作、在当地建立工厂等获得竞争优势。

土耳其

位于亚欧大陆交会点的土耳其三面环海，是全球贸易的重要中心之一。土耳其作为全球增长最快的经济体之一，2022 年 GDP 增长率达到了 5.6%，国内生产总值接近 9055 亿美元。该国拥有大约 8498 万的人口，年龄中位数为 33.5 岁，50 岁以下人口占约总人口的 74%，是一个充满活力、拥有巨大消费潜力的年轻国家。土耳其 99% 的居民信奉伊斯兰教，社会氛围较为宽松。该国的互联网普及率较高，互联网用户数超过 6200 万，渗透率达到 82%，且移动设备的普及率也有 78%。

在"一带一路"倡议和土耳其"中间走廊"计划的共同推动下，中土贸易实现了快速发展，2022 年中土双边贸易进出口总额 385.5 亿美元，同比增长 12.8%。其中，中国对土耳其出口 340.3 亿美元，同比增长 16.9%。

中国企业出海土耳其，电商和游戏领域值得重点关注。土耳其的电子商务市场正以 14.33% 的年均复合增长率迅速扩张，预测到 2027 年市场规模将达到 394.4 亿美元。2018 年，阿里巴巴投资了该国增长最快的移动电商平台

Trendyol。2023 年 1 月，阿里巴巴还宣布了在伊斯坦布尔机场建立一个投资额超过 10 亿美元的物流中心的计划，并计划在土耳其首都安卡拉附近建立一个数据中心。

在土耳其，游戏是社会文化的重要部分。根据 data.ai 的数据，2022 年中国游戏在土耳其市场的份额超过了三分之一。从游戏类型来看，策略游戏尤其受到欢迎，其次是角色扮演游戏、博彩和射击游戏。且土耳其用户对于他们喜欢的游戏非常忠诚，该市场中的游戏通常具有较长的生命周期。但中国游戏厂商出海土耳其仍需注意语言和文化差异，以及避免触犯宗教禁忌。

由于地理位置的特殊性，土耳其也是中国企业进入欧洲的"跳板"之一。2023 年 12 月访华的土耳其工业和技术部部长卡泽尔表示，中土两国在高科技领域拥有巨大合作潜力，欢迎中国高新技术企业赴土投资兴业，并通过土耳其进入欧洲和北非市场。2024 年 1 月，亿纬锂能子公司亿纬动力计划与 Aksa 在土耳其成立合资公司，专注于电池模组和储能系统项目的生产、销售及工程实施。另外，孚能科技自 2020 年起就在土耳其布局，其与土耳其 TOGG 合资的动力电池工厂已启动量产，拥有 6 吉瓦时的模组和电池包生产能力。

土耳其也是该地区的纺织服装产业重地。希音从 2022 年开始在土耳其建立供应链和生产线。阿里巴巴旗下的电商平台 Trendyol 借助土耳其的纺织业优势，频繁推出新款自有服饰，并作为流量入口不断吸引本地品牌入驻。2018 年和 2021 年，阿里巴巴分别对 Trendyol 进行了大额投资，助力其向"土耳其版淘宝"转型。

伊朗

伊朗国土面积约 164.5 万平方公里，拥有超过 8500 万的人口，大多为波斯人，官方语言是波斯语。2022 年，伊朗的 GDP 达到 3522 亿美元，人均 GDP 约为 4110 美元。与中东很多国家一样，伊朗的经济主要依赖于石油和天然气资源，该国的石油储备量达到 1580 亿桶，天然气储量在世界名列前茅。

在 2022 年，中伊贸易总额达到了 157.1 亿美元，相较于前一年增长了7.8%。中国已连续十年成为伊朗的最大贸易伙伴，不仅是伊朗最主要的出口目的地和第二大进口来源国，也是伊朗重要的外资来源。对于中国而言，伊朗不仅是海外工程承包和设备技术出口的关键伙伴，也是重要的原油供应国。

在贸易层面，伊朗主要从中国进口机械设备、电子产品、汽车和纺织品等，中国品牌的手机在伊朗市场的占有率高达 80%。技术合作上，中国企业为伊朗的石油、化工、可再生能源等行业提供了关键技术和设备。在投资合作方面，中国参与了伊朗的多个重大项目，包括能源、交通、船舶制造和水利工程等。

黎巴嫩

黎巴嫩在中东只是一个小国，该国总人口仅有 600 万左右，但由于海外有大量黎巴嫩人，因此全球黎巴嫩裔人口数量远大于其国内人口。

尽管黎巴嫩的市场相对有限，但其对国际贸易的影响力不容小觑。由于黎巴嫩买家在广东的采购量及其带来的订单规模远大于其国内市场容量，广交会曾针对黎巴嫩市场进行专门考察。结果显示，全球约有 1500 万黎巴嫩裔人口，多数从事商业活动，购买潜力相当大。

同时，黎巴嫩人的教育水平和职业素质在海湾国家中处于领先地位。在中东的医疗、互联网等多个领域，黎巴嫩人常担任中高级职位。同时，黎巴嫩的创业环境宽松，为初创企业提供了发展土壤。一位常驻黎巴嫩的中国商会会长曾给我们分享，黎巴嫩也是中资企业在中东建立客服中心的理想地点，当地员工普遍具有多语言能力、较高的技术和服务水平，同时他们的工资又较为低廉。

近年来，中黎经贸合作保持稳定发展，两国在旅游业、房地产业、食品业等领域的合作前景十分广阔。目前，中国建筑股份有限公司和华为是在黎巴嫩的主要中资企业。华为依托行业领先的技术水平，不断发展在黎业务，得到了当地政府和商界的肯定。其他中国品牌则主要通过代理形式进入黎巴嫩市场，海尔、格力、联想等品牌在黎巴嫩也较受欢迎。

黎巴嫩也存在基础设施相对滞后的问题，电力、水利、道路交通、市政工程等都亟待改善，中资企业在基建领域同样有着良好的发展前景。

出海中东风险

出海中东蕴含着无限商机，但面对陌生的市场，其政治、合规、运营、营商环境等方面的挑战也是出海企业要高度重视的。

政治层面，欧美的顾问团队不仅参与了沙特的重点项目规划，还在制定相关规则和项目审批过程中扮演关键角色。中国企业在出海过程中需保持谨慎的态度。

合规层面，在中东一些国家，法律体系主要建立在教法之上，部分国际通用的法律条例会与当地法律有区别。此外中东各国的互联网政策并不相同，对数据传输的限制也不同。沙特就规定政府部门和公共机构的数据，必须存储在境内的数据中心。中国互联网企业在出海中东时需要针对不同国家做出合规调整。

公司运营层面，沙特、阿联酋等国都有本地员工占比要求，直接影响中国企业在当地的用工成本以及在市场的竞争力。此外，中东国家普遍对于制造业有本地化要求，需从政府指定的供应商处采购机械设备和服务，价格要比市场价高出很多。部分工业园区还存在没有自来水的情况，企业不得不依赖外部运输，每日调运多车海水淡化水，导致运营成本大涨。

03 拉丁美洲

拉丁美洲拥有丰富的自然资源和文化遗产，随着中国与拉美国家之间在贸易、投资、教育和文化等领域的交流和合作不断加强，越来越多的中国企业选择到拉美开展业务，涉及的领域包括基础设施建设、能源、农业和制造业等。这些企业通过投资、项目合作等方式为拉美带去了资金、技术和经验。参与当地发展的同时也为中国经济注入了新的动力。

诚然，中国企业在拉美也面临一些挑战和风险，如政治局势不稳定、经济波动、社会治安问题等。中国企业在拉丁美洲的发展需要充分了解当地市场和政策环境，加强风险管理和防范，同时也要注重与当地企业和社会的合作与交流，实现互利共赢的局面。

在系统介绍出海拉丁美洲的行业机会前，我们先来看一看拉丁美洲的基本概况。

拉丁美洲整体概况

拉丁美洲主要由 34 个国家和地区构成，包括墨西哥、洪都拉斯、古巴、牙买加、委内瑞拉、哥伦比亚、巴西、厄瓜多尔、秘鲁、玻利维亚等。西班牙语是拉丁美洲最主要的语言之一，覆盖了大部分南美洲、中美洲和加勒比地区，是墨西哥、阿根廷、哥伦比亚、委内瑞拉、智利、厄瓜多尔等国近 4 亿人的母语或官方语言。葡萄牙语主要在巴西使用，是该国约 2 亿人的母语。

拉丁美洲拥有丰富的自然资源和多样的气候。从亚马孙雨林到安第斯山脉,再到墨西哥湾,这片土地上风光各异,农业、矿业和旅游业较为发达。

农业方面,该地区主要种植多种作物,如玉米、大豆、咖啡等。墨西哥、巴西和阿根廷等国的农产品大量出口至世界各地。矿业方面,拉丁美洲铁矿石、铜、黄金和石油等资源的开采和出口,为当地带来了丰厚的经济收益,尤以智利、秘鲁和委内瑞拉为盛。此外,拉丁美洲独特的文化、历史遗产和自然景观,如墨西哥的玛雅和阿兹特克遗址、巴西的里约热内卢和阿根廷的伊瓜苏瀑布等,也是旅游业发展的基础。

拉丁美洲各国的经济发展水平差异较大,一些国家如巴西、墨西哥等较为发达。巴西是拉丁美洲最大的经济体,拥有丰富的自然资源和庞大的国内市场。墨西哥也是该地区一个重要的经济体,其制造业和服务业在国民经济中占据重要地位。此外,智利、阿根廷等国家也具备相对成熟的经济体系和较高的生活水平。然而,一些中美洲国家面临着贫困、不平等和政治不稳定等挑战,限制了经济发展,如洪都拉斯、尼加拉瓜等。

图 3-11　有巴西的"义乌"之称的巴西圣保罗 25 街

图片来源:EqualOcean。

国际经济波动和贸易条件变化也对拉美各国经济产生影响，导致该地区经济增长表现出一定的波动性。2023 年，拉丁美洲和加勒比地区的经济出现疲软态势。据拉丁美洲和加勒比经济委员会预测，2024 年该地区 GDP 的平均增长率为 1.9%，其中南美洲的 GDP 增长率预计为 1.4%，而中美洲和墨西哥的增长率预计为 2.7%，加勒比地区（不包括圭亚那）的增长率则预计为 2.6%。与 2023 年相比，所有次区域的增长都将有所放缓。

值得注意的是，拉丁美洲各国在经济发展过程中也存在一些合作和交流的机会。例如，南美洲国家联盟和太平洋联盟等区域组织，为成员国搭建了一个经济合作与沟通的桥梁。此外，拉丁美洲各国还积极与世界其他国家和地区开展贸易和投资合作，以推动其经济的持续发展。

拉丁美洲的文化是多元化的，该地的音乐、舞蹈、电影和文学作品等在全球范围内享有盛誉。当地的宗教也是多样的，包括天主教、基督教、犹太教和伊斯兰教等。

中国企业出海拉丁美洲的机会

中国企业出海拉丁美洲的机会，建立在拉丁美洲的市场发展趋势和中国的能力禀赋之上。在中国企业加速出海寻找增量的浪潮下，两地之间的空间阻隔越发不成障碍。

首先值得中国出海企业关注的是电商行业。凭借庞大的人口基数和不断增长的网购用户群体，拉丁美洲正在引起全球电商卖家的注意。

拉丁美洲拥有超过 6.5 亿人口，其中已有超 3 亿人参与到网购活动中，电商渗透率从 2017 年的 33% 增长到了 2021 年的 50%，显示出拉丁美洲消费者对网购的热情和接受度持续高涨。2022 年拉丁美洲电商市场的增长速度达到了 14%，远超北美和亚太地区的增速。据相关预测，到 2027 年拉丁美洲的电商渗透率会进一步提升至 61.4%，即每 10 位居民中就有 6~7 人是电商用户。

截至 2023 年,巴西在拉丁美洲和加勒比地区的电子商务市场中占据了近三分之一的份额,墨西哥和哥伦比亚则分别占到约 30% 和 6.3%。这三个国家不仅电商市场成熟度高,且消费潜力巨大,吸引了越来越多的中国卖家前来布局。

美客多(Mercado Libre)是拉丁美洲最大的电子商务和金融科技服务公司,也是世界上访问量最大的平台之一。除美客多之外,美国和中国的跨境电商平台在拉美也较受欢迎。在中国平台中,表现尤为出色的是希音和速卖通。希音自 2019 年起通过墨西哥进入拉美市场,并迅速将该地区确立为核心市场之一。仅仅一年后,希音的业务就已延伸至巴西市场。自 2022 年 3 月开始,希音在巴西试点平台模式,允许商家直接开店并负责店铺的运营和物流管理工作。2022 年的数据显示,希音在墨西哥的时尚和美容应用下载榜居榜首,下载次数超过 1700 万次。

国际邮政公司(IPC)的统计数据显示,拉丁美洲跨境购买量排名前三的产品类别依次为:服装、鞋类及配饰(占比 36%),消费电子产品及其配件(占比 20%),以及个人护理与美容产品(占比 16%)。对于中国卖家和品牌来说,3C 电子产品无疑是理想方向。除小米、华为,还有一些品牌如 ROG、Nubia、一加和 Umidigi 等也在拉美市场逐渐获取了影响力。服饰类企业 Hibobi 和 Urbanic 也通过线上渠道成功打入拉美市场。

根据一项调查,在阿根廷、巴西、墨西哥和哥伦比亚这四个电商市场销量领先的拉美国家,消费者在购买决策中首要考虑的因素是价格和产品功能描述。电子商务物流的效率和可靠性紧随其后。相比之下,折扣优惠在消费者决策中的重要性相对较低。

由此也可以看出,电商配套的物流行业在拉丁美洲也有不小的发展空间,一些中国物流公司已布局该地。比如,菜鸟公司与多家航空公司合作,开辟了多条拉美专线航线，并加大包机航班投入。在巴西、智利和墨西哥等国家，菜鸟建立了一流的物流设施，涵盖自动化配送中心、海外仓库和自提柜等，极大提升了当地消费者的购物体验。iMile、极兔、运去哪等物流公司也从2021年开始纷纷开启在拉丁美洲的业务。

具体到消费零售的细分品类，宠物市场在拉丁美洲也是一个朝阳行业。

拉丁美洲以其庞大的宠物拥有量而闻名，巴西人拥有高达1.496亿只宠物，这在一定程度上解释了为何巴西在全球宠物市场销售额中能够位居第三。狗、观赏鸟和猫是最受拉美人欢迎的三大宠物品种。墨西哥作为拉丁美洲的另一大宠物市场，大约70%的家庭至少拥有一只宠物，全国的宠物总数约为8000万只。哥伦比亚的宠物市场处在迅速崛起的过程中，截至2023年6月，美客多哥伦比亚站的宠物用品销售额同比激增49%。

整体来看，拉美宠物主为宠物消费的意愿持续增强，其中宠物食品板块在增速和规模上都表现得尤为突出。2023年拉丁美洲宠物食品的市场规模已经达到了160亿美元，同比增长29%，其中犬粮市场占据了约75%的份额。但目前拉丁美洲宠物食品市场仍主要由美国、欧洲和当地品牌主导。

中国的宠物行业虽然起步较晚，但增速却非常迅猛。2022年，中国宠物行业的产值已经接近4000亿元。目前，国内的宠物食品生产主要集中在河北、山东、安徽、浙江等省份。考虑到拉丁美洲对宠物食品的巨大需求和目前国内市场的竞争程度，中国相关企业凭借性价比优势出海拉美无疑是一个值得抓住的机遇。

但中国宠物食品企业进军拉丁美洲也将面临一项重要挑战。宠物食品作为一种特殊商品，跨境运输涉及复杂的供应链管理。若不在当地建立生产基地，跨海运输不仅耗时较长，还可能面临食品受潮、变质等风险。这就要求中国企业在拓展拉丁美洲市场时，不仅要具备强大的供应链管理能力，还需关注产品的品质保证和运输安全。通过优化运输路线、采用先进的保鲜技术等措施，确保宠物食品在长途运输中仍能保持其原有的品质和口感。

拉丁美洲游戏市场作为全球增长最快的市场之一，为中国游戏厂商提供了下一片"蓝海"。2022 年，拉丁美洲的游戏玩家数量已增长至约 3.16 亿，同比增长 5%，游戏市场规模也达到了 27 亿美元。根据相关预测，到 2028 年拉丁美洲的游戏市场规模预计将达到约 43 亿美元。

这一增长趋势的背后，有多个关键因素在起作用。首先，互联网的普及为游戏市场的扩张提供了基础设施支持，智能手机的广泛使用也为手游的普及创造了环境。目前，拉丁美洲已有超过 70% 的人拥有智能手机，预计到 2025 年将提升至 83%。其次，拉丁美洲的年轻人口占比较大，他们对游戏产品的需求持续增长，为游戏市场提供了稳定的消费基础。

巴西是拉丁美洲最大的游戏市场，不但拥有超过人口 70% 的游戏用户，还跻身世界第十大游戏市场之列。在 2021 年，巴西游戏市场创造了超过 13 亿美元的收入。类型上，巴西玩家更倾向于战略、射击、竞技等游戏。中国游戏行业的领军企业腾讯于 2022 年正式进军巴西市场，通过组建当地团队并携手游戏公司 Garena 加强在该国的布局。

2023 年 3 月 8 日，腾讯旗下天美工作室和腾讯海外游戏发行商 Level Infinite 开发的《王者荣耀》国际服（HoK）正式登陆巴西游戏市场，上线前在巴西的预注册玩家数量即超过 200 万，上线后迅速登顶当地免费游戏排行榜并跻身畅销榜前 12 名。Level Infinite 表示，团队计划借助在巴西市场的运营经验，未来在墨西哥、埃及和土耳其等地区继续拓宽市场。除此之外，中国厂商 IGG 的《国王纪元》、完美世界的《完美世界》国际版和《幻塔》以及米哈游的《原神》在拉丁美洲同样受到了热烈的追捧。

值得注意的是，拉丁美洲部分游戏玩家在结账时放弃购买的主要原因是无法使用他们偏爱的支付方式。在支付方式上，巴西玩家更习惯使用 Pix 来支付游戏费用，也有一部分玩家倾向于使用信用卡。而墨西哥玩家则倾向于使用OXXO，这种支付方式允许他们在当地的便利店进行现金支付。

　　制造业是中国企业出海拉丁美洲的另一大板块，其中又可细分为汽车制造、电子设备制造以及纺织和服装制造。据世界银行统计，2022年拉丁美洲制造业的增加值占到其GDP的17%，发展势头迅猛。

　　越来越多的中国企业之所以选择在拉丁美洲，尤其是墨西哥进行制造业投资，不仅是因为本地庞大的市场规模和快速发展的经济，还与该地区日益改善的国际贸易环境密不可分。随着《美墨加协定》（USMCA）的生效，以墨西哥为中转进入美国市场成为越来越多中国制造企业的选择。根据协定，墨西哥出口至美国和加拿大的大部分产品可以享受极低的关税甚至免关税。

图3-12　坐落于墨西哥北方第一大城市蒙特雷的中国工业园区

图片来源：EqualOcean。

《美墨加协定》对汽车和纺织等行业设置了严格的原产地要求,自《美墨加协定》签订以来,许多中国制造企业去往墨西哥建厂。

在汽车产业领域,北汽、奇瑞和长安等整车企业已经在墨西哥建立生产基地并开展生产活动。据2024年2月消息称,比亚迪也将加入这一行列。随着整车制造企业的迁移,一些汽车零部件企业,如旭升集团、岱美股份、伯特利、爱柯迪和银轮股份等,也纷纷追随,将产能扩展至墨西哥。特斯拉的首席执行官更是积极呼吁中国汽车零部件制造商抓住机遇,及时前往墨西哥发展。中国汽车产业出海拉丁美洲具备独特的新能源技术优势。当前,拉美国家如墨西哥、巴西和智利等正积极拥抱新能源转型的趋势,为中国企业提供了弯道超车的机遇。

在电子设备制造领域,墨西哥在拉丁美洲也占据重要地位,产业链较为完整,尤其擅长制造电视机和电脑。2021年,墨西哥在电子产品制造方面排名全球第八。目前,蓝思科技、环旭电子等企业已经在墨西哥建厂投产,联创电子公司的墨西哥工厂也预计在2024年底投产。

在纺织和服装制造领域,墨西哥的纺织品广泛出口国际市场,2022年出口额为68.2亿美元。同时,该国国内的市场也具备强劲的需求。早在2001年,国有企业华源集团在墨西哥的工厂就已投产。

除此之外,另一个拉美国家巴西是全球第五大纺织品生产国,其纺织品供应链和天然、人造纤维资源丰富。2023年前四个月,大部分来自中国的纺织品占据了巴西服装和纺织行业进口总额的57%。目前,巴西纺织业价值超过600亿美元,已经成立了超过30000家与纺织行业相关的公司。2023年,希音宣布未来几年将投资约1.5亿美元助力巴西纺织品生产的现代化,投资重点将放在技术和员工培训上,保证生产流程与公司的按需模式相契合。

图 3-13　巴西圣保罗由中国人开设的 WeCoffee 门店

图片来源：EqualOcean。

拉丁美洲重点国家出海机会介绍

拉丁美洲是一个多元且富有活力的地区，该地区每个国家都独具特色。下面我们选取了几个具有代表性的拉美国家，对它们的基础信息和出海机会进行简要概述（见表 3-1）。

表 3-1　拉丁美洲重点国家出海机会介绍

国家	基础信息	出海机会举例
墨西哥	• 地理位置：拉丁美洲的西北端，北邻美国，东临墨西哥湾和加勒比海，西临太平洋和加利福尼亚湾，是连接南美洲和北美洲的"陆上桥梁" • 人口：1.29 亿 • 人均 GDP：约 13923 美元	• 制造业，包括汽车制造业、电子设备制造业、玩具及家居制造业 • 零售业 • 服务业

（续）

国家	基础信息	出海机会举例
巴西	• 地理位置：东临南大西洋，几乎与除智利和厄瓜多尔的所有南美洲国家接壤 • 人口：2.03亿 • 人均GDP：约8675美元	• 传统行业：制造业、农业、能源和矿业 • 新兴行业：清洁能源、数字产业，跨境电商 • 宠物行业 • 服务业 • 游戏行业
哥伦比亚	• 地理位置：位于南美洲北部的海陆兼备国，东邻委内瑞拉、巴西，南接厄瓜多尔、秘鲁，西濒太平洋，西北与巴拿马相连，北临加勒比海 • 人口：5216万 • 人均GDP：约6156美元	• 新能源汽车业 • 宠物行业 • 数字产业 • 跨境电商
智利	• 地理位置：位于南美洲的西南部，紧邻安第斯山脉的西麓。东边与阿根廷相邻，北边与秘鲁和玻利维亚接壤，西边直接面临太平洋，最南端与南极洲隔海相望 • 人口：1996万 • 人均GDP：约17250美元	• 农业 • 矿业 • 数字产业 • 跨境电商 • 服务业
秘鲁	• 地理位置：位于南美洲的西部，北邻厄瓜多尔和哥伦比亚，东与巴西和玻利维亚接壤，南接智利，西濒太平洋 • 人口：3340万 • 人均GDP：约7669美元	• 农业 • 数字产业 • 能源 • 跨境电商 • 汽车行业
阿根廷	• 地理位置：位于南美洲的南端，主要领土位于南回归线以南，西部与智利以安第斯山脉为界，北部和东部与玻利维亚、巴拉圭、巴西、乌拉圭接壤 • 人口：4623万 • 人均GDP：约13700美元	• 农业 • 能源 • 加工业 • 数字产业

出海拉丁美洲风险

中国企业出海拉丁美洲，仍将面临不少风险。

首先，拉丁美洲整体的政治环境复杂多变，政府、政策可能会频繁变动，这会影响到企业长期的投资计划和运营。例如，阿根廷 2023 年至 2024 年就面临较严重的通货膨胀和政府政策变动较快的问题。

其次是用人风险。由于缺乏对当地文化和管理制度的深入了解，企业可能会遭遇与当地员工的劳动争议。同时，部分拉美国家工会力量强大，劳工保护制度严格，这进一步提高了企业的用工成本。

清关问题也是企业出海拉丁美洲常见的风险之一。由于拉丁美洲各国的海关规定和进口流程不同，企业常常面临烦琐的报关、检验和缴税等手续。如果企业对这些流程不熟悉，可能导致货物被扣留、延误甚至没收，进而造成经济损失和市场机会的丧失。

最后，拉美地区的社会治安状况参差不齐，部分地区存在较高的犯罪率，这对企业的员工和资产安全构成威胁。此外，自然灾害如地震、洪水等也可能对企业的运营造成冲击。

04　美国

中国海关总署发布的数据显示，2023 年中美贸易额同比缩水了 11.6%，中国对美国出口下降了 13.1%。同样在 2023 年，远在大洋彼岸的墨西哥新莱昂州一个叫作蒙特雷市的地方，土地租金节节高涨，一地难求。来自中国的家居、汽车零部件、化工材料等企业纷纷在此地开设厂房，产品大多销往北面仅有"一墙之隔"的美国。

本节的目的是在深入了解美国的情况下，看清未来五到十年哪些行业、以何种形式有机会掘金美国。

美国整体概况

美国地处北美洲，北抵加拿大，南临墨西哥，东临大西洋，西临太平洋，形成了著名的大西洋经济带和太平洋经济带。美国南北、东西方向跨越的空间尺度都较大，地形和气候多样。

美国东北部是重工业中心，汽车城底特律和金融商业中心芝加哥位于该地区。东南部以医药研究、旅游业和建造业为主要产业，迈阿密是该地区最大的城市，该区域由于薪资成本较低而持续吸引制造业投资。美国的农业分布于不同的州，中西部地区和南部地处在广阔的平原上且有密西西比河流经，是美国主要的农业产区。

在政治制度上，美国是联邦制国家，由 50 个州和海外领土组成。民主党和共和党是美国两大主要政党，在政策和立场上存在着明显分歧。

作为全球最大的经济体，美国经济总量超过 20 万亿美元。美元在国际货币体系中占主导地位，使得美国的宏观经济运行对全球经济具有巨大影响。2008 年全球金融危机的爆发就起源于美国次贷危机。美国以服务业（GDP 占比为 77.6%）和制造业（17.88%）为主导产业，金融、商务服务、政府服务以及制造业占 GDP 比重的排名前四。

在文化与民族构成上，美国是一个移民国家，也被称为"民族的大熔炉"，白人、黑人、拉丁裔和亚裔等族群共同构成其社会面貌。其中，华裔是美国亚裔中占比最高的族群，根据皮尤研究中心的数据，2019 年华裔人数在美国亚裔中占比达到了 24%。美国的华人群体主要集中在加利福尼亚州、纽约州、新泽西州、得克萨斯州等地。

中国企业出海美国的机会

出海美国，难言行业机会。一方面，似乎各个行业都有掘金美国成功的案例。但另一方面，摆在各个行业面前的阻碍和风险也不小。要把握出海美国的机会，核心是以最快的速度抓住所在领域的发展窗口。以下主要是从消费零售、工业制造业与先进科技三个领域看当下美国市场的发展窗口。

美国是全球最大的消费零售市场，消费零售类企业出海美国主要是抓住平台机会、瞄准细分需求和把握性价比优势。

2023 年，美国 GDP 同比增长 2.5%，相比于 2022 年的 2.1% 进一步提升。2023 年第四季度，美国个人消费支出增长 2.8%，拉动当季 GDP 实现了 3.3% 的增长。2023 全年，美国的零售销售额同比增速达到 3.2%。随着通胀持续回落和对于美联储在 2024 年年中降息的预期增强，2024 年 1 月密歇根大学数据显示，美国消费者信心指数升至 78.8，创下 2021 年 7 月以来的最高水平，2023 年 11 月以来飙升了 29%，为 1991 年以来最大的两个月增幅。GDP 数据的走强和消费的复苏都在修正着关于美国经济衰退的悲观预期。

尽管一系列数据表明美国经济下行的力度有限，但摩根大通、花旗银行和富国银行等金融机构的报告显示，2023 年的信用卡支出比上年有所增加，但还款周期和拖欠率都在上升，个人储蓄率也处于较低水平。经济学家普遍预计，2024 年美国的经济增长速度将放缓，甚至不排除因"软着陆"和降息带来的再通胀风险。

TEMU 和 TikTok 等跨境电商平台的飞速成长带来了显著的机会。2022 年 9 月 1 日，拼多多旗下的跨境电商平台 TEMU 正式在海外上线，首站选择了美国，其后一路"高歌猛进"。2023 年，TEMU 成为 App Store 下载量最高的应用，全球独立客户访问量达 4.67 亿。9 月，TEMU 在美国的 GMV 已接近在美国耕耘了十多年的希音。这样的成绩也使拼多多的股价超过了阿里巴巴。

TEMU 上线一年后的 2023 年 9 月，TikTok Shop 美国站正式上线，在测试阶段就已吸引了美国 20 万商家入驻，在 11 月的"黑色星期五"大促销期间单日 GMV 超过 3300 万美元。TikTok 此次无疑做好了充分的准备，不仅有短视频和直播购物功能，还向商家和创作者推出了商品展示页、商城，连接商家与创作者的"联盟计划"，同时上线了帮助商家存储、挑选、包装并配送商品的"TikTok 履约计划"，以及与第三方合作开发的安全支付体系。

2023 年第一季度，在 TikTok 上的消费者支出已超过 10 亿美元，成为全球首个单季度用户消费超 10 亿美元的应用程序。据统计，截至 2023 年，TikTok 在全球已经拥有超过 16.77 亿用户，仅在美国就拥有超过 1.5 亿用户，是 TikTok 用户最多的国家。2023 年初，eMarketer 的调研指出，27.3% 的美国 TikTok 用户使用该平台购买过东西，预计到 2026 年，该数字将达到 39.9%。2024 年 TikTok Shop 更是定下 500 亿美元的 GMV 目标，预计美国市场将占其 70% 左右的份额。

虽然近几年美国的电商增速有所放缓，但 2022—2025 年仍将保持每年约 10% 的稳定增长，预计 2027 年美国电商销售额将达 1.736 万亿美元。至此，"跨境电商四小龙"（TikTok、希音、速卖通、TEMU）已有"三龙"重点落地美国，且以独立站起家的希音也在 2023 年开始探索平台业务。

首当其冲获益的是中国的卖家和品牌。借助 TEMU 首创、希音跟进的"全托管模式"，大量小商品制造商得以低门槛地在美国打开销路，通过平台带来的订单让"机器持续地运转"。借助 TikTok 的社交属性和用户基数，有实力的消费企业可以同时开展品牌和销售工作。与此同时，电商配套生态也将在美国迎来重要的发展机会，对于支付结汇、物流配送、红人营销、代运营等环节来说，当下是借助平台扩张卡住生态位、抢占市场份额的重要时机。

从市场本身来看，美国消费者的需求和偏好也有一定的特征可以总结。作为全球最大的消费市场，美国占全球消费总量的四分之一以上。但与中国相类似，人口结构复杂的美国消费市场呈现出多元化、差异化的特点。

对于美国这样一个人口高度多元化的国家，只要结合自身的定位和产品、选定精准的目标人群、匹配相应的营销和渠道策略，消费企业都有希望打开一片市场。比如，面向大龄女性玩家的休闲游戏、面向中产养宠家庭的智能清洁家电、面向房车用户的便携小家电……这些细分赛道都出现了表现不错的中国出海企业。来自南京的 DTC 品牌 CUPSHE 依靠"大码泳装"起家，在 2017 年成为北美市场泳装销量第一，2019 年成为中国进出口跨境品牌 100 强，2021 年获嘉御基金超亿元人民币融资，目前已成长为综合性快时尚品牌。

从消费习惯和偏好来看，美国也是创新科技品牌的最佳"试验田"。在 2024 年拉斯维加斯全球消费电子展（CES）上，有超过 1000 家来自中国的参展企业大放异彩，占据将近 1/3 的展位，覆盖运动科技、健康科技、AI 硬件、可穿戴设备、家电、储能等类型。在这个方向上，美国和中国分别作为全球最大的"买方"和"卖方"，需求高度契合。

以近年来出海方向的产品风向变迁为例。智能家居（扫地机器人、洗地机、监控、门锁、灯具、厨具、宠物喂食器等）、庭院机器人（泳池机器人、割草机器人、扫雪机器人等）、城市出行工具（电动滑板车、平衡车、E-bike 等）和户外设备（运动相机、便携式储能）等持续火爆，吸引了大量创业者和风险投资。2023 年则有智能指环、车载冰箱、3D 打印机、AI 桌面机器人等新品类异军突起，以及在苹果 Vision Pro 带动下"翻红"的 AR、VR 设备，成为出海美国的热门方向。

图 3-14 2023 年美国拉斯维加斯全球消费电子展（CES）

图片来源：EqualOcean。

在消费科技这一领域，中国企业的优势在于丰富的技术人才储备和成熟而灵活的供应链。在市场上出现备受关注的原创设计后，中国企业可以通过细节优化、快速迭代，以更有竞争力的价格推出 2.0、3.0 版本，吃到"蛋糕做大"的红利。EqualOcean 预计，在 AI 技术的加持和中国产业优势持续存在的背景下，叠加 TikTok、Indiegogo 等线上平台的业务创新，以智能化、电动化和性价比为标志的消费科技赛道将是未来 5 到 10 年出海美国的重点方向，这当中也许将诞生下一代的苹果、Sonos 和戴森。

对于工业制造业企业来说，"产能全球化"是在中美关系新格局下的被动探索，转型的号角已然吹响。2023 年全年，中美贸易额同比下降了 11.6%，为6644.51 亿美元。其中，中国对美国出口为 5002.91 亿美元，下降 13.1%；中国自美国进口为 1641.60 亿美元，下降 6.8%。欧盟、加拿大和墨西哥成为美国前三大贸易伙伴，中国则跌至第四。

2020 年 7 月 1 日，取代此前北美自由贸易协定的《美墨加协定》开始生效。新协定对原产地的比例要求从 60%~62.5% 提高到了 70%~75%，相应的，也给墨西哥带来了 2022 年 3.1% 的 GDP 增长。墨西哥国立自治大学的一份报告显示,2022 年中国对墨西哥的投资与前一年相比增长了 48%。在 2023 年 3 月的"投资者日"上,特斯拉宣布将在墨西哥新莱昂州建设用于生产下一代电动汽车的"超级工厂"。消息宣布前后,赶赴墨西哥建厂或考察的中国汽车供应链企业不计其数。以 2020 年为起点,以 2023 年为标志,墨西哥俨然成为中国产能出海的热门目的地,也带动了这个与中国几乎没有直飞航班的城市地价飞涨。

据业内人士透露,2023 年底,蒙特雷市的厂房租赁价格已经达到平均 4~6 美元 / 平方米 / 月。西班牙对外银行的调查发现,蒙特雷市私营工业园区的新入驻企业中有五分之一来自中国。位于蒙特雷市、由中墨合资组建的华富山工业园里,海信家电、银轮股份、圣奥集团、敏华控股、新坐标、蓝思科技等中国企业的厂房已在有条不紊地运行。中国、墨西哥、美国之间,一条产业链隐隐呈现。

图 3-15　方太电器位于美国加利福尼亚州圣何塞的一家线下门店

图片来源:EqualOcean。

太阳底下无新鲜事。几年以前,东南亚的越南、泰国、印度尼西亚就像今天的墨西哥,被中国的光伏、汽车、家居、纺织企业视为进入美国的跳板。

无论是东南亚还是墨西哥,其产业基础和配套生态还无法真正承接大量的高端产能。要获得当地赋予的出海美国的"许可证",企业就要做好扎根当地、参与生态培育的准备。一方面,厂房从选址、建设到交付需要大量的沟通;另一方面,当地的上游原材料、物流、熟练工人乃至财税法务等都要重新搭建。尽管墨西哥的工业条件在发展中国家里位居前列,但与中国完善的供应链远不可同日而语。目前来看,这一模式只适合有一定规模或者出海决心异常坚定的企业。

提及"产能出海",不得不谈论与之相辅相成的制造业数字化。在出海方向,人们对数字化的关注始于希音的成功,不少投资人认为,希音的核心竞争力之一就是其创造的"小单快反"柔性供应链模式。工业制造业出海美国,本质上是基于中美之间,乃至中国与其他国家在供应链方面的"势能差"。当美国政策对中国的供应链实体造成了限制,中国在相关人才和运营能力方面的优势就显得更为重要。

在美国从事科技投资的王煜全曾分享过,在美国没有硬科技的投资标的,美国又极度缺少供应链方面的专家和人才。对于中国专家所介绍的如何在半天内就能利用深圳周边的大小工厂做出一件科技产品,美国人大感震撼。在珠三角、长三角等产业带,中国有很多这样的供应链专家在发光发热。

2023年底,专为制造业提供数字化服务的鼎捷软件高管告诉我们,在梳理制造业出海案例的过程中,他们发现,支撑企业运营全环节的数字化能力对于其出海之后的生存至关重要。鼎捷软件有一家做汽车轮毂的客户,通过自动化改造、精细的数据集控和工业AI的使用,在一条科技含量不高的赛道突出重围，打造并成功运营了全球工厂。

在新的浪潮下，中国的产业定位和角色也在发生着深刻的改变。出海美国，并非所有人的归宿，相反，这是一场残酷的"优胜劣汰"——只有人才充足、数字化运营能力强的工业制造业企业才能将产能复制到海外，继而将产品继续输送到美国市场。

在 AI 的浪潮之下，美国进一步"脱实向虚"。是否为了留住美国的订单而转型成为一家全球布点、全球运营的企业，当下或许是一个重要的转折点和做出决策的时间窗口。

在中国拥有技术优势的先进产业中，深耕本地，坚持创新才有机会在美国市场打开局面。

首先是工业机器人。2022 年整个美洲的工业机器人安装量增长了 8%，达到 56053 台。其中美国是最大的区域市场，占 73%。美国的安装量增加了 10%，达到 39576 台——主要来自汽车行业（需求较 2021 年增加了 48% 达到 14594 台）、金属、机械行业和电气 / 电子行业。由于汽车行业持续发展，美国劳动力短缺的问题日益严重，且美国目前的制造业机器人密度仅排名世界第九（274 台），因此美国的工业机器人市场仍有很大的增长空间。

EqualOcean 在与帮助工业机器人落地美国的专家交流时获悉，当前，美国的机器人市场竞争异常激烈，国内主流的机器人企业几乎都在寻求机会，但真正能在美国获利的不多，这与国内机器人产业发展阶段也有关系。国内经过了前几年机器人的创投风口，不少企业具备技术能力，但缺乏对产品和业务的理解，做出的机器人不符合实际的应用场景，不够标准化，导致后期交付的时间和人力成本高昂，利润空间有限。其次，出海美国需要企业建立长期战略，深耕本地，逐步获得代理商和客户的信任。某头部机器人企业出海美国五年，直到 2023 年才渐入佳境。未来的两三年内，随着国内机器人行业的洗牌，出海美国的格局也会更加清晰。

在清洁能源领域，美国的光伏市场令中国企业又爱又恨。美国不仅光伏的市场规模大，且有着全球最高的光伏组件出价，比国际市场普遍高出0.1美元/瓦。业内数据显示，光伏行业在美国的毛利率到2023年底达到26%~32%，而2022年中国500多家光伏上市企业平均毛利率仅为23.91%，且在不断下滑。

美国定下了在2026年实现光伏产业100%本土制造的目标，但因组件和硅片持续短缺，这一目标仍有较大的缺口；叠加美国大量独栋房屋持续存在屋顶光能改造的需求，给中国相关企业出海美国创造了乐观的发展前景。目前，天合光能、隆基绿能、阿特斯等8家中国巨头企业已开启赴美建厂计划，上下游的中小企业也应当"迎风而上"，乘上光伏全球化发展的"快车"。

在生物医药领域，出海美国也在成为一个越来越热门的话题。2023年，4款中国创新药在美国FDA获批，分别来自绿叶制药、君实生物、和黄医药和亿帆医药，给行业带来了不小的鼓舞。同时，百奥泰公司的托珠单抗生物类似药施瑞立也在2023年10月获得FDA批准，将于2024年5月在美国正式开售。这标志着中国生物类似药首次进入美国市场，给中国的生物医药行业出海打开了新的思路。

出海美国风险

在儒家传统文化中，"中庸"一直是一个非常重要的理念。对于政治风险，既不能像过往一样完全忽视，也不能为其所绊，畏首畏尾。毕竟大部分企业不会触及被封禁的"红线"，而加征关税、提高门槛一类的政策一方面是挑战，另一方面也是中国企业全球化升级的契机。

出海美国的企业在日常经营中，更多面临的是来自法律监管、市场准入、渠道建设、专利、数据监管、反垄断、汇率、金融、税收法规和财务制度等方面的挑战。对于这类风险，企业应谨记的一是重视合规性建设；二是尊重专业性——在美国这样的发达市场，各细分领域都存在成熟的服务机构，多听取专业的建议可以避免很多麻烦。

出海美国，水面上赤地千里，水面下暗流涌动。这注定是出海方向上最牵动企业家和创业者的话题之一，也注定是未来十年新出海浪潮下最不容忽视的变量之一。

05 欧洲

与欧洲相关的意象，大概都能追溯一段久远的历史。人文主义的滥觞与复兴、威斯特伐利亚体系与民族国家的兴起、启蒙运动和工业革命带来的社会政治经济转变……没有古老的欧洲，当下的世界将完全不同。作为全球发展最成熟的市场之一，欧洲不仅是历史文化的交会点，也时时处在商业创新的风口浪尖。

对于中国出海企业而言，科技发达、消费力强、具备全球经济和话语影响力的欧洲，几乎是不假思索的选择。为了打造世界级品牌，企业或是将欧洲作为桥头堡，或是将之作为终点站。然而，相对于东南亚、拉丁美洲、中东等高速发展的新兴市场，欧洲也存在经济增速放慢、准入门槛极高等挑战。

在评判欧洲市场更适合哪些企业进入前，需要先对欧洲的整体情况有一些了解。

欧洲整体概况

欧洲分布着 40 余个国家，每个国家在语言、文化、产业结构、经济发展水平等方面都有所不同。

仅从语言来看，欧盟 27 个成员国就有 24 种官方语言，包括广泛使用的英语、法语、德语、西班牙语及一些较小群体使用的地区性或民族语言，如希腊语、爱沙尼亚语等。整个欧洲有约 200 种不同的语言。

同时，欧洲国家在宗教方面的复杂性不亚于语言。欧洲的主要宗教为基督教，包括罗马天主教、东正教、新教等分支。伊斯兰教、犹太教散见于各国，佛教、印度教、锡克教等也随着移民和全球化影响在欧洲逐渐扩散。复杂的宗教常常以隐性方式对企业的选址、经营乃至管理产生影响。

在社会文化之外，欧洲市场还以法律法规的严格性、复杂性著称，近几年引发出海行业震动的就有欧盟《通用数据保护条例》（GDPR）、碳关税申报、各国产品标准等。在欧洲跨国做生意，要多算一份"非标成本"：英国脱欧后，其 UK 标准和欧盟的 CE 不一致，下降到各品类，欧盟国家内部法律和目录又各不相同。近年，欧盟委员会连续制订欧洲标准化联盟年度工作计划（AUWP），并将量子、关键原材料、数据经济、数字身份、热泵、网络安全、氢和电动汽车充电基础设施的标准作为优先政策事项。另外，欧洲各国间市场发展程度悬殊，地域间雇员收入水平、工作节奏均有不同，造成额外的管理成本。

那么，出海欧洲还是一个好的选择吗？尽管欧洲的经济政策无统一标准，但从整体走势看，中国同欧洲的联系不会减弱。中国同欧盟建立全面战略伙伴关系已超过 20 周年，在全球治理和经济合作方面依旧保持着良好的互动关系。中欧平均每天的贸易额达 23 亿欧元，互为双方第二大贸易伙伴，据中国商务部的数据，中欧双边贸易额在 2022 年达到了 8473 亿美元，同比增长 2.4%。同年欧洲对华投资 121 亿美元，大幅增长 70%；中国对欧投资则为 111 亿美元，增长 21%。

图 3-16　比利时首都布鲁塞尔的一家线下手机门店售卖 OPPO 等中国品牌手机

图片来源：EqualOcean。

　　整体来看，欧洲拥有购买力强大的消费者群体，但这一市场面临萎缩的压力。首先是目前所有欧洲国家的生育率都低于实现全面人口更替的水平。据联合国预测，到 2050 年，波黑、保加利亚、克罗地亚、匈牙利等国人口将减少 15% 甚至更多。因此，欧洲经济发展的增量将必须依靠不断迭代的产业体系和技术创新。据联合国世界知识产权组织发布的《2023 年全球创新指数》，2023 年全球最具创新力的经济体前五名中，有三个是欧洲国家（瑞士、瑞典、英国），而中国排第 12 名——深耕欧洲也有利于中国公司追求技术和品牌升级。

中国企业出海欧洲的机会

　　中国企业出海欧洲的机会既在于向前（前沿领域）看，也在于向下（民众生活）看。总体来说，科技创新、品质生活和体验优化几大关键词定义了出海欧洲的几大方向。

在数字化与人工智能领域，欧洲的实力可与美国、中国比肩，并出现不少新机会。2023 年，欧洲议会通过了全球首部针对人工智能进行监管的法案，在法规上先走一步。法国总统马克龙在 2023 年 6 月 VivaTech 活动上提到将使用资金杠杆更好地支持新兴 AI 创业者。英国伦敦作为全球领先的技术创新中心，对前沿人工智能公司的吸引力始终不减。2023 年，OpenAI 在伦敦设立了首个海外办事处，此前 AlphaGo、Google DeepMind 等也都在此生根。

目前，英国在人工智能企业数量、市场规模及算力排名上，均与美国、中国一样跻身全球前列。中国共有约 4400 余家人工智能企业，而伦敦一座城市目前就拥有近 1300 家人工智能公司，数量超过了纽约，是巴黎和柏林总和的两倍，且这个数字预计只增不减。

浓厚的创新氛围，加上英国政府对人工智能领域的重视，预计将促使英国企业在人工智能领域的支出到 2040 年超过 2000 亿英镑。在英国政府希望通过抓住生成式 AI 的商机、提出成为"科技超级大国"的愿景，以及半导体行业巨头如联发科对英国创新科技企业进行大额投资的背景下，这一领域的潜力还将进一步提升。

相较于美国在基础研究、前沿技术上（如深度学习、机器学习、自然语言处理）的领先，以及中国在技术应用、规模化部署（比如面部识别、智能制造等）方面的优势，英国的人工智能企业主要专注在机器学习、人机交互、数据分析等领域。

对于中国企业而言，与英国、法国等欧洲国家的一批在特定领域具有强大研发能力的企业和初创公司积极开展合作交流，投资人工智能及 IC 设计技术创新项目，是一个长期利好的方向。中国企业不仅可以获得先进的技术和理念，还可以利用欧洲国际化的资源和成熟的商业环境，加速自身的国际化进程。

阿里巴巴在 2019 年收购了德国大数据实时处理技术公司 Data Artisans，2020 年公布开放式深度学习界面标准 ODLA（Open Deep Learning API）。英国的人工智能芯片公司 Graphcore 宣布支持 ODLA 的接口标准。2023 年，在匈牙利举办的欧洲智慧铁路枢纽数字化转型论坛上，华为成为联合国工业发展组织宣布的全球工业和制造业人工智能联盟成员之一。

移动支付和数字钱包等新兴支付方式在欧洲的发展也显示出该地区数字化转型的进程正在加快。比如，在丹麦，移动支付已经超过传统的信用卡和借记卡刷卡支付方式。罗马尼亚政府正在考虑实施电子身份和数字签名的新监管框架，以增强在线交易的安全性和便利性。这些进展为中国数字支付、电子商务及其他相关企业提供了进入欧洲市场的机会。

新能源也是当下出海欧洲最被寄予厚望的行业。一方面，欧洲政策和立法支持和加速能源转型，2019 年的《欧洲绿色新政》（*European Green Deal*）、2021 年绿色经济法案"Fit for 55"等一系列文件都提及了可再生能源使用、能源效率改善等目标。另一方面，俄乌冲突充分暴露了欧洲依赖化石燃料进口的短板，加速了欧洲推广新能源的进程。在这样的背景下，投资可再生能源、能效技术、智能电网、新能源基础设施等，成为整个欧洲的主流议题。

中国新能源企业已经在欧洲做出不少成功。拿出口"新三样"来说，中国光伏企业凭借其在量产能力、成本控制和关键技术方面的优势，已经在欧洲占据重要地位。欧洲光伏市场发展空间较大，在 2023 年市场规模估值为 372.7 亿美元，预计从 2024 年到 2032 年的年复合增长率（CAGR）将达到 7.1%。欧盟太阳能装机容量逐年增加，2023 年的数据同比增加 40%。据国际能源署的数据，来自中国的太阳能电池板和零部件占比在某些情况下可以达到 95%。从市场特点看，欧洲光伏市场中，户储占比高，需针对个人用户做营销方案。另外，与欧洲当地的能源公司和工程承包商建立合作伙伴关系，中国厂商也有可能借此扩大在欧洲的市场份额。

在新能源汽车方向,欧洲对于高性能、低碳排的纯电车(EV)和插电式混合动力汽车(PHEV)的需求都在增加。中国、欧洲和北美是2023年全球新能源汽车前三大市场,欧洲市场新能源汽车成交量在2023年约达320万辆,远超北美的180万辆。据欧盟委员会透露,中国在欧洲新能源汽车市场的份额已上升至8%,可能在2025年达到15%,并且中国品牌的价格通常比欧盟制造的同类车型低20%。

图 3-17 法国首都巴黎街头的曹操专车

图片来源:EqualOcean。

2023年德国国际汽车及智慧出行博览会上,中国车企占据了40%左右的展台位置,参展数量较前一届几乎翻了一番。中国新能源汽车制造商凭借在电池技术、智能驾驶辅助系统等领域的创新,在欧洲市场建立了较强的竞争力。不少车企已通过与当地经销商合作,或在关键市场建立直销中心提供产品。

2022年,"新势力"中的蔚来、小鹏相继大动作亮相欧洲市场。2023年,长城宣布全面进入欧洲市场，并在意大利、西班牙、葡萄牙、荷兰、比利时等八国规划落地产销和研发据点。宁德时代、比亚迪分别在 2022 年和 2023 年宣布在匈牙利建厂的计划，持续加大对欧洲大陆的投资；奇瑞 2024 年春在俄罗斯推出 Omoda E5 车型，同时计划 2024 年在英国开卖以及在欧洲建厂事宜。

越来越多的中国动力电池和新能源汽车企业准备赴匈牙利、塞尔维亚等国家设立工厂。这些国家处在欧洲大陆的中央枢纽位置，有重工业基础，是"一带一路"倡议沿线国家，人力、地租成本较低，准入门槛相对德国等国家而言也较低。

商业的世界从来都不只有商业。面对中国企业的快速扩张和本土企业的竞争不力，欧盟曾在 2013 年、2017 年多次对中国太阳能电池板、晶圆片和电池实施反倾销和反补贴措施，也在 2023 年宣布将对产自中国的纯电动汽车启动反补贴调查。

欧洲增加关税、限制进出口、设置产地要求等措施，给中国新能源企业带来了一定的挑战。不过，欧洲的能源转型愿景离不开中国的技术和产业能力。欧洲光伏产业协会、德国经济部等机构都曾对欧盟的相关限制措施表示担忧，而中欧间对话的大方向也支撑着绿色经济合作的正常进行。

在生物科技和医疗健康领域，欧洲具有较成熟的产业基础，也是全球技术和行业标准的引领者之一。当前欧洲各国对新药和新医疗技术的需求日益增长，不仅涉及重大疾病的治疗方案，也反映在提高生活质量、延长健康寿命的追求中。

中国在肿瘤、罕见病等一些健康领域的研发进展快速，将这些创新药物和疗法引入欧洲市场符合双方的需求。比如，百济神州在肿瘤学、免疫学等领域拥有多个在研项目。通过在欧洲设立分支机构，百济神州将创新药物引入当地市场。中国企业也可以选择以合作研发或销售的形式出海欧洲。

另外，通过投资或并购欧洲成熟的生物科技标的，中国企业可以快速获得先进技术、市场准入以及研发能力。近两年，中国企业增加对瑞士在医疗保健和生物方面的投资，2022 年中企在瑞士的 9 宗交易里，就有 3 项属于医疗保健领域。

出海欧洲的风险

出海欧洲这样的成熟市场，对于中国企业的挑战不小，主要来自以下几方面。

一是市场成熟，空白机会少。欧洲在消费品、高新技术、新能源等众多领域汇集全球顶尖的跨国公司，要求中国企业必须具备核心竞争力，在技术、供应链、渠道、服务等方面占据其中至少一项优势，有较深的护城河。

二是做好文化适应的长期规划。欧洲是西方政治经济思想的发源地，社会生活、价值观、语言均与中国存在巨大差异。中国企业在进行本地化时难免经历文化阵痛，需要提前做好文化方面的调研，不断调整优化团队中中国员工与外籍员工的配比，不能仅因成本和沟通问题而忽视本地员工的优势。

三是欧洲法律法规严格，很难推出理想的标准化产品。欧盟拥有一套复杂且严格的法律法规体系，涵盖了产品安全、数据保护、环境保护等多个方面。中国企业需要确保其业务操作符合当地法律法规要求，否则可能面临罚款或其他法律制裁。同时，面对中国企业的强势进驻，欧盟或将采取一系列保护主义政策，中国企业要对随时可能降临的"调查""新规"做好风险预案。

四是地缘政治影响下汇率、政策变动风险。经济衰退、汇率波动、贸易和投资政策变动，很有可能对企业的市场战略和投资决策产生重大影响。

06 非洲

谈及非洲，绝大多数中国人会想到埃及的金字塔和东非大草原上的动物迁徙，以及关于非洲部分国家政局不稳、爆发各种疾病的新闻。具体到经济层面，很长一段时间人们听到的也只有援建非洲各国的消息。事实上，非洲的商业机会正在被越来越多关注。近几年中国企业出海去非洲的数量明显增多，涉及的行业领域也十分广泛。

中国企业出海非洲，背后的驱动力很多：一是中国和非洲各国的关系普遍很好，这个大前提能让很多中国企业感到安心；二是在非洲取得成功的中国企业起到了刺激作用，给了更多中国企业信心；三是非洲在原材料、劳动力数量和成本等方面具有优势，是中国部分产业链对外转移的好选项。

在谈中国企业出海非洲的具体机会之前，我们有必要对非洲的整体情况有所了解。

非洲整体概况

想寻求出海非洲的机会，首先要记住的是：不要把非洲当成一个整体去看待，而要具体国家具体分析。这一理念是中国企业在东南亚"踩坑"后得到的，在其他区域也适用。

截至 2023 年末，非洲共由 54 个国家组成；这 54 个国家，按照联合国的标准又可以分为 5 个次区域：北非、东非、西非、中非和南部非洲。每个区域的历史、文化、民族、经济、商业机会等都有较大差别。非洲大陆按各语言区的人数来说，阿拉伯语、英语、法语排名前三。

为了更好地理解非洲，我们可以用几组数据做对比：非洲的陆地面积为

3000 万平方公里,是中国的三倍多;目前非洲的总人口有 14 亿多,和中国大体一样;2023 年非洲的 GDP 总量不到 3 万亿美元,人均 GDP 约为 2000 美元,均远远落后于中国。

中国企业为何要出海非洲?答案首先来自联合国经济和社会事务部发布的《2022 年世界人口展望》报告。该报告指出,世界人口将在 2050 年前超过 90 亿。从 2022 年到 2050 年,撒哈拉以南非洲地区的人口将以三倍于全球的均速高速增长。具体到国家,2022 年至 2050 年间,全球人口一半以上的增长预计将集中在刚果(金)、埃及、埃塞俄比亚、印度、尼日利亚、巴基斯坦、菲律宾和坦桑尼亚八个国家。这八个人口高速增长的国家里,五个位于非洲。

预计到 2030 年,非洲人口将达到 17 亿左右;2050 年,非洲人口将占全人类总数的 25%,届时世界上超过 33.3% 的年轻人将生活在非洲。同时,非洲的经济增速高于全球平均水平。这意味着,非洲具有丰富的劳动力资源,以及潜在的巨大消费市场。

中国企业出海非洲的机会

中国企业出海非洲的机会,建立在理解中国和非洲各自的现状和发展趋势这一基础上。非洲的基础设施建设目前还很落后,由基建带来的商业机会依然有很多,比如肯尼亚的蒙内铁路带来的经济效应就非常明显。除基建之外,以下几个方面的机会也值得关注。

首先是中国制造业出海非洲,这背后的原因是非洲的原材料资源丰富、劳动力资源丰富、土地价格便宜等。

非洲原材料丰富,体现在世界最重要的 50 多种非燃料矿产中,有超过 17 种在非洲的蕴藏量位居世界首位。锂、铑、铂、钴、钯等和新能源发展相关的重要矿产,非洲都蕴藏丰富,其中刚果(金)已探明的锂总储量有 300

万吨，还有机构将非洲称为"下一轮锂产能扩张的主赛场"。这已经受到中国相关企业的重视，比如，天华时代就持有刚果（金）的 Manono 锂矿 24%的股份，赣锋锂业持有马里 Goulamina 锂矿 50% 的股份，华友钴业在非洲最大的单体投资项目——津巴布韦 Arcadia 锂矿则已在 2023 年 3 月产出第一批产品。

非洲的劳动力资源不仅丰富，且人口非常年轻，目前非洲的人口平均年龄仅有 20 岁。此外，非洲平均的薪资水平不高，以非洲人口最多的国家尼日利亚为例，大学毕业生的平均月薪折合人民币仅为 1000 元左右，远低于印尼和越南。

另外，非洲的土地价格便宜且可以自由买卖，一些非洲小国甚至首都的地价也不贵；相比越南、印尼、墨西哥，非洲的土地更有性价比。

具体到中国制造业企业出海到非洲的类型，和外界普遍猜测的只有低端制造业不一样，而是低、中、高端的皆有，从满足基础生活到消费升级的制造业企业都能找到不少。

典型代表如科达制造，2015 年底开始在非洲的肯尼亚、加纳、坦桑尼亚等国兴建陶瓷厂，成绩斐然。和科达有合作的森大集团，在非洲开设了洗衣粉厂、五金厂、纸尿裤厂等，为非洲民众提供物美价廉的各种基础用品，广受欢迎。总部在中国湖北宜昌的安琪酵母，主营酵母及深加工产品，在埃及开设了工厂，满足非洲在食品层面的巨大需求。

除上述案例外，还有中国大家电领导品牌海尔、海信，分别在尼日利亚、南非建有工厂，产品受到非洲消费者欢迎。商用车公司宇通客车，在埃塞俄比亚、尼日利亚建有组装厂。全球假发类龙头企业，总部在中国河南许昌的瑞贝卡，非洲已经是其最大市场，在尼日利亚、加纳设有工厂。

图 3-18 海尔位于肯尼亚首都内罗毕的一家专卖店

图片来源：EqualOcean。

中国制造业出海非洲也面临很多现实困难，一是吸引和派遣国内人才去非洲有难度，管理非洲本地员工的挑战也不小，需要适应当地的节奏，逐步培训起成熟有纪律的工人。二是非洲各国的稳定性整体较差，无论是政局、政策还是汇率变动都较多，且最终会影响到中国制造业企业在非洲的利益。

此外，人口迅速增加导致非洲各类商品普遍缺乏，生活必需品的需求缺口巨大；但非洲普通民众的购买力有限，需要产品足够便宜才有竞争力。

其次是互联网企业出海非洲的机会。互联网行业追求规模优势，非洲除了人口多之外，城镇化也在快速推进。截至 2023 年底，非洲人口超过 100 万的城市约有 70 个。非洲虽然国家和民族众多，但英语、法语覆盖了将近 70% 的人口。这些情况，是互联网企业发展的机会。

具体到数字基建层面，非洲智能手机的渗透率目前仍落后于世界平均水平，但未来空间巨大。截至 2023 年底，非洲的智能手机渗透率突破了 50%，预计在 2025 年将超过 65%，2030 年将超过 85%。可以说，非洲将是各智能手机厂商最大的增量市场。

图 3-19　传音 TECNO 位于尼日利亚首都拉各斯的一家线下门店

图片来源：EqualOcean。

和其他区域不同，非洲作为后发区域，越过了 PC 时代直接进入移动互联网时代；在非洲，智能手机作为最重要的流量入口，移动互联网用户数预计将在 2025 年达到 5.5 亿，增长空间巨大。

具体到非洲的互联网机会，相比中国、美国、印度、东南亚在各个细分领域已经出现了明显头部的互联网公司，非洲依然处在互联网发展早期阶段。在移动支付领域，代表性公司包括 M-Pesa、Opay、PalmPay，后两者为中国团队创立；在电商领域，Jumia 作为非洲第一家赴美上市公司，目前仅剩不到 5 亿美元市值，由中国团队创立的 Kilimall 逐渐在东非站稳了脚跟；在线音乐领域，传音控股和网易合资的 Boomplay 则做出了初步成绩。

图 3-20　中国跨境电商平台 Kilimall 位于肯尼亚首都内罗毕的仓库

图片来源：EqualOcean。

　　除了上述领域，资本和创业者押宝非洲会在社交、金融、视频、出行、数字化物流、生活服务、在线旅游等领域出现独角兽甚至百亿美元市值的公司。这并非幻想而是有成功的案例背书：从非洲起家、以手机为主营品类的中国公司传音控股，2021 年 2 月市值一度突破 2000 亿元。乐观估计，2030 年前非洲的互联网各垂直领域都会出现不错的企业。

　　但非洲发展互联网经济也存在不少问题，除了智能手机、移动互联网渗透率还比较低之外，另外一大问题是非洲市场相当分散，除了东非共同体一体化程度较高、跨国拓展业务相对容易外，另外的西非国家经济共同体（西共体）就面临较多挑战。2024 年 1 月，尼日尔、马里和布基纳法索就宣布了退出该组织。

　　另外，非洲的人均 GDP 为 2000 美元，民众的可支配收入太低；互联网经济在规模化未显现之前，其使用成本不低。和在中国电商普遍比线下门店更便宜不同，非洲很多国家由于履约成本高导致网购的价格比线下更贵。因此，在非洲一些国家，B2B 电商比 B2C 更流行，B2C 电商也有不少采取了类似国内社区团购的社区自提配送模式。

第三个是线下商业机会。由于上述的各种原因，当前非洲各国的商业普遍以线下为绝对主导。以消费力去划分阶层的话，当前非洲有一个庞大的贫民阶层，占总人口 70% 以上；中产阶层群体占 20% 左右，剩下不到 10% 的人可以算作富裕阶层。不同群体带来的商业机会差别很大，占社会主体的贫民阶层维持生存需求都很难，除了购买食品和日用品之外没有其他余钱，追求便宜是这个群体的核心诉求。例如义乌小商品，在非洲有很大的市场空间。除此之外，也有一些值得关注的线下商业机会。

一是房地产的机会。目前非洲住房严重短缺，好的商场、写字楼也较少。围绕着房地产的发展，建材、家具、家电等行业也有较大的市场机会。比如东非的肯尼亚、卢旺达，近年来房地产发展较为迅速。

二是平价品牌的机会。非洲有占人口比重不大的中产阶层，他们有基本的品牌意识但购买力又不足，所以有品牌调性的便宜商品受到欢迎。比如名创优品在非洲不少国家做得不错，近年非洲也出现一些新的美妆品牌，处在从白牌到品牌过渡的早期阶段。

三是二手市场的机会。目前非洲各行业使用二手产品的情况非常多，这背后有巨大的升级空间。中国的二手电子消费品、二手汽车、二手衣物等，在非洲很多国家有很大的市场空间。

四是农牧和食品行业的机会。非洲的农业机会，一方面体现在非洲的农产品进入中国市场，另一方面基于中国的产业优势在非洲发展农牧业。非洲人口的迅速增长，让与"吃"有关的食品行业很有发展前景。

非洲重点国家出海机会介绍

非洲有 54 个国家,各国之间的差异很大。表 3-2 选取了几个有代表性的国家,对它们的基础信息和出海机会做了一些总结。

表 3-2　非洲重点国家出海机会介绍

国家	基础信息	出海机会举例
肯尼亚	人口: 约 5150 万 人均 GDP: 约 2187 美元	房地产以及与之配套的建材、家具、家电等 旅游行业以及与之配套的酒店、餐饮等
尼日利亚	人口: 约 2.3 亿 人均 GDP: 约 1755 美元	追求用户规模的互联网应用 食品类线上线下批发零售
南非	人口: 约 6200 万 人均 GDP: 约 6400 美元	各日用品类的白牌 电子商务、安防类产品
埃及	人口: 约 1.1 亿 人均 GDP: 约 3780 美元	衣、食、住、行方向的制造业 追求用户规模的互联网应用
摩洛哥	人口: 约 3800 万 人均 GDP: 约 4000 美元	辐射欧洲的制造业基地

出海非洲需要注意的风险

出海非洲,有以下几大风险需要企业做好准备。

一是时间成本带来的风险。非洲各国普遍发展较慢,而且经济发展经常会出现上下波动。想在非洲做出一番事业,需要有长期待在非洲甚至在非洲安家的决心和毅力,否则容易半途而废。

二是汇率不稳定带来的风险。非洲很多国家经济结构单一,没有成型的工业体系,世界经济波动时非洲国家往往汇率振幅较大,中国企业出海非洲赚取的微薄利润经常因汇率波动而受到损失。

三是政策变动带来的风险。非洲不少国家经常因大选而大改前任政策,政策延续性较差。加上腐败问题,制度不透明,做生意的隐性成本较大。

四是管理层面的风险。非洲人口的整体受教育程度不高，部分员工纪律性和职业化水平较差，需要不断筛选和培养合适的非洲本土中基层管理者。

延伸阅读：非洲商业世界的真实面貌

在更微观、更真实的层面，非洲市场究竟是何种面貌？只有真正在非洲有多年生活和工作经历的人才能给出答案。以下内容为深耕非洲的华人创投精英的分享实录。

跨境支付平台 Pyxis 星汇联合创始人龙稚芸：非洲适合什么样的企业

今年也是我在非洲的第十年。我早年在肯尼亚想吃碗牛肉拉面都吃不到，但是现在肯尼亚的中餐遍地开花，有近 100 家。肯尼亚是非洲门户，其首都内罗毕也是一个很舒服的城市，全年气温 20 摄氏度左右，是联合国的五大总部之一，有非常多元的文化，是一个很适合外籍人士的城市。

非洲是一个非常适合中小企业出海的市场。有一个很有意思的事情，一般来说"规模优势"是有规模才有优势；但目前在非洲不是这样，作为新兴市场，它的市场非常不透明，鱼龙混杂，大企业过去反而合规成本更高。换句话说，这个市场特别适合以小搏大，传音控股就是典型的例子。

非洲不需要强产品，而需要强渠道，尤其是互联网产品。中国产品经理来非洲，看到非洲的互联网产品他们都觉得不成熟，这是大部分人给我的直接反馈。然而，它们在非洲也依然能够生机勃勃。换句话说，能够延伸下去的不一定是强产品，只要能够占有更多的渠道，你的产品自然就能活下来。可能很多人会觉得我的产品需要再打磨打磨，但答案并不是，我的建议是"just do it"；当然如果是大企业，落地的成本太高就还需要再考虑一下。

非洲电商平台 Kilimall 副总裁谢斌：如何在非洲做本地化

我们现在的公司在长沙。长沙到内罗毕的航班非常方便，去非洲出差甚至跟去国内其他城市出差没什么大的区别,可能晚上睡一觉早上六点就能到。"一带一路"倡议下非洲地区基建水平的提升,对我们最有益的就是(我们的)仓库到内罗毕市区之间建立了高速路,15分钟就可以到达,所以派送效率有了非常大的提升。

中国背景的电商公司在非洲,目前最大的两个优势是技术红利和供应链红利。如何能够把本地团队的能力和优势发挥到极致,这其实是企业在出海过程中遇到的大问题,也在逐步解决。我们从2014年开始,在这期间走了很多弯路,目前公司三分之二的员工都是本地人,通过系统搭建和一系列的运营赋能,实现了本地运营全部都由本地团队来做。中方现在的角色是教练,类似于阿里顾问一样的角色。做教练是指不参与具体事务的运营,但要在员工心智成长、对公司文化的接受度等方面承担更多责任。现在,本地化是我们能够持续经营的根基。

非洲大部分人喜欢用法律途径解决问题。在处理本地员工问题上,要让本地团队主管负责,不能形成中非之间的矛盾。之前某手机品牌的中方负责人跟本地员工在沟通过程中用了比较粗鲁的话语,被本地员工录音告上法庭,导致这个手机品牌在那个国家几年打下的基业很快就一落千丈,这种教训在非洲很常见。

要想进入非洲,就必须实现本地化。非洲电商行业是一个必须要精打细算才能做好的行业,如果仅通过烧钱模式在非洲是做不好的,需要平台在交易、物流、资金三个流程上都精打细算,才能真正把单个国家的经营模型做好。我们有的友商一直处于连年亏损的状态,当然目前情况慢慢好转,亏损幅度整体有所下降,但还是在亏损,这也从侧面验证了烧钱模式在非洲不太行得通。

关于在非洲做本地化,我们的理念就是四个字,"技术+代理",即通过技术赋能本地人形成服务网络，让本地人在这套系统上成为服务代理。比如我们从 2018 年首先在肯尼亚做菜鸟驿站，到现在已经有 2000 家左右小店的店主。许多本地商户进入我们的网络里来为客户提供服务，这个过程中没有中国人参与管理，全都是在这系统平台上处理，包括开店、关店、服务、评价等。

07　日韩、南亚、中亚等

企业出海的第一步，是选择一个适合开疆拓土的国际市场。一项业内针对出海企业的调研显示，74% 的企业在东南亚有业务布局，65% 已经布局欧洲，62% 已经布局北美，这三个地区已成为中国企业出海的主要阵地。各地的市场空间总归有限，企业出海热潮下，竞争也随之加剧。

在这种背景下，一批中国企业打开思路，避开过于激烈的竞争，选择了相对"小众"的出海目的地。日韩——得益于相对成熟的市场环境和相邻的地理位置，被企业视为重要的海外市场。

本篇将从日韩、南亚、中亚出海潜力角度出发，梳理中国企业出海"不走寻常路"的机遇和挑战。

日韩地区

日本市场被认为是一个准入门槛非常高的市场。早前，进入日本市场的公司通常需要与日本国内分销商签署长期而严苛的独家协议，或者需要建立日本子公司，成本高昂且费时费力。

2007 年，百度进军日本，推出了 baidu.jp，然而，经过将近 8 年的坚持，该项目最终于 2015 年宣告终止。人们对百度在日本遭遇失败的总结涵盖了多个层面，包括百度日本子公司未能得到有效的授权、产品和推广未能充分实现本地化等方面。这一失败案例在一定程度上影响了其他外资企业对于进入日本市场的信心，而日本商业市场的传统、保守和独特的岛国文化也因此成为企业在这片领域拓展时难以逾越的"隐形门槛"。

与此同时，日本消费者"爱国货"的传闻，是有根据的，其较为保守、钟爱本土品牌的特点使外来品牌从进入到被接纳往往需要较长时间，传统的日本人认为中、韩的产品都不如日本的产品品质好。

但日本也孕育着许多机会。

为应对人口老龄化和劳动力减少，日本在智能设备制造、工业机器人等领域有很大需求，而中国企业凭借先进的生产制造能力、工程师红利和产业升级，越来越有能力满足这种需求。在"机器换人"的趋势下，涌现出邦邦机器人、斯坦德机器人、阿童木机器人、Quicktron 快仓等一大批优秀的代表性企业。

此外，因为玩家留存度高、付费能力强，日本也一向是中国游戏发行商的最看重的海外市场之一，其中不乏像网易、米哈游等在日本市场长期深耕并已获成效的厂商；其他数字文娱板块如动漫、音乐、视频等，也颇具发展潜力。

另外，日本在"碳中和"方面设定了较高目标，但目前进展却并不迅速，相关技术有较大缺口。因此提供能源利用管理可视化解决方案的企业、提供智能节电新技术解决方案的企业、研究开发低碳新材料的企业、研究氢能以及碳捕集与封存（CCUS）的技术企业，在日本将有较大发展空间。

韩国方面，作为"亚洲四小龙"和未来 11 国（N-11）之一，整体经济结构以制造业和服务业为主，其造船、汽车、电子、钢铁、纺织等产业更是进入了世界前 10 名。

图 3-21　日本秋叶原站出口附近的由米哈游开发的《原神》广告

图片来源：EqualOcean。

20世纪60至90年代，韩国经济在政府"出口主导"经济战略的推动下，飞速发展，人均GDP从1962年的87美元增至1996年的10548美元，创造了"汉江奇迹"。1996年，韩国加入经济合作与发展组织（OECD），同年成为世界贸易组织（WTO）创始国之一，1997年亚洲爆发金融危机后，韩国经济逐步进入中速增长期。

这个过程中，不可忽视的一个关键点，便是以三星集团为首的韩国大企业集团。

"韩国人的一生无法避免三件事：死亡、税收和三星"，这样一句看似玩笑的话，或也从侧面显示了三星在韩国的地位之重。韩联社数据显示，2020年，在资产达5万亿韩元及以上的韩国64家集团中，三星集团的销售（314万亿韩元）比重最大，达19.4%，仅三星电子一家公司的销售额就占GDP的8%，其整体销售额更是占韩国GDP的16.4%。

2022 年,韩国 GDP 达到了 1.67 万亿美元,其中 95% 的财富被三星、现代、SK、LG 这四大企业集团所掌控;由于在政治和经济方面的巨大影响力,这些大企业集团长期以来一直是公众关注的焦点。

消费习惯方面,韩国早在 1969 年就发行了信用卡。长期以来支付习惯的养成,使得信用卡消费、预支型消费、数字钱包及 Buy Now Pay Later(BNPL)等便捷、创新的支付方式收获了广泛认可,出现了一大批像 Kakao Pay、Samsung Pay、SSGPay、Payco 等新型支付方式,为电子商务和数字支付行业的发展提供了有力支持。

细分赛道方面,宠物经济的崛起是韩国市场一大不可忽视的趋势,甚至衍生出"宠物家人(petfam)"一词,这在一定程度上反映了韩国人的独居生活方式及年轻一代对家庭的态度,"宠物家人"也因此成为韩国"孤独部落"重要的情感纽带。据韩国 KB 经营研究发布的《2021 年韩国宠物报告》显示,目前韩国有约 1500 万人口在饲养宠物,约占韩国人口的 30%;而在宠物行业的需求端、供给端以及资本的共同推动下,韩国宠物市场规模预计 2025 年将达 5.35 万亿韩元,发展势头迅猛。

机遇往往与风险并存,虽然东亚文化有相似之处,在日韩的发展机遇背后,中国企业出海也需要考量潜在风险。

首先,日韩的人才相对匮乏,日韩企业员工对外来企业有抵触情绪,外来企业招收人才难度大。同时,由于日本签证审查非常严格,要求外资企业必须雇用日本全职雇员才向外方人员发放签证,外企"企业内转勤"赴日者要求转职前必须连续工作一年以上。种种因素对企业的当地适应力提出了较大的挑战。

其次,合规风险也需要企业引起重视。尤其是对于游戏 IP 等产业,中国企业对于 IP 授权、同人作品创作、商标申请等环节需要多加重视。ios & Google Play 研究专家邓淳在哔哩哔哩的一场"游戏出海避坑指南"直播中曾指出，"日韩地区有比较严格的数据隐私处置法，如果不符合当地要求，在客服和运营过程中造成用户隐私泄漏，游戏会被强制下架。"目前，日韩针对 AIGC、消费者保护、P2E 监管等方面均出台或拟出台相应规范，更需要中国出海企业重视各个环节，避免因为疏漏而多交学费。

南亚地区

与日韩的现代感不同，提到南亚，大家的第一印象可能都是炎热的天气、繁杂的街市、手抓美食、多元的文化……

事实上，南亚面积虽然只有 520 万平方公里，占世界陆地面积的 3.5%，但却生活着全世界约四分之一的人口。全世界 98.5% 的印度教徒、90% 的锡克教徒、31% 的穆斯林都生活在南亚，基督教、佛教、耆那教、琐罗亚斯德教等也均有分布。

印度位于亚洲南部，是南亚次大陆最大的国家，与巴基斯坦、中国、尼泊尔、不丹、缅甸和孟加拉国为邻。作为世界上人口第二多的国家，印度无疑拥有庞大的市场潜力，对于中国企业来说，进入印度市场可以带来巨大的商机。

得益于巨大的人口红利、广阔的市场空间，以及高速发展的互联网经济，印度一度被视为中国出海公司尤其是互联网公司的出海热土。从 2014 年开始，智能手机、数字文娱、电子商务、本地生活等多个赛道上的众多企业纷纷下注印度，将中国成熟的互联网发展模式迁移至印度，也带动了当地的产业升级与投资热潮。

2014 年，小米布局印度业务，借助印度庞大的智能手机消费市场，"小米帝国"迅速崛起。仅仅两年后，小米与中国制造商 OPPO、vivo 一起占据了印度智能手机市场 81% 的份额。彼时小米在印度的收入增长高达 700%，总营收超过 10 亿美元，创下印度最快达到该业绩纪录的公司。

　　凭借多渠道销售和出色的社交媒体投放能力，小米在进入印度三年后截至 2017 年 3 月的财年内，就实现了扭亏为盈，成为印度销量最高的智能手机品牌，市场份额高达 23.5%。小米还在印度推出智能电视，即将成为印度智能电视第一品牌，同时小米是印度第一大可穿戴品牌和第一大移动电源品牌，分别拥有超过 40% 和 35% 的市场份额。

　　同时，小米在印度进入了至少三个新领域：金融科技、广告、游戏，比如小米推出的支付服务 MiPay、借贷平台 MiCredit、游戏 Survival Game 等，小米也因此成为印度最大的多元化科技公司之一。

　　2024 年 1 月，小米在印度市场推出 Redmi Note 13 5G 系列手机仅两天，就创下了近 9 亿元的销售业绩。

　　然而近几年，印度让中国出海企业"爱恨交加"。随着小米、OPPO、vivo 等国产手机品牌占据印度市场，中国企业成为印度官方重点关注的对象。

　　2023 年 6 月 9 日，印度执法局发布文件称，该局已经向小米技术印度私人有限公司、小米印度分公司、部分高管，及花旗、汇丰、德意志等三家银行发出正式通知，指控其"向外国实体非法转移资金"，涉嫌违反该国《外汇管理法》（FEMA）。基于该指控，印度当局冻结了小米的 555.1 亿卢比（折合人民币约 48.2 亿元）资产，相当于小米 2022 年全年全球利润的 57%，在印度 9 年经营利润总额的 6 倍。

　　这一点也不意外——毕竟，中国和中国企业是"印度制造"最强大的"假想敌"，在经济上频繁对"中国制造"和"中国投资"设置壁垒也是可以预料到的。

　　据中国商务部统计，2014—2023 年，印度发起的涉及中国的反倾销案多达 127 起，反补贴案 8 起，保障措施案 145 起，涉案产品涵盖机电、化工、有色金属、钢铁、纺织等行业。印度已成为仅次于美国的第二大对中国贸易救济调查发起国，以及第一大对中国反倾销案申诉国。

类似的戏码不只在中国出海企业身上上演。

2021 年，印度反垄断监管机构对亚马逊的商业行为进行了调查，并最终判定亚马逊在印度市场上存在价格歧视和不公平的商业行为；结果，亚马逊被罚款 2.5 亿卢比。

2023 年，苹果核心供应商纬创资通也宣布放弃近 15 年的深耕，全面退出印度市场，工厂产业链等由本土企业全权接手；同年 7 月，富士康也发表声明称，已退出了原定与印度矿业集团韦丹塔价值 195 亿美元的半导体合作。

数据显示，2014 年初至 2021 年 11 月，共有 2783 家外资企业宣布关停在印业务，其中包括德国麦德龙、瑞士霍尔希姆、美国福特、英国皇家苏格兰银行这样的行业巨头。

尽管一些企业声称退出市场是因为"调整经营策略"或"自身方向变化"，然而更多的企业指出，印度监管规则的频繁变更、高额关税壁垒、烦琐的行政程序是驱使它们离开的根本原因。此外，印度政府出台政策要求外国企业引入印度股权合作伙伴，意味着外国企业在本地市场上将失去一部分管理和控制权。

相比近邻印度和印度尼西亚，孟加拉国的存在感明显较低。作为最不发达的国家之一，孟加拉国在资本市场似乎一直处于被忽略的地位。然而，孟加拉国对于中国出海企业而言，却是一个值得一试的蓝海市场。

孟加拉国超一半的人口是年轻人，其中有 1500 万人将在几年内成为中等收入群体；而且由于国土面积小，导致其人口密度特别大，这两个因素将使孟加拉国的国内市场具有极大的潜力。尤其是对于跨境电商企业，近几年孟加拉国互联网覆盖率飞速增长，截至 2021 年 7 月，孟加拉国拥有 1.23 亿互联网用户，是亚洲第五大、世界第九大互联网市场。

若谈起在南亚地区营商的最大风险，则免不了地缘政治风险、政策风险等。

政策性风险方面。一些南亚国家政局不稳定、经济保护主义的兴起、宗教冲突等因素使法律或经济政策摇摆不定,也让中资企业在该地区的营商环境充满不确定性。举例来说,近年来,印度的对华政策就曾出现较大转变,由此前的"竞合并存、总体稳定"转变为"突出竞争、淡化合作"。

经济和信用风险方面。整体来看,南亚各国经济发展不均衡,2022年以来,斯里兰卡、孟加拉国、马尔代夫等多国相继爆发了大规模经济危机,使整体市场营商环境持续下行。同时,部分国家法律政策较不健全,随意性较大,且整体经营信用较差,对外国投资者的承诺常常无法兑现,甚至政府违约、项目交付困难的情况也时有发生,极大地损害了该区域企业家的商业信心。

中亚地区

站在太空中俯瞰地球,中亚是一片被壮丽的山脉、湛蓝的湖泊、广袤的沙漠、蜿蜒的河流和绵延的山谷环绕的辽阔的疆域。

即便离最近的出海口有超过4500千米的距离,但地理上的封闭性并未减少中亚对于许多中国企业出海的吸引力。

中亚地区是高质量共建"一带一路"的示范区,各国积极推进与中国发展战略对接,成功建成了中哈原油管道、中国—中亚天然气管道、中吉乌公路、中乌鹏盛工业园、中塔乌公路等一大批互利共赢的合作项目。

2022年,中国与中亚五国的贸易额创下历史新高,在"中国—中亚电子商务合作对话机制"下,双方积极发展发展"丝路电商",在电子商务领域有了更为深度的合作。

其中,哈萨克斯坦作为世界第九大国家,也是中亚地域中面积最大的国家,其煤炭、石油、天然气等能源储量位居世界前列。火力发电在全国电力生产中超过80%,且集中在煤炭资源富集的北部地区,而南部城市电力消费量约占全国的70%,电力供应需从北部远距离输送。

图 3-22　2023 年 10 月 18 日上午，第三届"一带一路"国际合作高峰论坛在北京开幕

图片来源：EqualOcean。

　　我国的国电投集团通过与哈萨克斯坦当地企业 Visor 合作，充分利用哈南部的风力资源优势，开发建设札纳塔斯风电等可再生清洁能源项目，既解决哈萨克斯坦面临的电力供应短缺、输送难题，同时也为企业带来新的经济增长点。

　　此外，近年来，中国新能源汽车产业链优势日益突出，特别是在电池、电机、电控等新能源汽车核心零部件创新技术、生产成本以及生产效率上的整体优势，造就了中国新能源汽车企业出口转型的核心优势。比如宇通客车，就与哈萨克斯坦合作伙伴加快了共同筹建工厂的步伐，不仅为哈萨克斯坦创造新的就业岗位，还为其输出先进产品、技术及生产管理经验，助力当地汽车工业发展。

　　而对乌兹别克斯坦这个双重内陆国来讲，得益于"互联互通"，随着中吉乌公路、中哈乌铁路的运力潜力不断释放，被誉为新亚欧大陆桥南部通道的中吉乌铁路——这个已经等待了 26 年的梦想也在实现中，逐步从"陆锁国"转变成"陆联国"。

　　乌兹别克斯坦，以"白金"棉花、"乌金"石油、"蓝金"天然气加上

"黄金"这四金著称,是该国的经济支柱产业。自 2017 年以来,中国对乌投资总额翻了两番,达到 110 亿美元。数据显示,截至 2023 年 1 月,在乌中资企业数量不断增加,已超过 2300 家,在基础设施、能源、水务、通信等领域实施大量合作项目。目前,中国为乌兹别克斯坦第二大贸易伙伴。

然而,中亚虽然是全球重要的能源输出地,但同时也是军事、文化、宗教较为复杂的地方,出海企业在以下几个方面需要提前做好准备。

首先是地缘政治风险。中亚位于亚洲腹地,毗邻中俄两大国,与战乱频仍的阿富汗接壤,是贯通东西方的重要通道,如此独特的地缘位置使其日益成为域外大国激烈而复杂博弈的关键地区。特别是近年来在中美关系变化、俄乌冲突等重大事件背景下,受国际与地区形势影响,中亚地区地缘政治地位凸显。想出海此地或者在此做出一番事业的企业,除了需要有敏锐的商业头脑外,还应保持对当地乃至全球的政治局势的判断,审时度势。

其次是安全问题。从独立伊始,安全问题就一直是悬在中亚国家头上的"达摩克利斯之剑";直至今日,恐怖主义势力依然存在,难以根除,随时都可能给社会稳定、人民生活、当地营商环境和企业发展造成重大损害。

最后是文化差异风险。如今的中亚地区,大部分民众都是穆斯林,主要是逊尼派。如果中国企业不能很好地了解和尊重当地文化和习俗,可能会引发文化冲突和误解。

08　澳大利亚

下面,让我们将目光从人口稠密的亚洲市场转移到澳大利亚——世界上人口密度最低、同时是全球面积第六大的国家,它也是大洋洲最大的国家和南半球第二大的国家。

地广人稀的澳大利亚是典型的移民国家，被社会学家喻为"民族的拼盘"，先后有来自世界 120 个国家、140 个民族的移民到澳大利亚谋生和发展，多民族形成的多元文化成为当地社会的一个显著特征。此外，澳大利亚高度都市化，近一半居民居住在悉尼和墨尔本两大主要城市。

根据世界银行公布的不同国家营商便利度的排名，澳大利亚在 2020 年排名上升了 4 位至第 14 位。如果只看人口超过 2000 万的经济体，澳大利亚现在排名世界第五，仅次于韩国、美国、英国和马来西亚。

值得一提的是，从人口分布来看，澳大利亚总人口有 2600 万，根据澳大利亚每五年的人口普查显示，2021 年华人是其第五大族群，大约有 140 万的华裔人口，占全国的 5.5%。此外，澳大利亚统计局调查发现，除英语外，中文普通话是澳大利亚使用最多的语言。

而这些"中国胃"对于中餐有着极大的需求。随着近年各行各业的"出海浪潮"一批又一批中国人去到全球各地，对于正宗的中餐馆需求很强烈。这也引得刘一手火锅、探鱼烤鱼、鼎泰丰、大鼓米线、杨国福麻辣烫、张亮麻辣烫、杨铭宇黄焖鸡米饭等这些中国人耳熟能详的品牌纷纷落子澳大利亚，而这不仅慰藉了异国他乡的中国胃，更成为一种中国美食的文化输出。

2023 年初，蜜雪冰城进军澳大利亚，公开数据显示，蜜雪冰城悉尼首店开业第一天就创造了 2.4 万元的营业额。而在 2024 年初，紫燕食品表示公司将陆续进军澳大利亚、美国市场；目前紫燕食品位于澳大利亚墨尔本的门店正在装修，随后还将进入悉尼、布里斯班等城市。

根据市场研究机构的预测，2026 年，海外中式餐饮市场规模有望达 4098 亿美元，2021—2026 年复合增长率达 9.4%。因此，不论是麻辣烫、冒菜等传统的中国美食，还是奶茶、果茶等中式茶饮，中餐出海，都将是接下来的重要机会。

图 3-23　张亮麻辣烫位于墨尔本 Elizabeth Street 的门店

图片来源：EqualOcean。

然而，尽管市场前景看好，但必须认识到其中存在的挑战和风险。

风险之一是澳大利亚的整体经济走向。根据澳大利亚证券和投资委员会（ASIC）的数据，截至 2023 年 3 月 31 日，澳大利亚破产企业数量较上一财年急剧上升，达到 1601 家，其中住宿和食品服务业首当其冲，有 808 家企业申报破产。不断上升的利率、走向趋于疲软的经济、逐步出现的消费衰退，都对澳大利亚整体营商环境造成较大的冲击。有媒体报道称，澳大利亚地区的多家中餐馆无法继续营业，包括悉尼 Haymarket 的粤菜餐厅同乐轩（Zilver）、悉尼唐人街外滩海鲜（Waitan Restaurant）、悉尼百福（King's Seafood）等，这些餐馆中，不乏已经经营了 30 年的老店。

其次，澳大利亚的劳动力市场相对狭小，当地企业可能面临招聘和留住人才的困难。同时，澳大利亚的劳动法较为严格，对雇佣关系、劳动合同和劳工权益有一定的规定和保护，且企业需要承担相对较高的社会福利责任和费用……诸如此类，都对出海企业在本地化过程中的运营和人力成本带来了一定的影响，值得关注。

新出海浪潮

下篇
实践案例篇

下篇将选取几个出海做得较好的行业，分析其发展现状及出海路径；同时，每个行业将挑选两个具有代表性的企业，总结其出海历程和成功经验。通过榜样的力量，增强新出海从业者的决心和信心。

Chapter Four

第四章　从世界工厂到去世界开工厂

01　海外开厂潮

　　2008 年全球金融危机发生后，中国外贸出口遭受到了"入世"后的第一次严峻挑战：2009 年中国出口额同比下滑 16%，出海开始成为其中一些企业的新选择。好在 2009 年的下滑只是暂时的，2010 年中国出口强势反弹。随着中国经济继续保持高速增长，中国制造业在国内外双市场驱动下得到了飞速发展。

　　时间来到 2018 年，美国在特朗普政府的领导下逐步增加对中国出口美国商品的关税，中国制造业企业被迫开始大规模出海。

　　到 2024 年，"去世界开工厂"已经成为中国各行各业的一股浪潮，东南亚的越南和印度尼西亚、拉丁美洲的墨西哥、非洲的摩洛哥、欧洲的匈牙利等国成为制造业出海最热门的目的地。和 2009 年、2018 年相比，2024 年的"去世界开工厂"浪潮具有一些新特征：

　　一是心态上，越来越多在海外设厂的中国制造业企业取得了商业上的成功，给了后来者巨大信心；二是去到的国家和地区更加多元化，中国制造

172

业既去欧美发达国家，也去亚非拉各国；三是并非简单的低端制造业出海，中国企业在海外的不少工厂都相当现代化；四是有国际视野的管理者越来越多。

很多人担心中国制造业大规模出海，会削弱中国"世界工厂"的位置。但实际上，随着中国在全球制造业的地位不断提升，客观上中国需要把一些产业链往外移；另外，通过产业链外移中国可以进一步加深和一些国家的关系，使中国经济的辐射能力提升。

长远看，中国制造业也不会出现空心化。美国的发展经验说明，一个国家过于依赖金融而过度忽视以制造业为代表的实体经济，其脆弱性会很明显。日本和德国的制造业发展之路更值得借鉴，一方面在海外大量建厂，另一方面不断夯实本土的创新能力、培育"隐形冠军"，同时保留相当体量的制造业。

中国作为全球工业化"再平衡"的核心国家，将带动很多亚非拉国家的发展；这些国家发展起来后，会成为中国高端制造业的消费市场。同时，中国的制造业遍布全球后，也能完善中国别的类型企业（如互联网电商平台）的全球供应体系。

但中国制造业出海并不会一帆风顺，海外很多国家基础条件差、产业链配套不成熟、管理上也面临巨大挑战。此外，海外市场的"坑"无处不在，在选址、建厂、投产、销售等环节，很多企业都交了很多学费。可以确定的是，并非所有的制造业企业都适合出海，也并非所有的制造业企业都会取得成功。

要想成功出海，需要长期主义的思维和投入，以及企业老板躬身入局的决心与魄力。本章选取了申洲国际和森大集团的案例，它们是长期主义的践行者，其发展历程和经验值得学习和借鉴。

02 案例分析之申洲国际：服饰代工产业的隐形巨头

在中国有一家神奇的制造企业，数十年来在国际服装品牌的背后默默"发光发热"，它就是中国最大的纵向一体化针织制造商——申洲国际集团控股有限公司（以下简称申洲国际）。

1988年，申洲国际在浙江宁波成立，依靠为优衣库、伊都锦等品牌代工，迅速发展成为国内行业龙头企业，并于2005年在香港上市。在历史平均市盈率只有14倍的港股市场，申洲国际获得了远高于科技、互联网等行业的"定价"，高于平均市盈率40倍。

申洲国际集织布、染整、印绣花、裁剪与缝制四大工艺于一体，公司旗下产品涵盖了所有的针织服装，包括运动服、休闲服、内衣等，出口金额连续多年位列中国针织服装出口企业第一。目前，申洲国际在全球有员工近十万名，年产面料逾20万吨、针织服装5亿件，不仅是耐克、阿迪达斯、优衣库等鞋服品牌的最大代工厂，还为PUMA、李宁、Lululemon等企业代工。

自2018年以来，申洲国际年度营收规模已超过200亿元，连续多年净利润率保持在20%以上。纺织制造业向来被称为高投入、低产出、竞争激烈的"夕阳产业"，申洲国际是如何在这样一个行业获得远高于同行的市值和利润呢？在成长为全球纺织代工巨头的过程中，如何保持卓越的盈利能力和高毛利率？又有哪些事情是其"想做而没做成的"？本节将详细梳理申洲国际的出海经验与教训。

第一阶段（1988—1997年）：用十年拿下第一个国际大客户

申洲国际的国际化业务在公司成立之初就已经开始。1990年初，刚刚成立的申洲国际将经营目标对准日本市场，通过代工行业标准极高的婴儿服起步，逐渐在日本树立起"中高端代工"的声望。1997年，凭借前期的积累，申洲国际拿下了第一个国际大客户优衣库并持续合作至今。此后，凭借"优衣库供应商"这一名号，申洲国际接连获得伊都锦、伊藤洋华堂等多个日本服装品牌的代工项目，并逐渐建立了长期的业务合作关系。

第二阶段（1998—2011年）：产能出海初步探索阶段

2005年之后，欧美国家开始对中国纺织品设置出口限额，规定本国每年只能从中国进口有限的纺织品，这严重影响了申洲国际的业务进度。由此，申洲国际开始探索出海本地化之路，当年即开始在柬埔寨设立子公司，通过海外建厂减轻贸易壁垒带来的压力。当时，柬埔寨纺织制品出口欧美国家享受零关税待遇，且没有配额限制。申洲国际在距离柬埔寨首都金边机场5公里的安达工业区建成了公司第一个海外成衣工厂，为后来的海外产能扩张打下基础。

图4-1　申洲国际出海历程

图片来源：EqualOcean。

第三阶段（2012年至今）：打造海内外双纵向一体化布局

2012年之后，由于国内生产成本高企，地缘政治带来的国际贸易争端增加，申洲国际加快了布局东南亚的脚步。面对国内经济结构转型和环境治理带来的挑战，纺织业不仅面临着原材料价格和工业用地费用的上涨，还必须应对适龄劳动人口减少以及环保制度下的生产限制。在国际环境方面，美国一度主导了备受关注的"跨太平洋伙伴关系协定"（TPP），对纺织业提出了新的要求：若想享受免关税优惠，必须在TPP成员国全程生产。而柬埔寨和中国都不是TPP成员国，无法享受这一优惠政策。

因此，TPP成员国越南成为申洲国际下一步投资建厂的最佳地区。越南为了促进纺织业发展，提供了优惠的税收政策，并且基础设施相对完善。2014年，在距离柬埔寨成衣工厂仅6小时车程的越南福东工业区，一个占地84万平方米的工厂开始投产。申洲国际在越南工厂复制了和国内基地一样的纵向一体化生产流程，从面料到成衣一应俱全。

申洲国际在东南亚的经营策略帮助其逐渐打造了"双纵向一体化的布局"，海外工厂的成衣产能约占公司总产能的40%，相当于"在东南亚再造了一个自己"。回顾申洲国际的国际化发展历程可以看出，这家公司之所以能一步步成长为有世界影响力的纺织服装行业龙头，是内外因素共同推动的，也即所谓"机会总是青睐有准备的人"。

出海战略有前瞻性且坚定

由于国内劳动力成本上升、环境监管趋严、国际贸易关税壁垒抬升等原因，众多纺织企业纷纷制定了产能出海东南亚的战略。东南亚的柬埔寨、越南等国与美国、欧洲等全球主要服装进口国家和地区之间签订了自由贸易协定，虽然前期建厂涉及不小的投入，但后续运营的生产要素成本和关税成本显著低于中国国内。

申洲国际从 2005 年就开始布局东南亚，建立了明显的先发优势。申洲国际通过在东南亚十多年的摸索，积累了成熟的海外工厂运营管理能力，在与品牌客户合作的过程中领先于其他同行。此外，"纵向一体化"的产业布局能够显著降低申洲国际对外部供应链的依赖，使其抗风险能力更强。

务实的出海策略

针对东南亚的产业链不健全的问题，申洲国际通过"抱团出海"带着产业链上游去设厂的方式予以解决；针对东南亚工人效率低的问题，申洲国际将生产流程标准化、模块化，大幅提升了效率。同时，申洲国际给厂房配备了中央空调，提供的薪资也相当有竞争力，还有免费午餐、免费体检等福利，深受东南亚员工的喜欢，企业在当地的雇主品牌做得相当不错。

抓住行业产能不断整合的红利

全球头部服装品牌为保证产品质量稳定，通常会与某几家核心供应商保持长期的合作关系，使得行业内的订单不断向头部供应商集中。自 2018 年开始，阿迪达斯与耐克不断缩减合作的供应商。其中，阿迪达斯 90% 的订单量由其 45 家"关键战略伙伴"承接，耐克的服装产品供应商也逐渐缩减到 329 家，其中 50% 的订单量由耐克前五大供应商承接。同时，据美国服装业协会调查，品牌商也更倾向于选择"面料＋代工"一体化的供应商，选择意愿从 2015 年的 37% 提高至 2016 年的 59%。

申洲国际拥有从面料研发、生产到成衣制造的能力，在整个产业链中的业务完整度相对更高。因此，申洲国际凭借着其庞大的业务体量和相对完整的业务线，对客户和原材料供应商均形成强话语权，相对而言品牌商的切换成本更高。在此背景下，申洲国际作为耐克、阿迪达斯、优衣库和 PUMA 四大客户的全球第一大成衣供应商，业务稳定性不断提高，行业地位也不断强化，抓住了行业产能整合的时代红利。

提前布局优质赛道

在申洲国际的业务结构中，中高端运动服饰的代工份额较大。这类产品的利润空间更大，为其创造了高额的毛利空间。申洲国际的核心客户包括全球领先品牌耐克和阿迪达斯，两者在全球市场都占据着头部地位，市场份额合计达到27.6%，且它们的业务增速均快于全球市场平均水平。在运动服饰需求不断增长的背景下，市场份额持续向申洲国际的客户矩阵集中，推动了申洲国际订单量的持续增长。

2022年，为了拓宽销售渠道，申洲国际开始与运动服饰品牌新秀、瑜伽服品牌Lululemon开展合作。2022年，Lululemon增长势头迅猛，北美市场的营收增长29%，中国大陆市场营收增速超越北美市场，同比增长35%；中国大陆市场三年复合增长率超过了50%。与Lululemon的合作在2022年为申洲国际带来了4300万美元的收入，极大扭转了其持续下跌的利润率，也使申洲国际在日益火爆的瑜伽服行业成为代工首选。

图4-2　宁波申洲针织有限公司宣传照

图片来源：申洲国际官网。

申洲国际的出海历程并非一帆风顺，由于过分依赖头部客户，申洲国际的经营也受到了不利的影响。

申洲国际的营收与其四家大客户的营收高度绑定。2021 年和 2022 年耐克和阿迪达斯在中国市场的份额连续两年下降。2022 年，耐克和阿迪达斯的市占率分别较 2020 年下滑了 4.3 和 3.0 个百分点，分别降至 17.0% 和 11.2%。由于国际品牌销量下降，导致申洲国际在 2022 年中国市场收入占比从 30% 下降到 25%，也影响了国内生产基地的产能利用率。成也"大客户"，败也"大客户"，可以说大客户的一举一动都牵动着申洲国际的营收，这也是代工企业的被动之处。

申洲国际尝试过自建品牌，但并未掀起什么水花。从"工厂"到"品牌"的转型，是一场涉及企业战略和组织能力的系统工程。2010 年，申洲国际曾成立自有品牌 MaxWin，立志做中国版的优衣库，产品覆盖休闲、运动、家居等不同领域的服装。然而，申洲国际的品牌之路却遭遇了巨大困难。

ToB 业务更关注技术、规模与效率，也就是企业后台的表现。ToC 业务则对消费者洞察、产品创新和营销能力有较高的要求，也就是企业前台的表现——这是长期专注于后台表现的申洲国际所不熟悉的领域。2016 年，申洲国际将 MaxWin49% 的股权出售给网易，成为后来网易严选这一家居品牌的雏形。2019 年，由于在营销和渠道方面接连失败，申洲国际宣布 MaxWin"未能取得理想发展"，希望"集中资源服务本集团客户"，彻底退出了零售市场，申洲国际的品牌化转型之路也遗憾折戟。

03　案例分析之森大集团：另辟蹊径，淘金非洲

非洲是一个拥有广袤的大地、丰富的资源的神秘大陆，而说到出海非洲的代表性企业，首先便会提到森大集团。创立于 2000 年的广州市森大贸易有限公司（以下简称森大集团），是中国最早进入非洲、南美洲等海外市场的

企业之一，长期位于"对非出口百强企业"之列。作为天生国际化的企业，与大多数以东南亚或欧美为首站的企业不同，森大集团另辟蹊径，以非洲市场为起点，开启了拓展海外市场的发展道路。

森大集团的业务涵盖建材、快消品和五金百货三大板块。自 2004 年在非洲加纳创立首家分公司以来，森大集团不断开拓非洲市场，在加纳、坦桑尼亚、科特迪瓦、肯尼亚、乌干达、塞内加尔、赞比亚、喀麦隆等非洲国家开设了多家陶瓷和洗涤日化品生产销售公司。目前，森大集团在海内外拥有超过 1.5 万名员工，年均复合增长率超过 30%。截至 2023 年，森大集团预计总产值将突破 50 亿元。

森大集团从最初的传统出口贸易发展到深度国际贸易，最后发展到"工贸一体化"、在非洲建立工厂，逐步成为有自主供应链、广泛销售渠道、自主品牌的大型企业，其在这片"古老而年轻"的土地上成长的故事，也总是为人津津乐道。

第一阶段（2000—2003 年）：森大集团起家于传统外贸业务

在 2000 年成立之初，森大集团开始向尼日利亚等非洲国家出售建材以及日用品。当时，森大集团的经营模式是传统的外贸模式，即"什么利润率高就卖什么"，主要是通过价格优势获得订单。然而，加入 WTO 之后中国外贸企业越来越多，市场竞争越来越激烈，缺乏独特竞争优势的森大集团净利润率急剧下滑，企业迫切需要转型。

第二阶段（2004—2011 年）：通过海外自建销售网络扩大规模

为了提高利润率，节省运输成本，森大集团从 2004 年开始在海外市场自建销售网络，提高国际贸易深度，接触海外下沉市场。2004 年，森大集团第一家海外分公司在非洲国家加纳的首都阿克拉成立。到 2012 年，森大集团已经在非洲先后设立了十余家分公司，在当地面向经销商进行批发式销售，销售网络的终端深入非洲各地的批发商、超市乃至小商店。森大集团也从一个出口额仅有 20 万美元的小公司成长为一个全球员工超过 500 人、销售额达 2.75 亿美元的中型贸易公司。

第三阶段（2012 年至今）：从销售到生产的纵深发展

然而，在 2012 年这个时间节点，森大集团发现企业又到了转型的关键时期。彼时森大集团的主营业务全部依赖出口销售，通过在国内开展供应商建设，在非洲等海外市场建设本地化营销网络开展经营。这种模式的缺点在于业务的不稳定性，因此森大集团开始着手开展生产力出海，在海外自主建厂。

2013 年起，森大集团开始在加纳、尼日利亚等国投资建设洗衣粉厂、日用洗涤厂等生产日化产品的工厂，同时还与国内陶机制造龙头企业科达制造开展合作，在非洲多国合资建设陶瓷厂。截至 2022 年年底，森大集团在非洲 5 个国家拥有 6 家陶瓷厂，14 条陶瓷生产线，销售收入超 30 亿元。

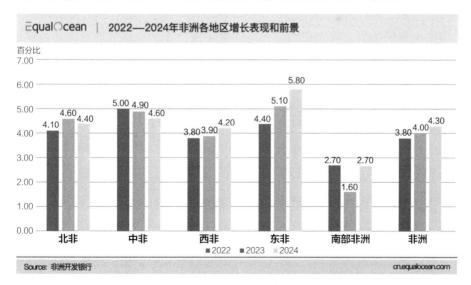

图 4-3　2022—2024 年非洲各地区增长表现和前景

图片来源：EqualOcean。

纵观森大集团在非洲的出海经验，接地气、深耕市场是绕不开的两个关键词。在非洲开展业务二十多年来，森大集团将本土化做到极致，为企业的长远发展打下了稳定基础。

长期主义的出海战略和策略

长达二十多年深耕非洲，森大集团积极支持当地的医疗和教育事业、加深和当地社区的关系。森大集团有一个长期主义的出海战略。在人才层面坚持本地化策略，要求一个工厂从建立到投产用时 2 年内，生产系统要有相当比例的管理人员由当地人担任。为此，森大集团非常注重员工培训，除了价值观层面的培训外，更注重持续为提升员工技能创造条件；对于那些有潜质的员工，还会给进修、读研的学费补贴。

充分接触下沉市场，构建营销毛细血管

森大集团在非洲市场取得的成功离不开创业二十多年构建的密布于非洲大陆的营销网络。在非洲建立营销网络并不是一件简单的工作，面对竞争对手印度企业的挑战，森大集团绕开与印度企业合作的一级代理商，通过渠道下沉的方式，到社区中寻找二级代理商直接供货。

森大集团极为重视与代理商的关系维护。根据非洲当地的惯例，供货商负责送货，但在卸货过程中难免会发生破损情况，若破损超过 5 箱，森大集团将协助经销商承担相关责任。森大集团还非常重视与客户分享汇率波动等信息。

森大集团为经销商和铺贴工匠提供支持，制定了一系列完善的服务方案。例如，在加纳当地，陶瓷经销商的营销理念相对滞后，缺乏市场开拓和渠道建设的思路。因此，森大集团协助他们进行营销升级，包括建立专卖店，推进区域渠道开发与管理，以更好地向消费者展示优质产品并提供优质服务。对于铺贴工匠，实施积分制度，鼓励他们使用森大集团旗下陶瓷品牌，并给予相应奖励。

从 2013 年与科达制造开展合作到 2015 年短短两年时间，森大集团在非洲陶瓷销量已达 4000 万 ~5000 万平方米，是中国对非出口陶瓷数量最多的外贸企业之一。

提升本地化制造率，优化政商关系

在很多人心中，非洲是不发达的，但森大集团则洞察到非洲巨大的发展空间，选择积极将生产线搬运到非洲当地，提高本土化制造水平。历经数十年的战乱，当前非洲大多数国家都非常欢迎能够扎根本土吸纳就业的企业。因此，为非洲累计提供了超 2 万个就业岗位的森大集团在非洲的建设项目受到了当地政府的大力支持。2023 年 6 月，坦桑尼亚贸工部部长就来到坦桑尼亚科达陶瓷厂参观，肯定了森大集团对当地经济建设与工业化进程的贡献。2023 年 8 月 24 日，乌干达总统 Yoweri Kuguta Museveni 和中国驻乌干达大使馆张利忠大使莅临森大集团乌干达分公司的快消纸尿裤工厂，参加分公司隆重的揭牌仪式。总统先生强调了制造业在国家经济中的重要性，赞赏森大集团是"国家制造业的典范"。

图 4-4 乌干达总统先生 Yoweri Kuguta Museveni 和中国驻乌干达大使馆张利忠大使参加森大乌干达分公司快消纸尿裤工厂揭牌仪式

图片来源：森大集团官网。

此外，森大集团也积极通过各种平台在非洲持续树立品牌形象，建立良好的商业关系。通过参加坦桑尼亚的 SABASABA 展会、国内的广交会等展会，森大集团持续宣传保证产品品质、高产能覆盖、贴近客户定制化生产等商业优势，利用广泛深入的代理商、终端渠道拉动，逐步树立自己的陶瓷品类品牌 Twyford，并使其成为非洲第一大本土瓷砖品牌。

合理配置产业，撬动友商资源

提到森大集团的成功，则不得不提到与其有紧密合作关系的科达制造。2013 年，森大集团在非洲市场建设本地化厂房，加纳洗衣粉厂、加纳五金厂、科特迪瓦五金厂、坦桑尼亚洗衣粉厂、坦桑尼亚五金厂等项目陆续完工并投产。

而彼时的陶瓷机械巨头科达制造也在寻求新的增长点。在合并了恒力泰机械有限公司以后，科达制造成为全球第三大陶瓷机械供应商，并将商业视线投向了海外市场。在开发非洲市场的过程中，森大集团有效利用了科达制造的融资优势和技术优势，为在非洲的合资陶瓷企业提供了充分的资金支持和技术支持，破解了前期生产与销售的难题。2016 年 11 月，科达（肯尼亚）陶瓷有限公司一期项目正式启动生产，标志着森大集团和科达制造在非洲陶瓷机械市场迈出了坚实的一步。自此，双方在非洲陆续合资建设了更多的生产基地。

时至今日，森大集团与科达制造已经在非洲 5 个国家建立了 6 家陶瓷厂。截至 2022 年，这些合作基地所创造的销售收入已超过 30 亿元。

以务实且灵活的姿态，不断拓展业务边界

回顾森大集团的整个发展历程，有两个关键词反复出现在我们眼前，那就是"务实"与"灵活"。也许是因为森大集团起家于传统的贸易业务，也许是因为其根植的土壤——广东省盛行务实的商业风气，从最早的"什么利

润高卖什么"到开拓海外销售网络再到后来的自建工厂，森大集团如今的业务格局并非一蹴而就，也并不鼓吹所谓长远的战略眼光，而是根据竞争格局、营商环境、行业趋势与自身实力等因素的变化而及时调整不同阶段的重心，逐步拓宽业务版图，继而最终成长为"技－工－贸"一体的"三角形战士"。

新出海时代，创业者的素质相较以往有了大幅提升，善于讲述宏大商业故事的人不在少数。但在当前全球经济下行的背景下，越来越多的商业精英开始倡议回归商业的本质，一步一个脚印，避免步子迈得太大而导致风险不可控，这也正是我们在新出海浪潮下依然需要向森大集团这样的老牌制造企业学习的地方。

在商业世界，"慢节奏"与"快节奏"呈此消彼长之势。某种情况下，慢就是快。森大集团在2013年启动海外建厂工作，经过整整两年的规划、打磨才于2015年在加纳建成第一家洗衣粉厂。对于这样一间低技术门槛的工厂，两年的筹备时间实在算不上快。但在"慢悠悠"地跑通了第一家工厂后，森大集团却在接下来的两三年中以迅雷不及掩耳之势在非洲落地了八座生产基地，实现了"以慢促快"的成果。

虽然非洲大陆充满了商业机会，但森大集团选择非洲作为主要市场必然面临着许多风险。

政治和治安环境是森大集团在非洲市场的首要考量。在一些非洲和拉美国家，政局不稳定、社会治安动荡，政策环境变化多端，这对企业经营造成了较大的不确定性。森大集团在拓展业务的过程中时刻关注当地政治形势的变化，为全球外派和差旅员工提供医疗和安全风险防御与援助服务。

此外，**非洲大多数国家工业基础设施薄弱，且劳动力素质和人才储备不足**，给企业在当地建厂带来了不少的挑战。相比发达国家，一些非洲和拉美国家的基础设施建设滞后，交通、能源、通信等方面存在着诸多瓶颈和不足。森大集团等制造业企业在当地建厂，势必要花费更多的建设成本和人力成本才能够开始投产。同时，当地的熟练工人资源远不如国内丰富，从招聘、培训到管理工人都需出海企业多一分耐心。即便是从国内招聘中高层管理人员外派非洲，难度也远高于专注国内业务的企业。在社交媒体上搜索森大集团，关联词条中不乏"森大集团外派非洲的工作安全吗""森大集团是正规公司吗"等这类问题，可见要克服国内对于非洲这样的新兴市场的偏见，以森大集团为代表的深耕非洲的企业还有很多工作要做。

Chapter Five

第五章 互联网平台型企业在海外大显身手

01 互联网平台企业的突围战

2024 年 3 月 22 日，中国互联网络信息中心（CNNIC）发布了第 53 次《中国互联网络发展状况统计报告》。《报告》显示，截至 2023 年 12 月，我国网民规模达 10.92 亿人，较 2022 年 12 月新增网民 2480 万人，互联网普及率达 77.5%；我国网络购物用户规模达 9.15 亿人，较 2022 年 12 月增长 6967 万人，占网民整体的 83.8%；2023 年，中国网上零售额达 15.4 万亿元，其中实物商品网上零售额比上年增长 8.4%。

数据显示，中国各互联网应用的用户规模和网民使用率都已经到了高位，即便是在下沉的农村市场，也已经没有多少增长空间。在几乎所有的互联网应用领域，国内早在五年前就已经进入了存量竞争的阶段。

2022 年 12 月，中央经济工作会议提出了支持平台企业在国际竞争中大显身手。此前，受益于中国庞大的国内市场，中国各互联网平台企业的估值或市值甚至可以直逼美国的同行，因此出海的动力不足。2022 年后，无论是行业因素还是政策因素，都在推动中国互联网平台企业加速出海。

实际上，出海已经是中国互联网平台企业的最后一场突围战；要么成为真正的全球化企业，要么掉队，没有中间选项。激进做全球化的字节跳动，

2023 年海外收入占比已经达到 20%，海外收入的快速增长支撑了其总体收入超过了腾讯。另外一家激进做全球化的电商平台拼多多，其市值在 2023 年底和 2024 年初几度超过了阿里巴巴。

中国互联网平台企业在国内虽强，但在全球市场和美国同行相比差距明显。在搜索、社交、电商、网约车等领域，美国的谷歌、Meta、亚马逊、优步等早已在全球范围建立了较高的竞争门槛，中国同行要想迎头赶上的难度非常大。

图 5-1　阿里巴巴国际站 Alibaba.com CoCreate 2023 现场

图片来源：EqualOcean。

有几个可选的竞争策略，一是在新方向上占据先机，字节跳动旗下的 TikTok 在短视频和直播上占据先机后，一跃成为 Meta 最大的竞争对手；二是选择在局部获得优势，比如在东南亚，中国或中国背景的平台企业已经取得了竞争优势；三是利用收购加速进程，典型的如腾讯在游戏领域的全球收购，支撑其 2023 年游戏海外收入占比超过了 30%。

按互联网各应用来看，中国平台企业在电商、游戏、短视频、直播领域的出海全球化已经取得了较大进展；而在网约车、在线旅行、网络支付、网络视频等领域取得了一定成绩；在网络外卖、网络搜索、网络新闻、网络文学等方向还停留在华人圈子。2023 年进入大众视野的网剧出海，为平台企业提供了可借鉴的新思路。

需要看到的是，中国的互联网平台企业除了面临强大的竞争对手外，也受当前"逆全球化"、保护主义盛行大环境的不利影响。加之中国企业的国际化管理能力和经验都欠缺，可以预计美国平台企业在中国遇到的一系列问题，中国平台企业出海时也会同样遇到。

从服务 14 多亿中国人，到服务全球 80 多亿人口，中国互联网平台企业的想象空间将被数倍放大。此前，没有任何一家中国互联网平台企业达到过 1 万亿美元的市值或估值，而唯一的实现途径就是在出海全球化方向取得成功；字节跳动、腾讯、阿里巴巴、拼多多等平台，接下来将尽力去打赢这场突围战。

02　案例分析之 TikTok：顺风飞翔，全球崛起

在中国互联网平台企业里面，字节跳动是做出海全球化最为激进的企业之一。

2023 年，字节跳动营收增长 30%，达 1100 亿美元，大约为其最大竞争对手 Meta 收入的 80%。预计在 2025 年、最迟 2026 年，字节跳动的收入规模将超过 Meta，而支撑字节跳动后续有望超过 Meta 的关键是 TikTok——在全球拥有超 10 亿活跃用户的现象级 App。

在梳理 TikTok 在全球崛起的历程之前，有必要对其母公司字节跳动做一

些特别介绍。早在 2012 年字节跳动刚成立，还在北京一个叫锦秋家园的小区办公时，该公司创始人张一鸣就已经有全球化品牌的意识。字节跳动的英文名是 ByteDance，一个非常国际化的名字。谈及为何要做全球化，张一鸣有一段被广泛引用的表述："中国的互联网人口，只占全球互联网人口的五分之一，如果不在全球配置资源，做出追求规模化效应的产品，五分之一，无法跟五分之四竞争，所以出海是必然的。"

在 TikTok 上线前，字节跳动就已经有非常多的出海实践，围绕着早期的核心产品今日头条展开。包括 2015 年 8 月，字节跳动发布了今日头条海外版 TopBuzz，2016 年又在海外投资了新闻类产品 DailyHunt 和 BABE。凭借字节跳动越来越精准的算法这一看家本领，TopBuzz 一度在美国成为下载量排名前三的新闻 App。这些经历和经验，为后续字节跳动在全球市场运营 TikTok 打下了良好基础。

2014 年，一款名为 Musical.ly 的应用上线，下载量很快便成为美国 iOS 免费榜的第一名。到 2016 年时，其已经在三四十个国家流行。看到短视频火爆，字节跳动在 2016 年开始大举进入该领域，当年先后发布了火山小视频、西瓜视频；2016 年 9 月，对标 Musical.ly 的 A.me 正式上线，同年 12 月 A.me 改名为抖音；该产品嫁接了字节跳动的撒手锏——机器算法。

第一阶段（2017—2019 年）：TikTok 从诞生到迅速蹿红

2017 年 8 月，已经在国内积累了大量用户的抖音推出了国际版产品 TikTok。为加速出海进程，2017 年 11 月字节跳动高价收购 Musical.ly，并在 2018 年 8 月正式将 Musical.ly 和 TikTok 合并。TikTok 的个性化推荐算法和 Musical.ly 的产品、用户相互融合借力，在加大投放后，合并后的 TikTok 用户量迅速增加。数据显示，2017—2019 年 TikTok 的全球下载量由 1.3 亿次增至 7.18 亿次。

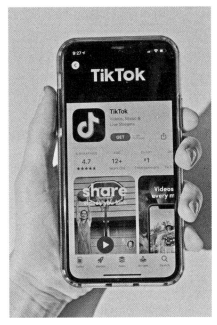

图 5-2　字节跳动旗下的 TikTok

图片来源：Unsplash。

第二阶段（2020—2022 年）：TikTok 本土化渡劫

2019 年 11 月，特朗普政府以国家安全为由，宣布将对字节跳动收购 Musical.ly 进行调查；2020 年 3 月，美国禁止联邦政府雇员在所有联邦政府设备上使用 TikTok；8 月，特朗普发布行政命令，要求禁止 TikTok 在美国下载和更新。这段时间 TikTok 在美国遭遇了前所未有的压力，差不多同期为了争取继续在美国运营，TikTok 逐步把审核、运营、服务器、高级管理人员都进行了本土化。

2020 年 9 月，美国法院裁决暂缓实施 TikTok 下架行政令；2021 年 2 月，新任美国总统拜登暂停了 TikTok 禁令；同年 6 月，拜登政府正式撤销了针对 TikTok 的特朗普总统令。度过了政治审查危机的 TikTok，在 2021 年 9 月取得了月活跃用户达 10 亿的巨大成绩。

2022 年，TikTok 月活用户继续增长，没有太大监管压力的 TikTok 把精力更多地放在了业务上。从 2020 年开始进行商业化，也在 2022 年开始加速测试，加大对电商业务 TikTok Shop 的重视程度；11 月，TikTok Shop 在美国放出了内测名额。但整个 2022 年，TikTok 的商业化不及预期。

第三阶段（2023 年至今）：TikTok 加速商业化

2022 年时，TikTok 的全球活跃用户是抖音的两倍，但收入只有抖音的 1/8；进入 2023 年后，TikTok 加速推进商业化。

整个 2023 年，TikTok 的电商业务 TikTok Shop 在东南亚异军突起，从 2 月开始，陆续进入泰国、马来西亚、越南、菲律宾、新加坡等市场，并在 8 月统一调整减少了保证金；同时在美国市场也基本测试出成效。此外，TikTok 还收购了印尼本土电商巨头 GoTo 旗下的 Tokopedia，进一步巩固了其在海外的电商地位。

有消息称，2024 年 TikTok 还将陆续在巴西、西班牙、法国、意大利、澳大利亚、新西兰等站点开通小店业务，并为其电商业务定下了 500 亿美元 GMV 的目标，远超 2023 年的 200 亿美元。尽管目前 TikTok 的商业化还处在初级阶段；但更长远地看，TikTok 有望占到字节跳动总收入的 50%。

在回顾 TikTok 在全球范围崛起的历程的同时，它的一些策略和经验也非常值得学习。

创始人坚定的全球化执念

字节跳动的创始人张一鸣，从公司成立一开始就有坚定的全球化意识，不想做只覆盖 1/5 人口的产品。2014 年，当字节跳动刚成立还是一家很小的公司时，在接受采访时张一鸣就说："我认为我们有机会成为手机用户获取信息的重要门户，不仅在中国，也在国外。"

出海从 0 到 1 的创业，是一把手工程。2017 年春节，字节跳动收购了

Flipagram，张一鸣带着团队去洛杉矶负责整合工作。尽管英语不算好，张一鸣回忆曾"硬着头皮"用英语给 Flipagram 团队做过分享。为了推进海外业务，张一鸣很长一段时间都在海外各国跑，"每三天有两天在旅途中"。同样，在收购 Musical.ly 这个关键事情上，张一鸣敢于下决策承担风险，付出了极大耐心和额外成本。

不断夯实全球化组织能力

截至 2023 年底，TikTok 一共经历了五任负责人，逐步从一个全部由中国人担任高管的团队变成了一个多元化的管理团队。目前担任 TikTok CEO 的周受资为新加坡人，COO Vannessa Pappas 为美国人，其他一线主管里面大多为国际化面孔，各国的国家经理几乎都是对当地市场很了解的本地人。

TikTok 的核心管理层制定大战略和方向，具体到本地市场的业务及产品功能，给了国家经理较大的自主权和灵活性。TikTok 的团队遍布美国洛杉矶、新加坡、中国的北京、上海等地，看似分散的企业治理背后，TikTok 的全球化组织能力在中国企业里面首屈一指。即便是在美国硅谷，TikTok 也已经被视为"大厂"，和 Meta、亚马逊等抢夺最优秀的人才。

重视品牌和善于营销

TikTok 抓住了短视频的风口，在 Meta 尚未反应过来前一度是其最大的广告主之一；除了线上之外，TikTok 也不惜重金投线下，其品牌广告也曾长期在纽约时代广场出现。除了敢于"烧钱"，TikTok 也善于营销。在发展中国家，TikTok 经常用低廉的价格先在中小城市圈进大量的用户，然后进入消费水平较高的大城市。同时大量的用户下载，会使 TikTok 受到媒体广泛关注；在免费利用媒体关注和报道这件事情上，TikTok 做得非常熟练。

2024 年年初，TikTok 官方发布了第四届年度趋势预测报告 *What's Next Trend Report 2024*，向广告主发起了新的号召：勇于尝试，大胆破局。

报告提到了三大趋势：激发好奇心（Curiosity Peaked）、无拘束地讲故事（Storytelling Unhinged）、弥合信任鸿沟（Bridging the Trust Gap）。这些趋势宣言很好地为如何在 TikTok 上抓住营销良机、利用平台及流量优势取得电商进阶书写了答案。

积极推进本地化

TikTok 的一个重要策略是全球化产品 + 本地化内容。TikTok 在全球不同地区的品牌形象统一、产品架构相似，但在内容层面呈现出明显的本地化特色。每到一个新市场，TikTok 采取的方式也很简单直接：花重金邀请当地知名明星和网红入驻，通过他们吸引当地的用户。这些代表本土文化的明星和网红，定义了 TikTok 的本地化形象。同时，TikTok 的全球本地化的组织能力，也能支撑其推进越来越多的本地化实践。

重视合规与 ESG

自 2020 年第三季度开始，TikTok 用了一年时间推进了审核、运营、服务器、高级管理人员等环节的本地化。同时，TikTok 积极回应家长的关切，出台更多保护青少年的举措，如率先推出了保护青少年的功能和设置，不让 13 岁以下的儿童使用该平台，并表示"我们将继续与专家和业界合作，确保青少年在 TikTok 上的安全"。同时，TikTok 也通过公益和社区活动，与本地社区进行了非常多的有益互动。

未来，随着优化并建立更多供应链，更多中国出海品牌将积极抢占美国地区 TikTok 红利。不过，无论是高门槛的准入机制、重运营成本的本地备货要求，还是市场本身的高竞争性与不确定性，都对这笔红利的具体前景埋下问号。但随着美国地区 TikTok 忠实用户规模持续发展扩大，其中的商机仍具有无限量可能。是风口，但是也要看方向。如果顺应本地文化调性，利用好视听叙事这一独特优势，拓展品类、提升质量、创造故事、挖掘价值，TikTok 仍大有可为。

03　案例分析之希音：墙外开花墙外香

在新一轮的全球化浪潮中，中国跨境时尚零售商希音无疑是最值得关注与剖析的存在之一。根据市场分析机构 data.ai 最新发布的《2024 移动市场报告》显示，希音深受海外消费者的青睐，继 2022 年之后，连续第二年荣获全球购物类应用下载冠军；同期位于下载量第二位、第三位的则分别是 TEMU 以及亚马逊。

海外消费者对希音的喜爱并非偶然现象，凭借"小单快反"的柔性供应链模式，希音将"性价比"与时尚完美融合，并通过个性化的内容表达，吸引了大量年轻消费者的关注，成为全美千禧一代（1981—1996 年出生）年轻人最喜爱的品牌之一，还成功跻身全球四大时尚品牌之列，在国际舞台上与 ZARA、H&M、优衣库等知名品牌并驾齐驱。在当前的大环境下，一个企业和品牌能在海外如此受年轻人欢迎，并不是一件容易的事。而要了解希音的成功之路，首先让我们回顾一下其这一路以来的历程。

第一阶段（2008—2011 年）：创业初期，靠卖婚纱起步

2008 年，希音创始人许仰天和几位朋友在南京开始创业，从事跨境电商业务，靠着卖婚纱起家。当时婚纱、礼服等在跨境电商中颇受欢迎，且是毛利较高的品类，于 2013 年在美国上市的"跨境电商第一股"兰亭集势的 CEO 郭去疾就曾向媒体表示，最得意的就是成功面向海外市场销售婚纱。这一阶段通过学习和复制兰亭集势，同时借助中国供应链优势，以及其本人在搜索引擎优化（SEO）方面的工作经验和流量红利，许仰天成功经营婚纱生意并将婚纱出口至欧美地区，赚到了第一桶金。

第二阶段（2012—2016 年）：小步快跑，逐步调优

在借助婚纱捞到第一笔金后，许仰天决定带领 Sheinside（希音的前身）转型做跨境女装，并专注于海外快时尚市场，且早于大多数出海企业进行了独立站运营，这也确定了希音后来的发展方向。2013 年，许仰天开始不满足于单纯的"拿货"，开始组建自己的服装产品团队，其中包括服装设计师和买手；同年 11 月，Sheinside 开始通过丰厚的报酬，招揽大量外部设计师；2014 年，许仰天收购了其创业初期合伙人李鹏于 2011 年创立的跨境女装品牌 ROMWE。

2015 年，Sheinside 正式更名为 SHEIN（希音），还收购了同样在美国做女装电商生意的 Makemechic；同年，许仰天将希音从南京搬到了广州番禺，并依托广州的服装产业链探索出一套全新模式。得益于广州强大的产业集群效应和国内低廉的制造成本，希音迅速打开海外市场，并快速成长壮大。也是在 2015 年，希音并购了 ZZKKO，随后该 App 变成了希音的官方 App。

图 5-3　希音坐落于广州番禺万博 CBD 的新大楼

图片来源：希音。

在这之后，希音不断修炼内功，一方面着手整合上游供应链，通过信息化升级、产业集群优势、供应链管理系统为极致小单快反的供应链打下了坚

实的基础；另一方面，公司踩准第二波流量红利，通过社交媒体种草、网红带货等方式，进一步实现了品牌流量的沉淀。

第三阶段（2017—2020 年）：高速发展，不断释放潜力

通过前期的战略布局和资源配置，希音开始进入品牌高速发展期，销售额每年均实现翻倍以上的增长，依托前后端的相互作用，不断拉大与同业的差距，进一步加深了公司护城河。与此同时，2018 年，希音开始尝试发力线下，在纽约开了第一家快闪店。此后几年，希音的线下店铺在达拉斯、洛杉矶、迈阿密、巴黎、伦敦等多个时尚前沿城市驻足，虽然快闪店每到一处只短暂停留几天，但成效颇丰。

2020 年，线上消费的高度热情让希音的订单如潮水般涌来，品牌影响力进一步扩大，其销售额更是呈指数级增长态势。根据公开报道，2016—2020 年，希音的年度营收分别为 6 亿美元、16 亿美元、20 亿美元、32 亿美元和 100 亿美元。

图 5-4　希音位于广州的一家创新工厂

图片来源：希音。

根据希音全球招商官网显示，目前希音直接服务全球超 150 个国家和地区消费者，美国、欧洲、中东、东南亚是希音的四个主要市场。其旗下拥有 11 个自有品牌，活跃用户更是超过 7000 万，且用户黏性极高。为了保障更好的履约体验，希音已在美国搭建三个大型配送中心，其中美国印第安纳州怀茨敦的配送中心现已启动，等三个配送中心全面启动后，客户收货时长将从两周缩短到三四天。除了在美国，希音也在波兰、意大利和阿联酋开设了三个配送中心。

第四阶段（2021 年至今）：打造更加国际化的希音

随着希音的不断发展、营收突破百亿美元大关，许仰天认为希音的下一步不该局限于"跨境"，而是转变为平台化、本土化、国际化，表现之一便是其核心管理团队国际化色彩的日渐浓厚。

2021 年，曾经在迪士尼负责供应链 ESG 合规的亚当·温斯顿（Adam Whinston）出任希音的 ESG 全球主管，直接向 CEO 汇报。2023 年初，软银前首席运营官马塞洛·克劳尔（Marcelo Claure）加入希音，并被任命为拉美地区公司董事长，通过本地人管理本地人的双 CEO 制度，由其负责管理本地员工并与政府、媒体和供应商打交道。加入希音几个月后，克劳尔又被任命为集团副董事长，进一步助力希音在全球的扩张。

2024 年 1 月末，希音英美战略传播主管 Pernot-Day 在接受 CNBC 的采访中谈及了希音在供应链领域的未来规划，表示希音在 2024 年将继续扩大和深化在新市场的本地化努力，尤其是在美国、欧盟和巴西。Pernot-Day 表示，希音已经在巴西投资超过 1 亿美元，用来发展当地的服装制造业，路透社报道，希音将在 2026 年实现拉美供应链本土化。

同时，希音也通过并购加快在海外的资产布局。2023 年 8 月下旬希音收购了快时尚女装品牌 Forever 21 母公司 SPARC 集团 1/3 的股权，获得 Forever 21 线上分销及试水线下销售与体验的机会；10 月末，希音又收购了英国时尚零售集团星狮集团旗下的快时尚品牌 Missguided 以及该品牌的所有知识产权，未来 Missguided 的产品将由希音的柔性供应链生产制造，并在其平台上销售；11 月，希音和 Forever 21 推出联合品牌，由希音进行产品的生产以及在主流市场的线上销售。

平台化方面，2023 年 5 月，希音宣布将在全球市场推出平台模式，意味着将会有更多的品牌、商家以及全球第三方卖家入驻希音，希音也将以此拓宽供应链渠道。

2023 年初，据英国《金融时报》报道称，希音管理层在路演上向投资者透露，其 2022 年营收 227 亿美元，预计 2023 年将突破 300 亿美元，2024 年将逼近 450 亿美元，2025 年有望达到 585 亿美元。如此"狂飙"的数据不禁令人好奇：这个一直在"闷声发大财"的希音，到底做对了什么？

"小单快反"的数字化柔性供应链体系

"小单快反"无疑是希音最值得骄傲的标签之一，其核心便是"按需供应"，尽可能高效地规划生产，减少因库存积压产生的浪费，进而为消费者提供兼具性价比和时尚的商品。有行业人士对媒体表示称，希音所采用的"小单快反"模式并非新鲜事——早已是华南地区比较成熟的服装供应模式；而希音做得更多的则是信息化升级并进行大规模和创新性落地，通过线上服装供应管理让规模化的"小单快反"得以高效、敏捷地完成，该模式也因此展现出更强的竞争优势。

所谓的"小单快反"，就是所有订单希音品牌都以 100~200 件的规模先进行测试，卖得好再追加订单，卖得不好立即停止。所以在生产端，希音品牌凭借数字化技术实时分析时尚趋势与市场需求，预测销售和控制生产；在消费端，希音的数字化工具根据销售情况自动为每款商品评级，实时根据市场销售情况来调整订单。

图 5-5　希音位于土耳其的一家合作工厂

图片来源：EqualOcean。

这样的节奏极大减少了浪费。当消费者的热情过去，希音的订单也会停下，以尽可能减少滞销衣物的数量，更减少了滞销的损失，这也是为何希音能将商品价格定得比其他时尚品牌更低的原因。而随着更多更新鲜、更具性价比的产品的推出，消费者更愿意选择购买，进而销量更多，成为良性循环。

KOL 在社交媒体上疯狂"种草"

2016 年，时任希音移动总经理的裴旸曾在一场论坛上表示，希音是跨境电商里面做达人营销做得非常早的，"（我们）2011 年开始做网红 KOL 营销，当时希音 100% 的流量来自于 KOL，最好的时候 ROI 可以做到 1∶3，是非常暴利的时代"。从 2013 年左右的 Pinterest 到近年来的 TikTok 营销，希音都很好地把握了社交媒体的力量。

目前，在 Instagram 上搜索"SHEIN"，会出现 998.1 万个相关搜索结果，大部分是穿着希音旗下服装、鞋、饰品等产品的年轻女性的图片和视频，而这些年轻女性来自世界各地，包括美国、欧洲和中东。这些"SHEIN 女孩"往往在 Instagram、Youtube、脸书等平台上有一定粉丝，希音一般会用免费的衣服或商业合作方式换取她们的流量推广和销售转化。而通过这些 KOL 所创造的内容（包括优质图片、带有图片和视频的大量内容、评价等），希音得以吸引更多潜在客群，然后通过高性价比产品和无忧退换，以及激励互动的机制等这些极致体验吸引客户不断复购、推荐。

高性价比与高时尚度的极致融合

"不是大牌买不起，而是希音更有性价比"，在消费降级的大环境下希音捕捉了众多消费者的内心诉求，更是精准地对自己的成功做了概括。

丰富的 SKU、持续不断的上新款式、平易近人的价格……这些都帮助希音牢牢俘获了众多欧美 Z 世代的消费者，而这个巨大的心智资产，也是希音价值的重要支撑。同时，借助独立站，希音将沉淀下来的用户数据全面打造为属于自有品牌的私域流量池，并搭建围绕品牌和产品的用户社群，实现数据的二次开发，创造数据的"复利价值"。

然而，正所谓"木秀于林，风必摧之"，希音的后来居上让以 ZARA 为代表的传统时装品牌巨头表现得异常焦虑。

希音多次陷入侵权的漩涡中。 有媒体报道称，在热度高峰期，#sheinsto-lemydesign（希音偷了我的设计）的标签在 TikTok 上的浏览量一度冲到了 640 万，引得越来越多的用户搜集希音抄袭的证据。事实上，自 2022 年以来，希音频繁成为被告席的常客，H&M、Zara、Dr.Martens 等全球公司都曾与希音对簿公堂。2023 年 7 月，克里斯塔·佩里（Krista Perry）、拉里萨·马丁内斯（Larissa Martinez）和杰伊·巴伦（Jay Baron）三位独立设计师向加州联邦地区法院联名起诉快时尚巨头希音侵犯版权，且涉嫌违反《反敲诈勒索及腐败组织法案》，更是将希音推上风口浪尖。

工厂员工工作强度大等劳工问题也一直伴随着希音。2021 年 11 月中旬，劳工观察组织 Public Eye 发表一份调查报告称，希音的部分工厂不符合 ESG 标准。其中，有工人爆料称，他们每周工作 75 小时，每月只有一天的休息时间，引发了公众的广泛声讨。

这些负面标签给希音带来了相当大的争议，甚至美国民间还成立了 Shut Down Shein 组织，要求关闭希音，但这个故事远未结束。相信希音终将证明自己，驰骋于时尚的世界舞台上，为行业带来更多的惊喜与变革。

第六章　工程师红利支撑的技术出海

01　技术驱动出海

一个国家的制造业发展到一定程度后，需要往两个方向走：一是技术驱动的方向，二是品牌驱动的方向。在技术方向，中国基于其庞大的工程师红利和非常勤奋的民族性格，在很多行业取得了越来越大的突破。数据显示，中国每年的理工科大学毕业生人数在470万左右，为美国的五倍以上，这有力地支撑了中国各类技术进步。

工程师红利惠及的行业很多，典型的如移动互联网产业。曾经在PC时代中国还主要是跟随美国，到了移动互联网时代中国基本上和美国保持了同频并且有不少原始创新。基于中国庞大的用户和市场，以及工程师们夜以继日的努力，中国互联网企业曾一度和美国同行在全球市值前十名企业榜单里平分秋色。

又比如在机器人领域，无论是民用还是商用方向，中国的公司更新迭代速度都非常快。欧美同行三年更新一代产品，中国公司一年更新三代产品。三五年后，中国企业在产品技术和性能层面就能快速赶上欧美同行。

基于中国工程师红利的出海在2022年进入爆发期，技术驱动也成为"新出海"有别于"旧出海"的一大特征。技术出海的逻辑是，海外不少发达国家的老龄化加速导致劳动力稀缺，而很多亚非拉国家需要嫁接中国技术及应用能力才能驱动产业更快发展。

图 6-1　土耳其伊斯坦布尔机场的 TCL 广告

图片来源：EqualOcean。

所以在发达国家，中国的技术出海表现在"机器换人"——用技术不断取代一些枯燥且成本高的工作岗位；而在发展中国家，中国的技术出海更多围绕提升产业效率展开。中国在原创技术层面相比美国依然有差距，但在应用层面具有无可比拟的优势。

2023 年的 ChatGPT 和 2024 年的 Sora，让中国各行各业非常紧张。在通用人工智能时代即将开启的 2024 年，中国的技术出海正在被重新定义。同时，我们需要看到除了中美两国，其他国家很少讨论 ChatGPT 和 Sora；跳出纯技术层面，全球绝大多数国家更关注技术的产业落地。

尽管如此，中国企业需要从技术产品和方案输出者，朝着技术原创者和标准制定者的方向升级。只有这样，中国的技术出海才能占领最高端和利润最丰厚的市场。中国引以为傲的工程师红利，也要转型为创新人才红利，才能适应接下来的全球人工智能竞争。

中国的技术出海有一个典型特征：硬件软件相结合。硬件嫁接在中国的供应链优势基础上，软件层面则日益数字化。尽管在人工智能纯技术层面中国和美国相比有劣势，但在硬件结合软件层面中国依然具有独特优势。当然，有独特的优势并非可以高枕无忧，技术出海越来越受地缘政治影响，中国的技术出海企业需要有更高超的技巧处理相关的敏感问题。

本章选取了海康机器人和西井科技为案例，它们的发展历程和发展速度，给技术类出海企业提供参考的同时，也可以给人以信心：在解决实际的产业问题上，中国企业在全球范围具备相当的竞争力。尽管地缘政治带来不利影响，中国的技术出海依然很有前景。

02　案例分析之海康机器人：引领智能物联新未来

2016 年被称为人工智能的一个里程碑。从 Alpha Go 与围棋冠军对弈取胜，到人脸识别技术，再到智能语音助手"Hi，Siri"的普及，人工智能成为"新风口"。也是在这一年，海康机器人正式加入这场技术变革的浪潮。

海康机器人脱胎于海康威视机器视觉业务部，业务涉及移动机器人、机器视觉两大领域，聚焦工业物联网、智慧物流和智能制造，重点覆盖汽车、新能源、3C 电子、医药医疗、电商零售等行业客户。站在巨人的肩膀上，海康机器人短短几年时间就迈进移动机器人的头部阵营。出海，是海康机器人的重要战略和业务方向。

第一阶段（2016—2017 年）：初步出海与探索

2016 年，海康机器人正式成立，同年成为北美视觉系统协会 AIA 成员单位和欧洲机器视觉协会 EMVA 成员单位；2017 年，海康机器人携手安森美建立联合实验室，将海康强大的算法和图像应用经验与安森美工业图像传感器性能相结合，用来打造更加可靠、智能、强大的工业物联网解决方案；同年，海康机器人率先布局叉取式机器人，在 CeMAT Asia 等物流行业盛会上崭露头角。

第二阶段（2018—2022 年）：加速全球化进程

在这一阶段，海康机器人开始加快推进全球化经营，打造全球化服务网络。2018 年，海康机器人助力 Superdry 在 Burton-upon-Trent 仓库落地了"货到人"试点项目，覆盖约 8000 平方英尺（约 743 平方米）的仓库区域，货物的处理速度和作业准确率远超预期。随着该试点项目的完成，海康机器人获得国内首张移动机器人全指令 CE 证书及工业 4.0 证书，标志着海康的产品在生产控制、质量保证、风险水平等方面，均达到欧盟及国际标准。

2020 年上半年，Burton-upon-Trent 仓库再次采购 40 台海康移动机器人，处理从零售、电商到批发的所有女装拣选和退货，甚至有计划再投放 20 台移动机器人至比利时仓库，推进各地仓库同步自动化、智能化转型。此后"货到人"作业模式还在日本市场实现了深入实践。

在欧洲，海康机器人也将"智慧物流""货到人"等项目理念充分发挥。2022 年的英国 IMHX 物流解决方案展上，海康机器人充分展示了其针对欧洲市场的定制化产品服务能力，以及强大的本地化运维能力。海康机器人构建地方团队并携手区域内的优秀合作伙伴，在欧洲的零售和服饰等核心领域成功推进了项目实施，进而提高了企业的自动化程度和物流业的效率，为"智能物流"领域设立了新的典范。

同年，海康机器人还成功拓展了东南亚地区的业务，实现了对该区域的全面覆盖，并在马来西亚、泰国、新加坡、越南和印尼等五个关键市场建立了本地化服务团队，为当地来自半导体、大型零售、汽车及零部件、电子商务零售和电池产业等多个行业的 150 余家客户提供了量身定制的解决方案和售后服务。

第三阶段（2023 年至今）：深度赋能全球用户，推进本地化

在全球化进程中，海康机器人一直坚持区域下沉和本地化战略，业务已覆盖 50 多个国家和地区。2023 年，海康机器人、快仓、极智嘉等头部机器人厂商携新品亮相各大海外会展，再次点燃了机器人出海的热度。

一方面是竞争激烈的国内市场，企业亟须寻找新的增长点，而海外移动机器人需求旺盛，市场潜力巨大；而另一方面，和海外移动机器人产品相比，国产产品有明显的性价比优势，得到了海外市场的认可。

图 6-2　海康机器人参加在德国斯图加特举办的第 21 届 LogiMAT2023
国际内部物流解决方案及流程管理展览会

图片来源：海康机器人官网。

在这一年，海康机器人加大了海外业务的本地化力度。随着韩国、荷兰、新加坡等分公司的开设，公司的业务逐步覆盖东亚、欧洲、东南亚等多个国家和地区，并在中、欧、美、日、韩等地都进行了专利布局。公开数

据显示，2023 年，海康机器人在汽车、新能源、3C、商业流通等行业落地 1600 多个案例，为一汽大众、新加坡 YCH、英国 Farsound 等客户提供了创新化、智能化的解决方案，帮助他们实现了生产工艺与内物流的全链路、规模化应用，顺应智能化应用的大势。

同时，作为物流行业的一部分，海康机器人不仅在国内"双十一"购物节中发挥着重要的作用，也在海外"黑色星期五"促销活动中大显身手。有数据显示，在 2023 年的全球购物月中，海康机器人的出库准确率达 99.9%，将仓储空间利用率和拣货效率提升了 2~5 倍。

也是在 2023 年的 3 月，海康机器人正式向深圳证券交易所递交招股书，拟在深交所主板上市，目标是扩大产能和产品线，以及补充流动资金，打响了 2023 年机器人企业上市潮的第一枪。对于移动机器人制造商来说，技术革新、产品交付与回款的难度、现金流紧张等问题是普遍存在的。在这样的背景下，如果海康机器人能够成功上市，将有机会通过专注于提升机器人业务的深度和精度、拓展多样化的服务场景、增强自身的盈利能力，从而实现持续增长的目标。

短短 8 年时间，海康机器人便挤进移动机器人的头部阵营，将其足迹成功扩展至全球，这背后是对于时代趋势的完美把控和对行业需求的精准洞察。

抓住了时代的风口

随着制造业的进步，市场对于生产流程的灵活性、产品的更新速度、劳动力成本，以及对工作环境、人员安全的关注都日益增强，这些因素共同推动了对于能够迅速适应变化并提高工作效率的生产系统和物流系统的需求。

在这种背景下，机器视觉和移动机器人等具有高度灵活性的智能设备，成为推动产业升级和优化生产流程的关键技术趋势，相关领域更是成为过去三年创投市场上的"香饽饽"。海康机器人则"顺势而为",通过将机器视觉与机器人技术相结合,连续三年实现了营收的翻倍增长,证明了这一组合技术在大规模商业应用中的可行性。

而从全球市场来看,海康机器人所在的机器视觉和移动机器人赛道市场前景也十分广阔。MarketsandMarkets 数据显示,2021 年全球机器视觉产业市场规模约为 804 亿元,同比增长 12.15%。随着工业自动化技术的不断发展,机器视觉在工业领域的应用越来越多。GGII 预计至 2025 年该市场规模将超过 1200 亿元,2022—2025 年复合增长率约为 13%。此外,据 GGII 统计,2021 年全球移动机器人产业市场规模约为 215.5 亿元,同比增长 43.28%,预计 2026 年市场规模将超过 1000 亿元。

此外,随着全球电商行业的迅速发展,人们的购物方式渐渐从线下转为线上。电商行业催生的单订单多 SKU、包裹体积小但数量多的特性,以及零工经济时代全职仓储工人的紧缺大大提高了对仓储自动化的需求。利用机器视觉进行自动化识别分拣,利用移动机器人完成自动化搬运的替代优势就此体现。

掌握了细分行业的需求

如果细数海康机器人的优势,产品应用广是其自身发展以及占有国内外市场的根基,其在众多细分行业的沉淀与影响力更是不少移动机器人厂商难以比拟的。目前海康机器人已为 3C、汽车制造、电子半导体、电商快递、第三方物流、零售、食品饮料、光伏、医药、烟草、鞋服等各个行业的头部企业持续供应稳定可靠的产品和技术服务。

在汽车行业,海康机器人能够快速搭建高效的 3D 视觉方案,成功在很多汽配企业落地开花;在医药行业,海康机器人为合作伙伴定制全场景智能仓储物流解决方案,实现了降本增效;在光伏产业,海康机器人结合机器视觉软硬件产品优势，不断优化系统能力；在锂电应用方面，海康机器人针对 3D 缺陷检测和高精度测量，推出了整套解决方案；在多导航融合应用方面，海康机器人玩转 AMR 定位导航，成熟应用并大规模部署"激光 / 视觉 SLAM/ 二维码"三种导航融合方案。

图 6-3　海康机器人与马来西亚大型处方药局 Alpro Pharmacy 大专药剂达成战略合作

图片来源：海康机器人官网。

　　诚然，海康机器人在采购、产品、研发、销售渠道等方面具备较强优势，实现了全球业务的快速扩张，但也需要留意其高速增长背后的隐忧。

长期的价格竞争导致利润缩水，增速放缓

　　为了在市场上站稳脚跟并追求规模化的竞争优势，许多移动机器人企业初期常采取低价策略——海康机器人也不例外，这虽然帮助了它们快速占领市场，尤其是在那些增长迅速的行业领域，但这并未能够实质性地提高整个行业的需求量，随之而来的价格战反而严重压缩了利润空间，导致整个行业普遍面临资金短缺、增速放缓的困境。

特别是在 2020 年，为了进一步增加市场份额，海康机器人对其潜伏系列移动机器人进行了降价销售，使得产品的平均售价从 2019 年的 7.89 万元下降到 2020 年的 6.60 万元。然而，市场的激烈竞争还是导致了其移动机器人业务毛利率的持续下降，从 2019 年的 49.45% 降至 2022 年前九个月的 34.63%。为了支撑营收的快速增长，海康机器人还采取了向下游客户提供集成解决方案的策略，这一做法虽然扩大了销量，却也导致了毛利率的显著下降。

国际市场的拓展能力有待进一步提升

经过多年的发展，海康机器人的移动机器人业务拥有了一定的海外业绩，但其在国际市场上的品牌影响力仍然相对有限。原因之一在于在当前的地缘政治环境下，欧美国家对中国的科技企业持保留态度，这进一步增加了市场拓展的难度。因此，尽管海康机器人在技术和产品方面实力雄厚，但在美国市场的表现并不尽如人意。虽然海康机器人尚未单独公布其移动机器人部门在海外的营收数据，但从公司整体的主营业务收入来看，其在海外市场的份额相对较小，境外收入约占 10%。相比之下，行业内的其他一些企业，如快仓，其 2022 年年底的海外订单已经超过了全球业务的 50%；极智嘉的海外业务占比更是达到了近 70%。

未来能否实现持续稳定的增长仍然面临一些不确定因素

移动机器人产品对客户的库存管理水平、数字化建设和生产线规模都提出了较高的要求。同时，其机器视觉产品主要服务于 3C 电子、新能源、汽车等行业，这些领域的客户对于生产线的配置和技术需求有着严格的匹配性。在经历了近几年的快速增长后，有媒体存在一种担忧，即企业可能已经提前消耗了未来增长的部分潜力。此外，仓储物流行业内大型企业也在部署自己的移动机器人，如亚马逊、DHL、联邦快递等，行业内企业的激烈竞争无疑也会对海康机器人形成重大挑战。

如果说过去机器人企业出海，是在国内市场之外，寻找为数不多的商业机会，那么，现在出海业务则基本成为该类企业的标配。海外劳动力短缺的形势远比国内严峻，还有等待开拓的广阔市场。海康机器人还需进一步打造自身的竞争力，积极拥抱时代变化，进行全球化布局，在谋求创新中砥砺前行。

03　案例分析之西井科技：探寻新智能与新能源的最优解

横贯天地九万里的太空电梯、万台全力运转的行星发动机、从天际坠落的巨型方舟空间站、地球表面的冰川崩裂、宇宙空间的星球碰撞……一系列视觉奇观在《流浪地球2》中密集展示，让科幻文学与科技重器同频共振，营造出基于现实又超越现实的中式硬核浪漫。

这其中，那个即使在气候恶劣、路况复杂的作业环境下，也能精准无误、安全有序、一刻不停地为人类完成运输任务的充满科幻色彩的无人驾驶卡车，就源自人工智能和无人驾驶领域的领导品牌——西井科技。

作为中国科技出海代表企业，自2016年创立以来，西井科技秉承以新智能结合新能源的"Ainergy"（以"智"促"能"）战略，打造Q-Truck、E-Truck、Q-Tractor等多个首创智能驾驶产品。从泰国、英国到阿联酋、墨西哥等全球18个国家和地区，从海港到陆港、空港、工厂，都能看到西井科技的身影。它带着国家科技的发展与人民的自信走向国际，为行业带来了更高效并可持续的生产力价值。它的历程，也为中国企业的高质量发展提供了有力的借鉴。

图 6-4　2023 年 10 月最新抵达菲利斯杜港的 Q-Truck 车队

图片来源：西井科技。

第一阶段（2016—2019 年）：找到正确的方向

2016 年，西井科技正式组建团队，并第一次将人工智能应用于智慧港口，自主研发集装箱物流全流程智能解决方案。2018 年 1 月，西井科技在珠海港港区完成全球首辆港区内无人驾驶集卡首秀，这次作业也被认为是中国企业凭借人工智能技术在港口行业历史上的重大突破。也正是这次作业，引起全球规模最大的货柜码头经营商——和记港口集团的注意。

同时，创业初期的西井科技也在积极寻找合适的场景、合适的方向。从 2018 年起，西井科技就洞察并预判了新能源汽车产业的增量趋势，将 AI 与绿色低碳相结合，通过不断地实践和打磨，推出了"Westwell Ainergy 战略"，以智能化 + 新能源，助力全球物流行业升级。

随后，西井科技又推出了新能源自动驾驶解决方案 Qomolo，为客户提供整车新能源 + 自动驾驶套件 + 车路云一体的全局化解决方案。通过整车正

213

向研发、模块化设计、多样化的产品矩阵以及新能源可换电设计研发 Qomolo 系列产品。2018 年 8 月西井科技开始迭代"无驾驶室"全时新能源无人驾驶重卡 Q-Truck。

第二阶段（2020—2022 年）：全球市场多点开花

在经历一段艰辛的创业历程后，西井科技渐入佳境，持续完善其产品矩阵和解决方案，为迎接全球舞台而做好准备，并正式开启其"全球航行"的旅程。

2020 年 4 月，西井科技正向自研的 Q-Truck 无人驾驶车队落地和记港口——泰国林查班港 Terminal D。车队实现了全场区无人驾驶与人工驾驶 100% 无隔离混合作业，助力 Terminal D 成为全球首个无人驾驶与人工驾驶混合作业的项目，同时也是"泰国 4.0"国家战略的智能化升级项目之一。目前 Q-Truck 在泰国已常态化运营近四年，使这一国际集装箱传统枢纽港口实现了绿色智能化转型。这一项目的成功实施显示了中国企业在港口无人驾驶领域的技术优势，对 AI 无人驾驶在全球的商业应用具有示范意义。

正如其创始人兼董事长谭黎敏所说："西井科技扎根上海，享受了上海海纳百川的红利，就更应该有敢于走向世界的勇气。"在他的带领下，2022 年以来，西井科技已相继与英国费利克斯托港、阿联酋迪拜杰贝阿里港口、墨西哥韦拉克鲁斯港、马来西亚巴生西港、韩国釜山港签约，成为中国科技企业出海新标杆。

第三阶段（2023 年至今）：在多场景大物流领域接续发展

西井科技的发展范围不只局限于港口，而是致力于赋能全世界的大物流行业，真正实现以"智"促"能"。2023 年，新能源无人驾驶牵引车 Q-Tractor 在 2023 世界人工智能大会全球首发，进一步丰富了西井 Qomolo 产品矩阵，以适配全球用户的不同场景需求。Q-Tractor 可适配空港、工厂、物流中心等多元场景，以更深度的场景互联、更人性的驾驶体验、更丰富的应用场景、更高阶的自动驾驶，用于小型货物运输、行李牵引等物流运输领域。

随着世界各国对绿色低碳发展的重视，国内以及全球市场的生产和供应链都在经历重大变革，西井科技希望能够抓住这一机遇，实现产品全球化、服务能力全球化。

2024年2月20日，在香港特别行政区政府创新科技及工业局的见证下，西井科技正式宣布在香港设立国际总部暨海外研发中心，以香港辐射全球业务。未来5年，西井科技将投入3亿港元，在港积极招聘和吸纳全球优秀人才，创造约500个就业职位，其中70%为研发人员，将助力香港加快技术创新的步伐，也实现西井参与国际竞争、实现全球化的梦想。近一年来西井香港公司不仅积极推动本地业务落地和发展，而且新增新加坡、英国、荷兰等国业务，全面加速其全球化的步伐。

从创业初期到渐入佳境，西井科技只用了短短三年。在随后的几年间，西井科技迅速成长为中国人工智能和无人驾驶产业的一匹黑马，这一充满传奇色彩进程背后的推动因素值得探索。

多元产品矩阵，实现全球范围的商业闭环

西井科技总裁章嵘曾对媒体表示："我们最初并不是一个做自动驾驶类产品的公司，但是我们在落地港口智能理货产品的过程中，发现如果无法提供无人化的港区水平运输能力，就无法真正实现无人的智慧码头。"在发现问题后，迅速做出改变发展方向的决策，探索不同领域，为研发出能够适用于不同场景的产品而接续创新，是西井科技的成功之道。

具体而言，西井科技不断拓展智能交通运输工具产品矩阵，比如2022年推出的全球首款智能换电无人驾驶商用车Q-Truck、全球首发新能源无人驾驶牵引车Q-Tractor、基于大模型技术打造的集装箱物流新型智能机器人专家TerminalGPT等，还研发出可在园区等半封闭应用场景使用的车辆，以及

适用于开放场景的换电有人驾驶网联卡车 E-Truck——全面聚焦海、陆、空、铁等多场景的数智化与绿色化转型。

通过建立多元的产品矩阵，提高产品标准化水平，西井科技现已实现全球范围内的商业闭环，具备"全球产品研发 + 商业落地 + 规模化能力"。同时，其通过快速部署能力和高人效优势，在产品端结合多系统的全局化方案，迅速抢占了市场份额。最终，西井科技以新智能、新能源的双重叠加为驱动力，不断开拓市场，增强了品牌的行业影响力。

以"人性智能"赋能"无人物流"多场景创新

西井科技不断尝试寻找各个产业中科技与人类关系的最优解，从"人"出发，探索"无人"的境界。在以集装箱物流为载体的智能化多式联运方面，西井科技依靠全球领先的创新技术领跑全球物流产业，为全球科技经济发展贡献中国智慧和力量。

以打造智慧机场为例，人、货、场之间的物资运转，管理运维的复杂调度，驾驶环境的特殊性……都对路线规范和机场运营管理有着极高要求，同时运营方还要解决机场物流的综合效益与降本增效的高需求。而西井科技2023 年首发的新能源无人驾驶牵引车 Q-Tractor 拥有的数智互联能力，可将空港、工厂等一线工作人员从高强度、长时间、高危的驾驶作业中解放出来，并整体提升物流的运营效率。依托卓越的人机交互功能，车辆与 FMS 智能车队管理系统、WellSim 车辆仿真平台等系统深度耦合，用户可以实时掌握 Q-Tractor 的运行状态，高效管理车辆运输任务，并对车辆进行全生命周期的维护保养，实现全天候、全流程、无人化的货物运输，创造更高效且可持续的生产力价值。

绿色化解决方案助力可持续发展

2023 年，在迪拜召开的第二十八届联合国气候变化大会特别强调了可持续发展。而根据联合国贸易和发展会议报告，当前国际贸易额的 70% 以上、国际贸易量的 80% 以上都是通过海运实现的。在各国普遍认可和关注碳排放治理的当下，以集装箱为代表的大物流场景正朝向数字化、智能化、绿色化的转型方向发展。

在此背景下，西井科技将 "AI+New Energy" 与集装箱大物流紧密融合，确定 "Westwell Ainergy 战略"，并形成以 WellOcean（海港）、Qomolo（新能源智能驾驶商用车）为代表的数智化、绿色化的解决方案。

在实际生产作业场景下，西井科技的产品在减碳方面成效显著。比如英国菲利斯杜港（Port of Felixstowe）于 2023 年 10 月 14 日迎来了马士基劳拉号（Laura Maersk），这是世界上首艘使用绿色甲醇为动力的集装箱船。在船舶停靠期间，Q-Truck 新能源无人驾驶牵引车展示了它如何在物流业中推动可持续的能源绿色转型。

图 6-5 2023 年 10 月 14 日，Q-Truck 在英国参与劳拉号作业

图片来源：西井科技。

航运业绿色转型的今天，西井科技 Q-Truck 有助于提高码头的集装箱处理效率和操作稳定性，并可为减少港口营运的碳排放做出重大贡献。在完全使用绿色电能的情况下，经测算，新能源 Q-Truck 在实际生产作业场景下，单车每年可减排二氧化碳 50 吨。

"我们的最终目标是利用智慧、绿色、基于人工智能的技术来优化和减少整个供应链的碳足迹，消除不必要的浪费"，西井科技总裁章嵘说道。

Chapter Seven

第七章 品牌出海迎来新时代

01 从"卖货"到"卖品牌"

从商品出海到品牌出海，中国至少走了 20 年。

2001 年中国"入世"后，中国的商品开始畅销世界。无论是在欧美发达国家的高端商场，还是在亚非拉国家的街边小店，中国制造的商品随处可见。来自全球的采购商给中国工厂下订单，中国工厂通过代工方式生产和交货；在利益链条里面，采购商或品牌商赚取绝大多数利润，中国工厂分得一小杯羹。

尽管海外消费者都知道所购买的商品是"中国制造"，但他们直接接触和信赖的是渠道商和品牌商，而非中国的供应商。所以，"中国制造"商品行销全球的同时，"低价低质"成为难以抹去的标签，海外消费者能举出的中国知名品牌数量极少，这是中国制造业之痛。即便是中国从"低价低质"走向"物美价廉"很久后，一些海外消费者依然对中国商品存在偏见。

移动互联网的兴起带来了新的契机，尤其是社交应用和跨境电商的流行，让中国商品与海外消费者实现了广泛的连接。借助中国越来越优质的供应链，通过社交平台影响海外消费者，以跨境电商的方式，源自中国的品牌在海外市场发展具备了天时、地利、人和的条件。

前面提到的"跨境电商四小龙"，修建了一条中国供应链和海外消费者之间的高速公路。越来越多新一代出海创业者开始以创立源自中国的全球化品牌为使命，也有很多老一代的制造业企业不满足于代工而走上打造出海品牌的道路。

在电商运营和线上用户洞察方面，中国企业的能力遥遥领先。2020年全球消费的线上渗透率大幅提升，一大批源自中国的出海品牌借势崛起。无论是通过亚马逊、TikTok这样的线上平台，还是通过品牌的DTC官网，抑或是借助线下渠道，过去三四年品牌出海开始取代商品出海成为主流。

在电子消费品方向，无人机、数码配件、运动相机、泳池机、便携式储能设备、3D打印机等领域已经出现了源自中国的头部品牌；在服饰、化妆品、家居、户外用品等领域，不少全球最有竞争力的新锐品牌的总部都在中国。性价比高依然是这些品牌的共性，但相比"卖货"时代，这些品牌已经具备了相当不错的溢价能力。

图 7-1　小米位于埃及首都开罗的一家专卖店

图片来源：EqualOcean。

　　品牌的打造，往往以十年为单位，大多数世界级品牌需要沉淀数个十年。从这个层面来说，中国品牌出海时代虽然已经开启，但路途依然遥远。企业间的一个共识正在形成：随着中国国力持续上升，中国将从拥有最多的《财富》世界 500 强到拥有最多的世界品牌 500 强。

　　以 2023 年的数据来看，中国的世界 500 强企业有 142 家，而世界品牌 500 强的中国企业数量不到 50 个。两个数字之间的巨大差距，既是新一代出海创业者的历史使命，也是接下来出海方向最大的时代机会。

　　本章选取了两个案例：安踏和影石 Insta360——前者作为传统服饰品牌出海的代表，后者作为新兴科技品牌出海的代表。它们的发展历程和出海经验，值得借鉴。

02　案例分析之安踏：向着世界的安踏进发

　　成立于"中国鞋都"福建晋江的安踏历经 32 年，已然坐实了中国体育用品品牌市场第一的交椅，并通过不断并购开拓了自己的全球化扩张之路。2022 年，安踏集团收入首次超过 500 亿元，达到 536.5 亿元，同比增长 8.8%，从 2015 年收入破百亿元以来年均复合增长率超过 25%。至此，安踏超过了耐克中国（514.22 亿元）、李宁（285.03 亿元）、阿迪达斯中国（235.97 亿元）同期业绩，成为国内市场营收体量最大的体育用品企业。

　　安踏集团董事局主席兼 CEO 丁世忠曾表示，安踏不是做"中国的耐克"，而是要做"世界的安踏"。在出海方向，安踏的历程可以划分为以下几个阶段：

第一阶段（1991—2009 年）：打下国际扩张的基础

1991 年，丁和木、丁世家、丁世忠父子三人创建安踏（福建）鞋业有限公司，自此开始了从草根品牌成为国际品牌的逆袭之路。1999 年，安踏体育签约运动员孔令辉为其代言人，成为国内首个采用"体育明星代言"打法的品牌。2000 年，品牌代言人孔令辉获得悉尼奥运会冠军，迅速增加了安踏品牌的曝光度。2001 年，安踏迈出决定性的一步，开始产品多元化转型，从单一的运动鞋开始涉猎运动服、配件等产品领域，标志着安踏将成为综合型体育用品品牌。

历经十六年的打拼，2007 年 7 月 10 日，丁世忠带领安踏体育在香港联交所挂牌上市，面向全球发售 6 亿股，仅公开发售部分就获得 183 倍的超额认购，加上超额配股部分，安踏融资超过 35 亿港元，创造了中国体育用品行业市盈率及融资金额最高纪录，也正式由家族企业转变为具有现代化治理结构的股份公司。资本市场力量的加持和品牌影响力的扩大为安踏筑造自己的国际化帝国打下了坚实的基础。

第二阶段（2010—2014 年）：开启多品牌全球化布局

安踏的国际化从收购斐乐（FILA）正式开始。2009 年，安踏以高价收购了斐乐在中国的商标使用权和经营权，并以此打造其高端运动时尚品牌的定位，进军一二线城市市场。2012 年，斐乐开始与 Anna Sui 等著名服装设计师合作，推出多个以跨界时尚元素为主的产品，拓宽产品组合，进一步扩展市场。这次收购使得安踏首次尝到了甜头，开始由"单品牌"向"多品牌"经营的战略转型。

第三阶段（2015—2018 年）：加速并购，进行全球化布局

2015 年起，安踏加速了收购进程，先后收购英国的运动时尚品牌斯潘迪（Sprandi）、日本高端运动品牌迪桑特（Descente）、韩国户外品牌可隆

（Kolon Sport）等，覆盖多个体育用品细分赛道。

除了利用产品矩阵打响品牌，安踏在国际市场营销方面也持续发力。2016 年，安踏签约了在东南亚有很大影响力的"拳王"帕奎奥。2017 年，安踏在新加坡 IONORCHARD 购物中心开设第一家斐乐门店，随后不断深化在东南亚的业务。

第四阶段（2019 年至今）：向"世界的安踏"进发

2019 年，安踏联合腾讯、方源资本、Anamered Investments 等投资方，一同以 46 亿欧元收购了 94.98% 的国际运动品牌集团亚玛芬体育（Amer Sports），加深全球化布局。而亚玛芬体育不仅带来财务方面的回报，更是安踏出海的重要抓手。

亚玛芬体育是一家全球性运动户外品牌集团，覆盖服装、鞋类、设备、防护装备、配件等品类，截至 2023 年 9 月 30 日，在全球 24 个国家拥有超 330 家自营零售店，其中，始祖鸟、萨洛蒙和威尔胜是亚玛芬体育当前的三大核心品牌。为精细化打造品牌矩阵，亚玛芬体育陆续对品牌进行了精简——2019 年剥离了骑行品牌 Mavic，2021 年剥离了健康器材品牌 Precor 等，以更专注于细分市场中具有巨大市场机会和巨大上升潜力的核心品牌。

同时，2021 年安踏提出新十年战略，将"单聚焦、多品牌、全渠道"升级为"单聚焦、多品牌、全球化"，首次将"全球化"列为战略目标之一，并对组织架构进行了相应的优化调整。目前，安踏的零售渠道、研发网络、供应链及生产基地遍布全球，在北美、欧洲及亚太地区共有 7.5 万个销售网点，在美、欧、日、韩等地建立了研发设计工作室，并和全球 60 多家顶级科研机构、高校以及上下游 3000 多家供应商开展联合创新。

2023 年初，安踏进一步在东南亚设立国际事业部，将其作为多品牌全球化布局的第一站，并在新加坡、马来西亚、菲律宾等国的核心商圈开展了直营零售业务。在安踏逾 30 年的历程中，扬帆海外的每一步都蕴含着勇气与智慧，过程中的关键优势和宝贵经验更是值得被看到。

图 7-2　安踏位于新加坡头部高端商场百丽宫 Paragon 的全球首家篮球专营店

图片来源：安踏官网《集团整体发展方向》。

多渠道布局成果显著

安踏主品牌的增长得益于多个原因，DTC 业务的优化是其中之一。近年来，DTC 模式给全球范围的零售行业掀起一波巨浪，美国也涌现出 Allbirds、American Giant、Bucketfeet 等 DTC 品牌。熟练掌握DTC玩法、缩短销售链路、拉近与消费者距离的安踏，在出海，尤其是走向新兴市场的过程中具备一定的经验优势。

目前在 9603 家安踏和安踏儿童门店中，有约 7200 家通过 DTC 模式运营，包括斐乐在内的其他品牌目前均为全直营。同时在过去的几年间，线下消费场所频繁关闭，线上渠道成为重要一环。2022 年，安踏品牌的电商业务同比增长了 17.7%，全集团线上业务收入同比增长 30.7%，占比从 2021 年末

的 28.6% 升至 34.3%，线上及线下的 DTC 业务合计占比已达 70%。这一结构
提升了安踏全渠道洞察消费者的能力，加快了其市场反应速度。

强强联合的外延式扩张

2009 年，安踏收购了斐乐，并利用斐乐的品牌形象向中高价位段探
索，并将其打造为集团重要的营收支柱。截至 2023 年上半年，安踏集团营
收 296.45 亿元，其中来自主品牌安踏的收入 141.7 亿元，占比 47.8%；另有
122.29 亿元来自斐乐品牌，占比 41.3%。

2023 年 10 月，安踏又在港交所发布公告称，集团通过一家附属公司与
玛伊娅服饰有限公司的若干股东分别签订若干买卖协议，有条件地购入玛伊
娅服饰 75.13% 的股本权益。安踏表示，玛伊娅旗下的运动服饰品牌 MAIA
ACTIVE（下称 MAIA）在女性消费者中，尤其是瑜伽运动品类方面已形成
一定的市场影响力，被誉为"中国版 lululemon"，未来具备较大的增长潜力。

对诸多高端品牌一系列频繁的收购动作，无一不彰显着安踏的全球化野
心。事实上，品牌间的"强强联合"相比创立一个全新的品牌来讲是一种极
为迅速的品牌组合建立方法，运营和营销得当的话，往往能够在最短的时间
内获得其他品牌的市场地位和品牌资产，增强自己的实力，达到事半功倍的
效果。

2024 年 2 月 1 日，安踏旗下的亚玛芬体育正式以"AS"为股票代码在
纽约证券交易所挂牌上市，以发行价计算，本次 IPO 募集超 13 亿美元（不
计"绿鞋机制"）。这意味着亚玛芬体育成为继 2021 年 6 月 30 日登陆纽交所
的滴滴后，第一家募集超 10 亿美元的中概股，同时也是 2024 年至今最大的
美股 IPO，为安踏的全球化战略再次注入一股中坚力量。

ESG 成为吸引海外消费者的又一大亮点

近几年，运动品牌都在争取发展的同时积极探索 ESG 转型之路，而在

可持续发展方面的前瞻性布局更是安踏一步重要的"大棋"。众所周知，海外尤其是欧美等国对企业的绿色属性极为看重，既包括准入监管层面，也包括消费者的喜好和选择。提前布局可持续发展策略为安踏走向国际市场、讲述品牌故事积累了素材，也使其更有机会收获标榜个性的年轻一代的认可。

从 2015 年起，安踏连续 8 年披露 ESG 实践和成果；2021 年，安踏成为联合国全球契约组织的签署成员，同年宣布成立可持续发展委员会，明确2050 年实现碳中和的战略目标。2024 年 2 月 21 日，凭借在 ESG 方面的优异管理表现，安踏体育在国际权威指数机构 MSCI ESG 的评级表现中连升两级至"BBB"级，在中国体育用品公司中分数最高。

在 MSCI ESG 评级七大范围中，安踏体育各项领域均获提升，其中，化学品安全、劳工管理及原材料溯源方面提升幅度最大，充分反映了集团在该方面的努力，包括承诺逐步减少至停止使用有害及受限化学品，安踏和斐乐鞋类皮革产品 100% 使用皮革工作组织金级认证的皮革原材料，均可溯源至原产地，以及作为联合国全球契约组织（UNGC）成员和联合国妇女署《赋权予妇女原则》（WEPs）全球签署企业成员，遵循国际公认的人权政策，尊重包容和多元开放的企业文化等。

安踏集团执行董事、联席 CEO 吴永华曾在第二届联合国可持续发展目标峰会上明确指出"可持续发展战略是安踏集团的核心战略之一"，其可持续发展实践围绕"3 个核心"和"1 个高标准对标"进行。"3 个核心"是指开发创新绿色低碳商品、打造绿色供应链及推动生物多样性保护、履行社会责任；"1 个高标准对标"即通过加入联合国全球契约组织等多个可持续发展国际组织，用最高标准来推动可持续发展。

图 7-3　安踏集团供应链全面启动 ESG 计划

图片来源：安踏集团《2022 年环境、社会及管治报告》。

目前，安踏已搭建了完整的 ESG 战略执行体系，形成了完整的 ESG 实践管理闭环。2015—2022 年，安踏集团在实现营收规模增长接近 400% 的同时，温室气体排放强度（每百万元营收）降低超过了 40%，用水量减少了22%。而在生产端，集团自营工厂已全面淘汰用煤，全速向清洁能源转型。根据标准普尔全球企业可持续发展评估结果，安踏集团评分在约 160 家全球纺织品、服饰和奢侈品品牌公司中，排名超过 87% 的全球同业。

然而，迈步向前的过程中，安踏仍有难题要解。

回归产品，创新是第一生产力

从产品的科研投入来看，虽然安踏近年在专业运动领域的投入颇多，也尝试将太空革、再生尼龙等环保面料和技术应用在其系列产品上，但依然摆脱不了"重营销、轻研发"的标签。

数据显示，2019—2021 年，安踏研发费用分别为 7.8 亿元、8.88 亿元、11.35 亿元，分别占当年收入的 2.3%、2.5%、2.3%；相比之下，耐克、阿迪达斯每年的研发费用占比接近 10%，常年保持在 7% 以上，从这个角度来看，安踏与国际品牌相比仍有较大的提升空间。面对竞争日趋白热化的体育用品行业，如何将实验室里的金点子产品化、创造出更多拥有科技含量的产品、将消费者体验做到极致才是下半场竞赛的关键。

并购之外，融合是关键

毫无疑问，并购为安踏提供了"第三成长曲线"，然而从营收结构来看，安踏如火如荼地收购结果仅是把国际品牌的产品"卖"到中国市场，抢占中国市场份额。根据安踏 2023 年中期报告数据显示，其近 90% 的营收来自安踏品牌和斐乐，分别占比 47.8% 和 41.3%，其他品牌的营收总额为 32.4 亿元，主要由日本高端运动品牌迪桑特、韩国户外品牌可隆贡献；而这两个品牌和斐乐一样，安踏都只是拥有它们在中国的代理权，影响力仅限于国内。虽然近些年，安踏已经开始着手收购斐乐的海外经营权，目前已获得其在包括新加坡等东南亚国家的经营权，但在未来，安踏仍需要更进一步，通过深度融合国际品牌资源和本土市场需求，实现更加全面的发展。

03 案例分析之影石 Insta360：镜头背后的全球化智慧

2017 年，影石 Insta360 凭借其创新的"老鹰视角"的视频快速出圈——他们将相机巧妙地绑在一只老鹰身上，让观众可以清晰地看到老鹰的头部以及周围 360° 的全景景色。这种前所未有的视角极大地满足了人们猎奇的需求，真正意义上将全景相机带入了大众视野。

绑在老鹰身上的是影石 Insta360 的第一个爆品——Nano，也是全世界最小的 360° 全景相机。在产品上市后的短短两周内，Nano 全景相机就已获得海内外千万级的曝光及关注，一夜之间成为无数冒险家、运动达人、旅行博主心仪的产品，其更成为脸书首次推荐的中国智造硬件产品。

凭借全景相机这一敲门"金砖",影石 Insta360 迅速跻身全景运动影像领域第一梯队,连续五年稳居全球全景相机市场的龙头地位,市场占有率超过 50%,产品遍布 200 多个国家和地区,影石 Insta360 标志性的品牌口号"Think Bold"更是深入人心,被广大消费者所熟知和认可。

影石 Insta360 全景运动相机的出现,成为中国科技品牌又一个出海的成果,随后其还陆续推出 VR 摄影机、拇指相机、云台等多元产品,并持续撬动全球市场。

第一阶段(2015—2017 年):利用 VR 浪潮立足全景运动相机赛道

影石 Insta360 成立于 2015 年,彼时正值民用 VR 设备进入消费级市场的浪潮之中。脸书、三星、谷歌、索尼、HTC 等头部企业均推出 VR 设备计划,相关话题的热度也持续升温,产品逐步渗入各个垂直行业。

年轻且富有创新力的影石 Insta360 便在此时瞄准市场,利用 VR 浪潮成功入局。2016 年 7 月,影石 Insta360 发布了首款产品"Insta360 Nano",作为入门级 VR 相机,Insta360 Nano 通过与手机直连,实现即拍即传,更是降低了普通消费者的使用门槛,让所有用户都能轻松实现以 360° 无死角的方式去拍摄和分享。2017 年 1 月和 8 月,影石 Insta360 相继发布了专业级 VR 摄影机"Insta360 Pro"和全景运动相机"Insta360 ONE"。Insta360 Pro 作为首款专业级产品,极大地简化了专业 VR 视频制作过程,而 Insta360 ONE 则标志着 Insta360 正式进入全景运动相机细分赛道。

第二阶段(2018—2021 年):短视频爆发助力打造品牌

随着 TikTok 在海外的迅速爆火,全民短视频创作的热潮到来了。而借着短视频的东风,通过充分洞察数字化时代下海外消费者对于相机的使用场景和使用习惯,影石 Insta360 另辟蹊径,改变了传统科技类产品只打技术战的行业习惯,选择从内容营销入手,帮助相机用户"实现创意、展现自我"，一举在美国、欧洲、日本、韩国等海外市场俘获大批忠实的内容创作型用户。

比如"口咬全景相机"创意就是来源于 2021 年的一位日本 KOL，他把影石 Insta360 全景相机叼在嘴里，拍摄自己奔跑的画面，意想不到地得到"进击的巨人"效果。随后，在各个社交媒体上迅速掀起了模仿热潮，全球用户都致力于自由创造。影石 Insta360 洞察到这一市场热点，立马官方发起"口咬全景相机（NoseMode）"的活动，吸引更多用户加入创作。迄今为止，这一系列活动在全球已有数十个播放量突破百万的视频。

同时，影石 Insta360 借力社交网络平台，先后与谷歌、Adobe、脸书、推特等品牌达成战略合作，成为脸书官方推荐品牌，谷歌也重磅推荐影石 Insta360 Pro 相机作为其车载街景项目的首款认证产品。2018 年影石 Insta360 入驻苹果全球直营店及其官网，成为首家入驻的全景相机品牌。

第三阶段（2022 年至今）：户外经济浪潮激发全球运动摄影需求

近一两年，户外经济迎来了复苏，为影石 Insta360 提供了更多丰富的使用场景，公司也保持以半年为周期推出多样的全景运动相机产品。

图 7-4　滑雪爱好者使用影石 Insta360 GO 3 拇指相机

图片来源：影石 Insta360 官网。

比如影石 Insta360 首创"隐形自拍杆"，即通过鱼眼镜头和软件拼接算法的软硬件组合，让连接相机的自拍杆在画面中完全消失。这项创新引发了新一波关注热潮，深受运动达人、旅行博主的青睐。同时，搭配全景运动相机 ONE 系列，影石 Insta360 更是撬动了百亿级新市场。

根据公开数据，ONE 系列在上市次年销售收入突破 7000 万元，占公司整体营收的 29.03%。很快，影石 Insta360 又将 ONE 系列升级为 X 系列，自此确立为品牌畅销的旗舰款，这个系列一度带动公司年度销售业绩增长 2 亿~3 亿元。

据媒体报道，2022 年影石 Insta360 营收已超 20 亿元，且连续三年实现营收同比增长超过 50%，成为中国硬科技公司崛起的全球化样本。影石 Insta360 如同一匹疾驰的烈马，横扫全球舞台。在其势如破竹的全球化征程中，蕴藏着诸多宝贵经验，值得我们深思与借鉴。

具备创新基因的团队：技术创新是立身之本

影石 Insta360 的创始人刘靖康出生于 1991 年，是南京大学软件学院 2010 级学生，具备一系列年轻创始人常见的特点：创新、冒险、热情。

然而，刘靖康的创业成功不仅依赖于灵感，还得益于其对研发创新的高度重视。在他的带领下，影石 Insta360 的研发人员占比接近 50%，且研发费用稳步增长，突破亿级大关。根据影石 Insta360 招股书，2018—2020 年，影石 Insta360 的研发费用分别为 4025.94 万元、9092.45 万元、1.027 亿元，占营业收入比例分别为 15.59%、15.47% 和 12.08%。

截至 2021 年 6 月末，公司拥有境内外授权专利 238 项，自主研发的核心技术主要包括全景图像采集拼接技术、防抖技术、AI 影像处理技术、计算摄影技术、软件开发技术框架、模块化防水相机设计技术等。目前，公司不仅成为国家级专精特新"小巨人"企业，技术储备也在全景领域实现了全球领先。

"创新是影石的生命力"，影石 Insta360 的 CSO 袁跃曾对媒体表示。在他看来，创新有两个非常关键的因素：一是洞察，离开洞察创新就是无源之水；二是效率，做得比别人快，才叫创新。"以科技创新推动品牌全球化，是中国企业深度全球化的关键，也是未来中国品牌出海的关键词。"

跨文化市场洞察：成为"国际顶流"

影石 Insta360 从成立之初便确定了企业全球化的属性，建立了国际化团队，设立多个国际办公地点以更好地了解当地市场需求。同时，依托品牌"Think bold"的理念，影石 Insta360 在内容创作上不断"打开思路"，大力鼓励和引导用户去创作内容并在社交平台上分享。

"我们的品牌基因是比较大胆、比较突破常规的，我们希望通过好的产品和技术，激励大家勇于提出好的想法和创意，一起去探索影像的无限可能。为了形成这种良好的共创氛围，我们发起了'Think Bold'挑战基金，向全球的用户征集创意，帮助大家实现最大胆的创意和想法。现在，大家在抖音、小红书、微博，或者海外社交媒体上去搜索'影石'或者'Insta360'，可以看到来自全球各地的用户用影石相机去记录与分享他们的美好生活，去探索各种影像创意内容"，影石 Insta360 的 CSO 袁跃在 2023 年 11 月 EqualOcean 主办的"2023 出海全球化百人论坛"上分享道。

这一方面巩固了现有用户的品牌黏性，另一方面不断借广大用户的创意灵感增加品牌曝光度，"俘获"更多潜在消费者，推动了影石 Insta360 在海外市场的增长飞轮。"通过这种内容上的共创，我们形成了一个独有的品牌形象，也与我们前进道路上众多志同道合的伙伴共同携手"，袁跃表示。

目前，影石 Insta360 已具备全方位的营销体系。海外市场的线上渠道覆盖官方独立站及亚马逊、速卖通等主流电商平台，线下则通过遍布全球 60 多个国家的销售网络，包括 Apple Store 零售店、徕卡旗舰店、佳能金牌店、Best

Buy、B&H 等进行销售。在脸书、YouTube、推特、Instagram 等海外主流社媒平台，影石 Insta360 持续维护用户活跃度。Instagram 品牌官方账号几乎日更，拥有超过 130 万的粉丝，远远突破了中国消费电子出海品牌的常规热度。

图 7-5　哥伦比亚波哥大一家售卖大疆、影石 Insta360 等的门店

图片来源：EqualOcean。

2021 年 9 月，由于业绩优秀、预期良好，影石 Insta360 正式向科创板递交招股说明书，准备在科创板上市。公开披露的招股说明书显示，境外销售系公司报告期内重要收入来源，并拟发行股份不超过 4000 万股，募资 4.64 亿元，投建"智能影像设备生产基地""影石创新深圳研发中心"等项目。

如今，影石 Insta360 通过将中国科技行业的供应链和工程师红利相结合，正在不断突破想象——把全景技术应用在 B 端市场，如房地产、医疗、教育、视频会议、智慧工厂、全景直播等领域，甚至还将其又一力作——消费级旗舰全景相机 X 系列——发射到了距地球 500 多公里外的近地轨道上，传回了浪漫的卫星第一视角影像。

第八章　中国餐饮出海新时代

01　中国餐饮出海，风起云涌

2024 年，但凡有些实力的餐饮企业都在谈论出海，原因有很多：

一是中国餐饮出海的成功故事在激励大家，比如蜜雪冰城 5 年在海外开了超过 4000 家门店，海底捞旗下的海外业务"特海国际"2023 年盈利了。二是中国餐饮行业经过了充分的市场竞争，在数字化能力、管理水平、人才、餐饮供应链等方面都进步明显，尽管谈不上到了"优势溢出"的阶段，但出海的底气更足了。

如果追溯历史，中餐企业出海可以从 200 年前开始算，一代又一代的中国人出海谋生最习惯做的就是开餐厅。近几年开始的新一波中餐出海浪潮，明显不同于之前：

首先，出海参与者不再是以夫妻店为主体，而是正规餐饮企业，其基本素质和能力有非常明显的提升；其次，其中既有做海外华人市场的，也有越来越多做当地主流市场的餐企，本地化能力显著提升；再次，出海项目品类更多样化，供应链层面也在快速进步。

以中国台湾的鼎泰丰为代表，包括海底捞、快乐小羊等出海先锋，再到西少爷、云海肴、探鱼、太二、大鼓米线、张亮麻辣烫等出海新势力，目前已经形成了多层次、多品类、多目标市场的出海大格局。

我们可以做一些设想或预测：一是海外市场的中餐市场规模将保持 10%
左右的年增速，这高于国内市场；二是类似海底捞分拆"特海国际"单独上
市的情况会比较多出现；三是海外市场的中式餐饮将被重塑。

海外中餐市场的增速将高于国内餐饮市场的增速，这是中餐出海的底层
逻辑。在国内守存量、去海外搞增量；在国内练内功、去海外施展拳脚；这
是中国餐企合理的战略抉择。

图 8-1　美国硅谷的一家中餐厅

图片来源：海底捞官网。

在这样的逻辑基础上，我们也要看到，即便是海底捞的"特海国际"，
其于 2012 年在新加坡开设了第一家店，到 2023 年末一共才开了 110 多家店。
在海外开店，规模化非常不易，不能用"快"心态去做海外市场。餐饮出海
必须有长期主义的信念。在国内，几年时间做数百家餐饮门店的案例非常
多。中国餐饮出海，"饮"的代表蜜雪冰城，可以做到五年开店 4000 家，而

"餐"尤其是正餐的扩张则会非常慢。

是做华人市场还是当地主流人群市场,是开直营店还是搞加盟店?对于这两个问题的回答,决定了中餐出海的后续策略与路径。海外有华人的地方,就需要有正宗的中餐馆——这个市场不小。随着近年各行各业的新出海浪潮又有一批中国人到全球各地就业,对于正宗的中餐馆需求很强烈。但需要理解的是:做华人市场,长远来看只是从在国内竞争迁移到了在海外竞争。

在海外做主流人群市场的话,首先需要忘掉"中餐正统主义",很多中国人瞧不上熊猫快餐(Panda Express),认为其代表不了中餐。但无论喜欢不喜欢,海外各国的消费者和我们的口味不一样。如果想做主流人群市场,得从用户需求出发满足其需求,而非带着教育海外消费者的心态去做。

另外就是,做海外主流人群市场,得有相应的组织能力。一个朋友对我们说,如果某中餐80%的消费者是非华人,那么这餐厅80%的管理或服务人员最好也是非华人。中国餐饮企业,普遍没有跨文化管理外国员工的经验和能力。

有没有坚持"中餐正统主义"的同时,又可以做好海外主流人群市场的可能?一些餐饮从业者的回答是,一是在少数一些品类(如面、粉、烧烤)上有可能;二是需要长期等待,有朝一日中国文化成为强势文化后会更容易些。有温度、新鲜、健康,这是中餐出海应该要提炼和表达的内核,会受海外主流人群的欢迎。

可以说,餐饮出海的意义远超餐饮本身。中国餐饮出海,属于"讲好中国故事"的范畴,如果做好了会带动很多行业的出海。从这个层面来说,中餐出海特别值得鼓励。辛苦的餐企和餐饮人,需要得到更多关注和支持。

02　案例分析之海底捞：一锅红汤"捞"世界

随着国内餐饮市场竞争的加剧，现有的市场容量已趋于饱和，品牌间的竞争转向了对现有客户资源的争夺。尽管下沉市场还保留着一定的增长潜力，但要想实现更大的业务扩张，品牌必须寻找新的市场机会和增长点。为此，许多餐饮企业选择拓展海外市场，以开辟新的市场边界，获取更多增量。海底捞便是中餐出海的代名词之一，它用优质的服务和浓香热辣的口味，俘获了无数海内外食客。

自 1994 年在四川简阳开设第一家火锅店以来，海底捞一直秉持着不断扩张和创新的理念。最开始，这家火锅店名为"兵器胡辣汤"，主要提供火锅与川菜。因其味道独特、服务上乘，其影响力迅速扩大，于是，店主开始进一步发展其品牌。1999 年海底捞扩张至西安，其通过师徒制和轮岗制来培养人才，随后以直营模式在郑州、北京、上海、天津等地开店。2006 年，海底捞进入精细化运营阶段，通过规范员工服务流程和管理结构，以及整体设计店面形象，使企业的运营变得更加高效。

目前，作为餐饮业的"领头羊"，海底捞旗下成功运营着三家上市公司，分别是海底捞本身，专注于研发、生产和销售海底捞系列调味品以及其他相关食品的颐海国际和专注于海外运营的特海国际。海底捞的出海，可以分为以下几个阶段。

第一阶段（2012—2019 年）：初探海外

从 2012 年在新加坡开设首家海外餐厅开始，海底捞正式迈出其全球化的步伐。

在海底捞初期的出海战略中，留学生和华裔被视为其海外主要的目标消费者，而新加坡作为以华人为主的国家自然被选为出海首站。另外，新加坡是一个连接东南亚乃至全球的商业枢纽，对于品牌形象的建立和国际市场的初步探索具有重要意义。这也显示了海底捞全球战略中的经营理念："为海外华人提供家乡的美食体验"和"促进中国文化的海外传播"。

2013 年，海底捞进驻美国市场，在美国加利福尼亚州的洛杉矶市 Arcadia 区开设了其第一家门店。这一选址决策主要基于 Arcadia 作为华人聚集地的地理优势，可以更好地融入当地市场，满足广大华人消费者的需求。同年 10 月，复合调味品生产商——颐海国际在开曼群岛注册成立。2014 年 10 月，海底捞登陆韩国首尔，营业当天便吸引了众多在韩中国留学生和华人华侨，这也使得海底捞在韩国的首店开业即取得了成功。

2015 年 9 月，海底捞在日本东京的首家门店正式启动试营业。此消息一经传出，即在当地的华人社群中引起了热烈反响，众多在日华人纷纷前来排队预约，期待品尝独属家乡的味道。

2018 年 12 月，海底捞进一步扩展北美市场，于温哥华列治文市成功开设了其在加拿大的首家门店。据海底捞发布的财报显示，自该店于 12 月开业以来，仅半月左右的时间便实现了 183 万元的营业额，经估算，这家门店每天的净利润达到了 25880 元。随后，海底捞继续大刀阔斧地前进，不仅深耕东南亚市场，在泰国、越南、马来西亚和印尼等地相继开设门店，更是大胆进军欧洲和澳大利亚市场，分别在英国和澳大利亚落地生根，开设新的餐厅。

在这一阶段，海底捞海外拓展的主要特点是稳健而有序。它并没有急于求成，而是选择了一些具有代表性的国家和地区作为突破口，逐步建立起自己的品牌形象和市场地位。截至 2019 年底，海底捞已在 5 个国家开设 38 间家餐厅，店面主要集中在北美、东南亚等华人聚集区。

图 8-2　英国伦敦的海底捞外送服务

图片来源：EqualOcean。

第二阶段（2020—2022 年）：全球化战略优化调整

2020 年，海底捞调整了其扩张策略，优先在已有市场深化布局，同时积极拓展外卖及调味品业务，以满足消费者在家享受美食的需求。

进入 2021 年，海底捞进一步聚焦现有餐厅的业绩提升，适当放缓了扩张速度，这一举措不仅提升了单店的运营效率，也为其稳健发展积累了更多的资源和经验。数据显示，2021 年海底捞的年收入达到 3.12 亿美元，位居国际中式餐饮品牌排行榜前三名。

2022 年，尽管海底捞持续放缓了海外的拓店速度，但是在全球的扩张布局上依旧有新的突破：2022 年 3 月在迪拜开设首家门店，进一步扩大了其在中东地区的影响力。同年 7 月，海底捞做出了一个重大的决策——将其海外业务分拆为特海国际控股有限公司，并以特海国际控股有限公司（以下简称特海国际）的名义向港交所递交了上市申请。12 月，特海国际成功通过港交所的上市聆讯，这意味着海底捞海外业务开始独立运作，并寻求在资本市场上的更大发展。

值得一提的是，特海国际上市首日，午盘飙涨超100%，总市值突破80亿港元，这一表现不仅传递出投资者对特海国际未来的认可和信心，也反映了餐饮行业复苏的积极趋势。特海国际自2019年至2022年上半年营业收入复合增长率超过15%，尽管面临亏损，但亏损幅度正在逐步收窄。截至2022年底，特海国际的营收来源以东南亚为主，占比59.7%，北美和东亚分别占比20.8%和10.5%。

第三阶段（2023年至今）：稳步增长与扩张

自2023年以来，海底捞以稳步增长与积极扩张为核心战略，在短短几个月内，通过推出多款新品和持续优化服务质量，在全球市场，特别是东南亚、东亚和北美等地，成功吸引了众多消费者。而在迪拜和菲律宾的相继入局，也进一步彰显了公司的全球化视野。目前，在全球范围海底捞已拥有超过1000家餐厅；海外门店方面，截至2023年6月30日，70家位于东南亚地区，17家位于东亚地区，18家位于北美地区，10家位于其他地区。

在海底捞的全球化拓展之路上，其所采取的策略和积累的经验为许多企业提供了宝贵的启示和参考。

品牌标识国际化

在全球化的道路上，海底捞管理层认识到标识国际化的重要性。他们意识到，一个具有普遍意义的符号是跨越文化和语言障碍的关键，一个国际化的品牌需要打造一个全球范围都能被认识和接受的品牌符号。因此，海底捞更新了品牌Logo，选择了"Hi"这一简洁而友好的标识作为其全球化的品牌标识，通过拟人化的方式，用"Hi"这个简单而友好的问候语，向全球消费者传达了海底捞的热情与好客。

这种亲切的称呼不仅有效地拉近了品牌与消费者之间的距离，还使海底捞更具国际化和现代化的形象。更值得一提的是，这个标识的设计还巧妙地融入了中国的传统文化元素。仔细观察"Hi"这个标识，我们发现"H"实际上是由一双筷子构成，"i"则是一个红辣椒的形象。这种设计不仅强调了海底捞作为川味火锅的特色，还巧妙地融合了中西方的文化元素，使品牌标识能够产生文化共鸣。

为了确保这一标识能够被广大消费者所接受和喜爱，海底捞还积极寻求与全球知名的主播和意见领袖合作。通过与这些具有广泛影响力的个体合作，海底捞成功地将"Hi"这一标识传播到全球各地，进一步提高了品牌的知名度和美誉度。

产品本土化，员工本地化

为了满足全球消费者的多样化需求，海底捞在推进海外扩张的过程中，不仅注重保持其独特的品牌形象，还积极实施本土化策略，以适应不同市场的文化、口味和消费习惯。因此，海底捞专门成立了海外市场技术部门，致力于研发符合各国消费者喜好的菜品。

比如，在泰国市场上，海底捞推出了融合当地风味的冬阴功火锅，这种酸辣可口的汤底迅速赢得了泰国消费者的喜爱；在韩国，海底捞融入了韩国的传统美食文化，在当地推出了参鸡汤和泡菜锅底；在日本，则推出了深受当地食客喜欢的寿喜锅和豚骨锅底。口味的不断创新，既丰富了海底捞的菜单，也会更加吸引当地消费者。

除此之外，为了更好地融入当地市场并满足消费者的个性化需求，海底捞不仅对产品进行了调整，还注重在员工招聘和培训上实现本地化，积极地招募本地员工，建立本地人才库，利用他们的文化知识和视角，精准把握市场趋势，增强品牌亲和力，并为品牌长远发展储备人才。

海底捞在全球化征途上的策略和经验点亮了许多企业前行的路途，但每个故事都有转折和挑战，海底捞也不例外。

华人群体支撑，仍需多维度本土化

尽管海底捞在海外经营已有十余年，但其主要的消费群体仍然是海外华人和留学生。要实现真正的国际化，吸引当地消费者仍是海底捞出海战略中面临的重要课题。特海国际主席周兆呈也曾明确指出，海底捞未来的海外扩张将不再局限于针对华人华侨的"移民餐饮"，而是将逐步过渡到"品牌餐饮"阶段，"本土化是公司发展的终极目标"。

在推进本土化的过程中，海底捞已经采取了一系列措施，如上述提到的员工本地化、口味本土化等。尽管这些努力有助于其融入当地市场，但是仍有一些方面需要不断转变。例如，目前多数海外海底捞门店的装修风格与国内门店基本保持一致，但这在长期看来可能不利于吸引当地消费者，为了更好地融入当地文化，店面风格可能需要做出相应的调整。此外，价格方面也是海底捞需要关注的问题。与其他同类型餐厅相比，海底捞在海外市场的价格处于弱势。对于当地消费者而言，他们更倾向于选择价格更为优惠的火锅餐厅。因此，如何在保持品质的同时，调整价格策略，以满足当地消费者的需求，是海底捞需要认真考虑的问题。

文化差异带来的拓展弊端

在海底捞向全球扩张的过程中，面临着一个重要的挑战，即不同国家之间的文化差异。虽然海底捞以其独特的服务方式吸引顾客，例如在餐厅内表演中国传统戏曲或者舞蹈，但在某些国家，这种文化元素可能并未被完全理解或接受。比如，2023年红极一时的"科目三"舞蹈在印尼、日本等地的海底捞门店跳起来时，尽管大多数消费者表示喜欢或者感兴趣，但也有当地消费者认为这影响了他们的就餐体验。

图 8-3　海底捞门店内的"科目三"舞蹈表演

图片来源：EqualOcean。

另外，早在海底捞在美国设立门店初期，也因为太热情的服务不被当地消费者理解，甚至遭到了媒体的差评。比如海底捞国内餐厅的服务员会根据顾客的情况，主动提供一些免费零食、礼品和服务，中国消费者大都将其视为"福利"，但对于外国人而言，这有可能涉及侵犯隐私。海底捞美国首家餐厅开业后网络评分不佳，或许与此有关系。

整体而言中餐在海外目前依然小众，这背后有很多种影响因素。餐饮，天然带有文化属性和价值观。中餐出海，和中国文化出海，相互促进也相互制约。

毫无疑问，跨文化差异是企业国际化过程中必须面对的挑战，持续深入了解当地文化和消费者偏好，并灵活调整服务策略和文化展现方式，是每个出海企业需要不断学习和进步的长期任务。

03 案例分析之蜜雪冰城："雪王"出海又火了一把

1998 年，一位名叫张红超的年轻人在郑州东郊燕庄开起一个"寒流刨冰"的刨冰铺子，经过 20 年的迅猛发展，这个刨冰铺子变成了全国知名的冰淇淋与茶饮连锁品牌蜜雪冰城。2024 年 1 月，蜜雪冰城正式向港交所递交了上市申请。目前，蜜雪冰城在国内门店数量已超过 2.5 万家，覆盖 31 个省（市、自治区），被大家亲切地称为"雪王"。

在成为国内茶饮行业门店数量第一的同时，蜜雪冰城也开启了出海之旅：2018 年第一家越南门店开业，随后大步向海外。目前，蜜雪冰城在海外的门店数量已经超过 4000 家。

第一阶段（2006—2017 年）：强壮自身

在经营刨冰冷饮一段时间后，2006 年，受到肯德基、麦当劳等连锁快餐店的启发，张红超从饭店腾出一个档口售卖冰激凌，且价格低至一元，结果是饭店门口大排长龙，生意火爆，以至于左邻右舍纷纷上门加盟。到 2007 年年底，特许经营数量达 27 家。就这样，蜜雪冰城出现了。

此后，由于加盟商的急剧增加，对供应链布局建设的需求逐步走高。2012 年，蜜雪冰城在河南温县建立第一个工厂，确保产品的原材料供给。随后，它继续加大供应链建设投入，在广西等多个区域建设新的制造和仓储基地，形成产业集群，成为其低成本经营的重要支撑。随后，蜜雪冰城开始陆续辐射四川、重庆、贵州、云南等区域的下沉市场，同时积极拓展海外市场。

第二阶段（2018—2022 年）：走出亚洲

2018 年，"雪王"IP 诞生，成为蜜雪冰城的标志。同期，蜜雪冰城选择和国内地理距离、心理距离均相近的东南亚作为起点。在这里，全年平均气温接近 30℃，冷饮需求旺盛；最重要的是，由于当地消费水平的影响，蜜雪冰城的低价策略在东南亚十分有效。同时，在充分考虑东南亚地区的人们喜欢甜食消费特点后，蜜雪冰城东南亚门店还对产品甜度进行了相应调整，以满足当地市场的需求。

供应链方面，为了满足东南亚市场的需求，蜜雪冰城选择自建供应链体系，其不仅在曼谷建立了物流仓库，还在四川成都建立了全球仓储转运中心，总投资约 5.54 亿元，同时蜜雪冰城还自建工厂制造核心茶饮原料，成功为东南亚市场提供强大的助力。

图 8-4　蜜雪冰城位于越南首都河内的一家门店

图片来源：EqualOcean。

在东南亚"大杀四方"了一段时间后，蜜雪冰城决定进入日本和韩国市场。为了满足日韩消费者对咖啡的强烈需求，蜜雪冰城开始拓展咖啡产品线，遵循产品本地化原则，将咖啡元素融入茶饮产品内。但是在以品牌为王的日韩市场上，蜜雪冰城通过加盟方式打开市场的策略好像并不如在东南亚那般顺利，目前在日韩门店数也只有仅仅几家。

第三阶段（2023年至今）：走向世界

此后，"雪王"开始将目光投向亚洲以外的市场。经过海外拓展积累，蜜雪冰城终于在2023年实现了跨出亚洲的重大突破，在澳大利亚悉尼的中心CBD区世界广场开设了首家门店，并继续秉承蜜雪冰城一贯的亲民价格策略。为迎合澳大利亚市场，门店在试营业前运用创新线上营销，进行了3天预热，共售出10多万元优惠券，为新店助力。

在积极拓展国际市场的过程中，蜜雪冰城也努力克服供应链方面的挑战。截至目前，蜜雪冰城的全球采购网络已覆盖35个国家，遍布六大洲，并在河南、海南、广西、重庆、安徽等多地设有生产基地。其强大的配送网络不仅涵盖了中国约300个地级市、1700个县城，还延伸至3100个乡镇。正是这庞大而高效的供应链体系，为蜜雪冰城在全球范围成功开设超过36000家门店提供了可靠的支持和保障。

2024年1月，蜜雪冰城正式向港交所递交了上市申请。从河南发展到全国，如今更是发展至全球，"雪王"的步伐从未停歇，甚至还开始了在资本市场的"闯关赛"。那么，作为目前出海成绩最好的中式茶饮品牌，蜜雪冰城又是如何做到在海外不断开疆拓土的？

线上线下花式营销，打造独特IP

线上层面，蜜雪冰城精心打造社交媒体账号，通过账号的独特定位和内容吸引当地年轻人，并以此作为媒介宣传线下活动，促进从线上关注到线下销售的转化。蜜雪冰城在印尼的官方账号"mixueindonesia"，从2019年12月4日开始运营，目前已经收获了25万余名粉丝。在2024年情人节，蜜雪冰城印尼站推出了"购买两杯即可获得Mixue夫妇证书"的活动，并在官方账号进行宣传，该贴文获得数万点赞，数量是其他贴文的几倍。同时，蜜雪冰城还推出了关注官方账号可以获得第二杯半价优惠的活动，并鼓励大家在帖文中附上"Mixue indonesia"的标签以扩大活动的传播度。

　　线下层面，蜜雪冰城的官方IP——头顶王冠、通身雪白、圆圆胖胖的卡通形象"雪王"，也会在海外各大街道唱歌跳舞、巡回散步，吸引民众的目光，为品牌引流。自2021年起，蜜雪冰城的主题曲迅速走红，使"雪王"这一品牌形象越发深入人心。从IP运营的角度来看，蜜雪冰城显然借鉴了迪士尼等成功IP的经验。

图 8-5　蜜雪冰城的官方 IP 形象"雪王"

图片来源：蜜雪冰城官网。

　　招股说明书数据显示，截至2023年9月30日，抖音平台上的＃蜜雪冰城＃话题播放量已超过291亿次，证明了其在社交媒体上的巨大影响力。这一深入人心的IP形象在市场中展现出强大的"杠杆"效应。据悉，专门销售雪王产品的"雪王魔法铺"自开业以来，在所有门店以及线上主流电商平台上的累计销售产品数量已超过9000万件。

低价策略和本土化创新

　　在国际化进程中，蜜雪冰城始终保持了与国内一致的市场定位，即采用低价策略，主要吸引华人和大学生群体。在印尼，蛋筒冰淇淋的定价为 8000 盾，折合人民币约为 3.8 元，而珍珠奶茶等产品的价格也在 2 万盾以内，折合人民币不超过 10 元；在韩国，柠檬水的售价折合人民币约为 8 元，与当地一瓶水的价格相当，而最贵的芝士奶盖茶也不超过 16 元；在澳大利亚，蜜雪冰城的产品定价大多在 2~5 澳元，相比之下，悉尼的一瓶矿泉水就要 3 澳元左右，显示出其亲民的产品价格。

同时，为了更好地融入当地市场，蜜雪冰城在门店设计、卡通形象和产品口味等方面都进行了本土化创新。例如，在泰国门店中，"雪王"形象会穿上当地风格的服饰，戴上皇冠和金银珠宝，以迎合当地消费者的审美。此外，几乎每当在一个新地区开设门店时，蜜雪冰城都会推出当地语言版本的主题曲，以更好地融入当地的文化氛围。这些举措都有助于提升品牌在当地的认知度和喜爱度。

独特的加盟模式

蜜雪冰城招股说明书财务数据显示，其主营业务收入占比最高的是加盟商的采购，而不是饮品的销售量，这反映出蜜雪冰城的模式是利用加盟模式迅速占领市场，提高收入。在加盟模式下，蜜雪冰城在加盟策略上采取了城市等级收费模式，并为加盟商提供了一系列服务。重要的是，为了确保产品品质和品牌形象，蜜雪冰城要求加盟商必须从公司采购食材和包装材料。若违反此规定，加盟商需支付相应的违约金。这种策略成为蜜雪冰城的主要收入来源之一。招股说明书显示，蜜雪冰城向加盟店销售食材和包装材料在 2019—2021 年的收入占比均超过 85%，进一步证明了其在供应链和加盟模式上的成功。

数字赋能供应链体系

2008 年，蜜雪冰城开始自建供应链，此后在核心原料采购、生产、仓储物流等多个环节进行布局，由省内走向省外，再走向全球，年开店数上升至1000家以上。截至 2023 年 8 月，蜜雪冰城的全球门店数已经超过 3.2 万家。

蜜雪冰城的商业模式为典型的"供应链 – 加盟商 – 消费者"（S2B2C），经营覆盖现制饮品与现制冰淇淋的产品研发、采购、生产、销售、仓储物流以及连锁经营的各个环节，以直营店为样板引导，以加盟店为主体扩张。蜜雪冰城品牌主要由蜜雪冰城股份有限公司、大咖国际食品有限公司、上岛智慧供应链有限公司三大公司共同服务，协作形成完整产业链，此外还设有专门负责加盟商培训的子公司。

同时在物流方面引入数字化，蜜雪冰城在仓网布局与搭建冷链的过程当中，强化数字化建设，利用 WMS（仓储管理系统）、TMS（运输管理系统）等数字化技术，帮助提高物流运营效率；在物流承运商方面，实时监测物流配送过程，从仓库发货到门店，增强对全流程原材料质量的把控。在出海过程中，供应链也决定了企业是否可以真正走向成功。蜜雪冰城不仅选择和当地原材料供应商合作，同时也在海外逐步建立运营中心，打造全球供应链版图，辅助海外市场的进一步扩大。

凭借其低价策略、加盟模式和完善的供应链，蜜雪冰城似乎什么都不缺，迅速成为茶饮出海的领军者，在短时间内实现了市场占有率的快速提升，不断拓展着海外版图。但是在这场"出海热"中，越来越多亟须解决的问题也日渐凸显。

加盟模式难以建立品牌护城河

在日韩等以咖啡为主要饮品的国家，当地消费者对咖啡的品质和品牌有着很高的要求，反而对于咖啡的价格不甚在意。同时，日韩本土的品牌经过多年的沉淀和经营已经在大众心中有着极高的地位，让他们更换曾经热爱的咖啡品牌是很困难的。蜜雪冰城虽然开辟了咖啡的产品线，但是由于观念问题，果饮无法打入市场，而咖啡产品也因为其他本土品牌的存在而生存艰难。

此外，由于加盟模式的影响，蜜雪冰城出现很多产品质量问题，比如海外门店的甜度不达标、部分门店产品卫生标准不达标等，这些问题都是蜜雪冰城在国际化道路上遭遇的巨大障碍。在这样的情况下，蜜雪冰城很难在日韩这种对于品牌的认知度和忠诚度高的市场打造好的品牌效应，反而会因为加盟商对于质量的控制不佳而丧失消费者的信任。对于茶饮出海来说，要想在日本和韩国这样的咖啡文化深厚的国家中取得成功，不仅需要推出符合当地消费者口味的产品，还需要在品牌建设和市场运营方面下更大的功夫。

面临着本土茶饮品牌的市场竞争

在海外市场中，蜜雪冰城同样面临着来自本土茶饮品牌的激烈竞争。自2020 年起，蜜雪冰城开始进军印尼市场，然而，早在 2018 年，印尼本土已经涌现出了连锁茶饮品牌 Haus 和 Esteh Indonesia，前者的奶茶定价主要集中在 5000~15000 印尼盾（约合人民币 2.4~7 元），而后者则以其经典奶茶、荔枝冰茶等茶饮系列闻名，价格中档且基本不超过 16000 印尼盾（约合人民币7.4 元）。

这两大本土茶饮品牌在印尼市场的起步早于蜜雪冰城，因此它们对本地市场的了解更为深入，具有天然的市场优势。更为关键的是，Haus 和 Esteh Indonesia 的市场定位与蜜雪冰城相似，甚至更有性价比，也因此在印尼市场上对蜜雪冰城构成了一定的竞争压力，对其市场扩张策略产生了一定的影响。对于蜜雪冰城而言，需要在保持其品牌特色的基础上，进一步深入了解印尼市场，并灵活调整其市场策略，以在激烈的竞争中脱颖而出。

供应链建设仍是茶饮出海的重要功课

回溯蜜雪冰城在国内的成功之路，自建供应链极大提升了蜜雪冰城的盈利能力，更是其坚守高质平价路线的基础。在海外市场的发展中，想要继续走大众定位，同样需要深厚的供应链根基。

根据蜜雪冰城的招股说明书，该公司已经开始布局海南生产基地，以便贴近东南亚消费市场，依托当地优质的农产品资源，扩大生产优势并降低成本。但蜜雪冰城的出海步伐远不止东南亚，如何多环节布局海外其他市场供应链，也是蜜雪冰城在商业版图扩张中亟须考虑的问题。

Chapter Nine

第九章 "新三样"重塑全球竞争格局

01 "新三样"的时代逻辑

行业内外把服装、家具、家电作为中国外贸的"老三样",把新能源汽车、锂电池、光伏产品(或太阳能电池)当成"新三样"。两者的不同点在于:一是技术含量不同,前者是劳动力密集型,后者是技术密集型;二是反映的产业链地位不同,前者是"产业承接者",后者是"创新先行者"。

从"老三样"到"新三样",这是进行时,而非完成时。实际上,"老三样"占中国外贸出口的比重依然高于"新三样",但中国外贸出口的增量越来越依赖于"新三样"。以新能源汽车出口为例,2023年出口量为120.3万辆,同比增长77.6%;在新能源汽车出口的推动下,2023年中国也首次超过日本成为全球第一大汽车出口国。

在全球的产业分工体系里长期有"三个角色"的说法:欧美发达国家作为核心国家提供创新和技术,亚非拉的很多发展中国家作为边缘国家提供原材料;在核心与边缘之间,有一个中间区域承上启下、连接彼此;中国的角色,很长一段时间为中间区域国家。

"新三样"为代表的创新,是行业进一步崛起的力量。何为"强"起来的时代?在产业层面的表现是,越来越多的中国产业由大变强,真正具备世界级的竞争力。这不是以规模大小论英雄，而是以创新和竞争力为衡量。

新能源汽车、锂电池、光伏产品只是其中的代表，这个名单可以拉得很长，前面提到的机器人、无人机、运动相机、3D打印等，它们代表的技术出海、品牌出海，可以统称为"新N样"。这个名单越长，"强"起来的时代就越坚实。

图 9-1　光伏出海，未来十年需求或仍旺盛

图片来源：Unsplash。

"新三样"在改变全球产业竞争格局的同时，也会遭遇很多障碍。

一向极力推崇新能源的欧洲在 2024 年明显弱化了此前的表态，欧盟议会传出将对中国新能源产品征额外税的声音越来越大；而自诩为自由市场经济的美国，对中国"新三样"的接纳程度明显低于"老三样"。中国的"新三样"企业，面临的国际大环境并不乐观。

本章挑选了比亚迪和远景集团这两个案例，这两家公司是"新三样"的代表公司，在各自的领域已经具备世界级的竞争力。它们的未来，即为中国的未来。

02 案例分析之比亚迪：跨界而行，电动长征

2023 年 8 月，一句"在一起，才是中国汽车"，引爆了中国创业圈对中国汽车未来发展的讨论。而抛出这句话的比亚迪，确实有足够的底气。

作为"新三样"之一的电动载人汽车，2023 年的出口量达到 177.3 万辆，同比增加了 67.1%。从中国出口的汽车里，每三辆中就有一辆是电动载人汽车。到 2023 年底，中国的新能源汽车渗透率达到了新车销售的 40%，远高于美国的大约 7%。也正是在 2023 年，比亚迪的全球销量达到 302.44 万辆，超越了特斯拉，并且在第四季度售出的电池动力汽车数量超过了美国汽车制造商。其在电动汽车和插电式混合动力汽车市场的表现尤为突出，展现了强大的市场竞争力。

中国新能源汽车出口量全球第一，全球有超过 60% 的新能源汽车由中国生产、销售，中国新能源汽车专利公开量占全球的 70%，全球有超 63% 的动力电池由中国供应。中国已拥有新能源汽车核心技术和完备的产业链，新能源汽车产业不再被"卡脖子"，成为名副其实的新能源汽车强国。

在深入探讨比亚迪的全球扩张之前，有必要对比亚迪的早期历程进行特别介绍。

比亚迪在 1995 年成立于中国深圳，最初以电池生产起家。早在电动汽车成为全球热点之前，比亚迪就已经开始布局新能源汽车领域。比亚迪创始人王传福在多个场合表示，全球化不仅是比亚迪的战略选择，更是其实现可持续发展的必然路径。

在电动汽车领域，比亚迪的全球扩张策略始终围绕技术创新和市场需求展开。比亚迪凭借其在电池技术、电动驱动系统的自主创新，逐渐在国际市场上树立起技术领先的形象。这些早期的技术积累和产品布局，为比亚迪后

续在全球市场的扩张奠定了坚实的基础。

比亚迪的出海历程和全球扩张策略,展示了一家中国企业如何通过持续的技术创新、深入的市场洞察和有效的战略布局,在全球新能源汽车市场中实现从追赶到领跑的转变。随着全球对新能源汽车需求的持续增长,比亚迪的国际化之路仍将继续,其在全球新能源汽车领域的影响力也将进一步扩大。

第一阶段(1998—2012年):初探海外

在早期,比亚迪以电池技术起家,是中国领先的锂离子电池供应商。1998年,比亚迪欧洲子公司成立,在2003年完成对汽车公司的收购后,比亚迪逐步扩展到电动汽车的研发和生产。比亚迪在聚焦于内部技术积累和产品开发的同时,开始探索海外市场。比亚迪以其独特的铁电池技术和电动汽车研发理念为基础,奠定了技术创新的初步优势。2008年,比亚迪推出了全球第一款插电式混合动力车型F3DM,这是比亚迪技术创新的重要里程碑,而"股神"沃伦·巴菲特的投资,更是打响了比亚迪在国外的知名度。2010年,比亚迪在洛杉矶设立比亚迪北美总部,这是比亚迪全球化战略的重要一步。

尽管在这一时期内,比亚迪的海外业务还是以电池出口为主,但电动汽车的研发和小规模的市场测试,为其后续的全球扩张打下了坚实的基础。

第二阶段(2013—2018年):品牌建设与市场拓展

随着全球对新能源汽车需求的逐渐增加,比亚迪开始加速其在国际市场的布局。在这一阶段,比亚迪不仅在欧洲、北美等发达市场推广其电动公交车、出租车,还开始向东南亚、拉美等新兴市场拓展。通过参与国际汽车展、建立海外销售网络和服务体系,比亚迪的国际品牌影响力得到了显著提升。同时,比亚迪也开始与国际大型运输公司和地方政府建立战略合作关系，通过提供定制化的电动汽车解决方案，深化其在国际市场中的业务布局。

图 9-2　比亚迪参展 2023 年日本移动出行展 Japan Mobility Show

图片来源：比亚迪全球 Instagram 官方账号。

2013 年，比亚迪在美国加利福尼亚州兰开斯特建立了其在北美的第一个电动公交车生产工厂，这标志着比亚迪在海外市场的正式布局。同年，比亚迪与巴西最大的巴士车身制造商达成合作协议；制造的全球首台零排放纯电动双层大巴在伦敦投入运营，将可持续发展、绿色出行的品牌理念在欧洲宣扬开来。这些成功案例大大提升了比亚迪在国际市场上的品牌影响力。

第三阶段（2019 年至今）：全球化布局

这一阶段标志着比亚迪全球化战略的深入推进和市场领先地位的确立。比亚迪不仅在欧洲和北美取得了显著的业绩增长，也成功进入了日本、韩国等高标准市场，并在东南亚、非洲等新兴市场展开深入布局。通过技术创新，如刀片电池的推出，比亚迪进一步巩固了其在全球电动汽车领域的技术领先地位。同时，比亚迪也加大了对海外市场营销和品牌推广的投入，通过本土化团队的推广和销售，增强了比亚迪在国际市场中的影响力和认可度。

2021 年，比亚迪正式宣布了"乘用车出海"计划，加速了新能源乘用车在全球市场的扩张步伐。2019—2022 年，受益于全球新能源乘用车需求的快速增长及前期布局的产能基础，比亚迪乘用车产量占总汽车产量的比重不断提升。2019 年，比亚迪的电动汽车销售网络已覆盖了六大洲超过 50 个国家和地区。2021 年，比亚迪全球新能源汽车销量突破 130 万辆，成为全球最大的新能源汽车制造商之一。2022 年 6 月，比亚迪突破 1 万亿元市值，成为行业路标。2023 年，比亚迪和巴西巴伊亚州政府就宣布在巴伊亚州卡马萨里市建设三座工厂，形成大型生产基地综合体，总投资约 30 亿雷亚尔（相当于约 45 亿美元），继泰国之后，进一步扩大了其在全球新能源汽车领域的产业布局。2023 年第四季度，比亚迪以 52.64 万辆的纯电车销量首次超过特斯拉（48.4 万辆），成功坐上全球电动车销量的王座。

纵观比亚迪在全球的发展历程，有几个经验和策略值得学习。

技术创新为核

比亚迪自成立之初就把技术创新作为企业发展的核心，坚持"技术为王，创新为本"的发展理念。从研发实力来说，比亚迪在全球都占据较强竞争力，拥有 11 个研究院、9 万余名研发人员，研发总投入超千亿元，使得比亚迪获得 15 项技术专利。比亚迪在电池技术、电动汽车及其关键零部件上取得了突破，研发出了刀片电池技术、DM-i 超级混动技术、CTB 电池车身一体化等行业领先技术。例如，刀片电池技术解决了电池安全性和能量密度的矛盾，使得比亚迪的电动汽车续航能力大幅提升。2020 年，比亚迪宣布其刀片电池通过了极端安全测试，进一步增强了消费者对比亚迪电动汽车的信心。

全面发展，形成健康供给闭环

在分析比亚迪的出海成功因素时，不能仅仅把它作为一家汽车企业看待。除了汽车外，比亚迪的业务还覆盖电子、新能源、轨道交通等，这些领域实际上都紧密围绕着一个核心主题——能源的创新利用和可持续发展。随着比亚迪新能源汽车的全球扩张，其在能源供给闭环的构建上也展现出了前瞻性的全面发展战略。作为出海"优等生"，比亚迪看准了半导体、光伏等领域的海外机会，亲自建厂、造船、投资，追求全面发展。

2024 年，比亚迪在印尼与 Mandiri 银行合作，开展电动汽车租赁业务，这不仅展示了比亚迪在电动汽车领域的创新思路，也反映了其深入理解和适应当地市场需求的能力。为了实现本地化生产，降低市场反应速度，利用好海外本地运输、人力、产业发展和资源储备优势，比亚迪先后在泰国建立首个海外乘用车工厂，在匈牙利建设新能源整车生产基地等，并于 2015 年在巴西布局光伏发展，在 2024 年与巴西锂生产商西格玛锂业合作。

面对高昂的运输成本和市场需求的快速增长，比亚迪选择自建汽车运输船，"EXPLORER NO.1"就是这一战略的体现。2024 年，比亚迪首艘汽车滚装船"EXPLORER NO.1"在山东港口烟台港和深汕小漠国际物流港举行交付仪式，完成新能源汽车装船作业，并驶往荷兰符利辛根港和德国不来梅哈芬港。

本地战略生态构建

比亚迪针对不同市场和消费者需求，推出了多元化的产品线，从高端车型到经济型车型应有尽有，满足了不同市场层次的需求。比如，在海外推出王朝系列车型，汉 EV、唐 EV、e5、宋 EV、元 Plus 等车型，涵盖了中高端以打品牌为目的至性价比较高的走量车型。近年发布百万级新能源车仰望，则是进军高端市场的尝试。

有别于新势力品牌的直销模式，比亚迪仍然采用经销商分销模式，与当地经销商进行合作，促进 B 端车辆的销售交付。比亚迪在全球市场的推广和营销策略非常注重品牌形象的塑造和传播。通过参加国际汽车展、举办产品发布会、开展数字营销等方式，比亚迪有效地提升了其国际知名度和品牌影响力。

图 9-3 展会上的比亚迪汽车

图片来源：Unsplash。

比亚迪积极与全球各地的政府机构、公共交通系统和当地企业建立战略合作关系，这些合作不仅帮助比亚迪更快地融入当地市场，还为其提供了强有力的市场支持。2018 年，比亚迪与巴黎公共交通公司 RATP 签署合同，提供电动巴士用于巴黎城市公交系统，这是比亚迪在欧洲市场的重要合作案例之一。到 2021 年，比亚迪已经成为挪威最大的电动巴士供应商，占据了该市场 40% 以上的市场份额。同样，在印尼市场，比亚迪与当地合作伙伴推出了纯电动大巴，并支持当地出租车行业发展。同时，通过构建包括充电基础设施在内的新能源汽车生态系统，比亚迪为消费者提供了一站式的新能源出行解决方案。比亚迪通过本土化团队的推广和销售，加强在国际市场上的品牌宣传和知名度建设。比如，在泰国市场，比亚迪的 ATTO 3 因其高性价比和良好的驾驶体验，受到了当地消费者的欢迎，2021 年比亚迪在泰国的销量同比增长超过 300%。

比亚迪的出海历程是一次跨界而行的长征，其背后是中国强大的汽车制造业支撑，展现了其在新能源汽车领域的创新能力和国际竞争力。通过不断的技术突破和市场拓展，比亚迪不仅在全球新能源汽车市场占据了一席之地，也为中国品牌的国际化提供了宝贵的经验。

03　案例分析之远景集团：合纵连横，服务为王

以新能源汽车、锂电池、光伏产品为代表的"新三样"成为我国出口的新增长点，也是我国产业升级及海外贸易的重要缩影。其中涌现出了像远景集团（以下简称远景）这样的专注绿电、把产品与服务结合，业务遍及世界的佼佼者。远景目前下辖专注于风电和绿氢解决方案的远景能源、主攻电池科技的远景动力、主打能源管理智能物联操作系统 EnOS 的远景智能及与红杉中国携手打造的碳中和基金远景创投。

根据远景官网显示，远景智能风机全球装机容量超过 50 吉瓦，遍布亚洲、北美、南美、欧洲、非洲，2023 年海外项目订单量位列行业第一。远景动力拥有包含诺贝尔化学奖获得者在内的 10000 名全球顶尖人才，6 个全球工厂、7 个在建工厂，累计电芯出货量达 1 亿颗，被英国研究机构 Benchmark 评为全球领先的电池企业。

要想深入了解远景是如何在成为世界级新能源企业的道路上大步向前的，我们首先要从它的发展历程中抽丝剥茧，找到成功秘诀。

第一阶段（2007—2010 年）：技术驱动的诞生和发展

远景背后的创始人张雷，出生于"中国制造业第一县"——江阴市。江阴以其制造业实力而闻名，也是苏锡常几何中心的重要城市。背靠江阴市得天独厚的区位优势，张雷不走寻常路，专注于当时较为冷门的风电行业。

2007 年，远景科技正式成立，次年即下线了第一台样机，成功拿到首个订单。

图 9-4　风电行业的需求正在全球范围内持续增长，海、陆风电发展前景好

图片来源：Unsplash。

2009 年，远景率先推出低风速风力发电技术，成功填补国内低风速发电领域的空白，解决了我国 60% 以上为低风速地带风机无法普及的问题。其首款低风速机组迎得了市场的青睐，远景也因此被《福布斯》杂志评选为"中国科技先锋封面企业"。而后的 2010 年，远景能源再次成功研制出业界首创的"低风速智能风机"，将风机发电效率提升 15%~20%，逆转了我国风电装机容量高但发电效率较为低下的局面，全面打开中国低风速风力发电市场。

第二阶段（2011—2020 年）：崭露头角，产品 + 服务搭建远景全球生态体系

2012 年，远景能源以现代风电的故乡——丹麦为切入点，在丹麦建立了全球创新中心，推出新概念海上风机，通过先进的理念改变了风电业界的行业规则。从北欧出发，随后远景能源进一步拓展至南半球。

2013 年，远景能源在智利中部的 Ucuquer 风电场安装了 5 台风轮直径 110 米、发电量 2.1 兆瓦的风力发电机，正式将风电主机布局海外。在当时互联网还未迈向 AI 时代，远景能源提出了"能源互联网"的概念，诞生了中国风电行业首个软件操作系统和集成风场设计、评估、管理的应用。

2014 年，远景能源与新西兰 Infratil 合作，帮助新西兰基督城建设智能基础设施。同年，远景能源正式发布"格林威治"云平台，实现了基于风场数据的风机选址、数字能源管理服务。随后，远景能源在全球遍地开花。2015 年，远景能源在瑞典购买了陆上风电项目，标志着其正式进入欧洲市场；还收购了墨西哥 600 兆瓦风能项目，将业务开拓至拉美地区；并且在伦敦设立办事处，负责处理欧洲、中东和非洲的业务。

2016 年，专注于零碳目标和 AIoT 技术的远景智能正式成立，推出智能物联操作系统 EnOS，提供智能解决方案，助力世界各地政府和企业实现数字低碳化转型，并于次年成功中标新加坡政府物联网操作系统。同年，远景在德国成立运营办公室，在美国成立风机叶片创新中心，并在智利安装完成另外 5 台风力发电机。

2019 年，日产汽车将电池业务及生产设施出售给远景，远景动力宣告成立，联手此前成立的远景智能，共同深入产业链打造 AIoT 智能电池。在随后远景动力与奔驰、宝马、日产、吉利、奇瑞等多家头部主机厂达成战略合作，并在全球设立了 13 大生产基地。

第三阶段（2021 年至今）：全面爆发，作为"新三样"代表，领航全球新能源发展

业务的飞速拓展让远景成功获得了资本市场的加持，更让远景成为行业的代表。2021 年，远景与红杉中国共同成立总规模为 100 亿元的碳中和基金远景创投，投资 chargepoint、Orbital Insight、tomorrow.io 等绿色能源相关企业，致力于构建零碳新工业体系。与此同时，远景完成对FE（电动方程式锦标赛）维珍车队的收购，正式更名为"远景车队"，并在2023年FE世锦赛中获得车队年度总冠军。11月，远景集团CEO张雷会见西班牙首相桑切斯，随后与西班牙开启了碳中和战略合作。同年远景还荣登《财富》杂志"改变世界的公司"全球榜单第二位。

2022年远景海外风电项目总装机容量高达677.2万千瓦，占比超过中国海外市场装机容量的80%，位列全国第一，全球装机容量排名第四。同年3月，远景能源在印度获得1966.8兆瓦风电项目订单，创造了中国风机品牌赢得单一海外市场的最大订单纪录。同年底，远景赢得总容量340万千瓦的国际大颗粒风机项目订单，项目覆盖北非、中东和东亚地区，刷新了中国风电企业出海签订国际大颗粒风机订单的纪录。

截至目前，远景旗下三家公司远景能源、远景动力、远景智能均成为独角兽公司。远景的20余个运营及研发中心遍布中国、日本、越南、印度、印尼、新加坡、英国、丹麦、德国等国家。回顾远景的发展，我们不免产生疑问，是什么样的能力，使得这样一家成立仅十余年的公司在世界范围引领行业发展，并迅速扩张商业版图。分析下来，创始人的全球化理念、对产品及未来的思考、国际化人才团队的搭设是其快速成长为全球化企业的关键因素。

创始人高瞻远瞩的全球化理念

远景的创始人、CEO张雷，毕业于上海理工大学管理学院国际企业管理专业，随后至英国伦敦政治经济学院进修运筹学。毕业后，张雷先后在法国道达尔石油公司伦敦交易部和英国巴克莱银行工作，从事全球能源战略架构及能源金融产品设计，让他对于能源领域有了深刻的认知，也让他从这时开始就有了国际化的战略眼光。

张雷家境优渥，父亲是成功的企业家。而他选择同 10 个"海归"组团到江阴创立了远景。创立之初，远景就抓住了风电市场痛点，即我国普遍的低风速地带与市场现有产品的不匹配，并针对性研制出低风速风机，很快便获得市场认可和回报，仅用短短三年时间，公司的年销售额就突破 10 亿元。

或许是得益于欧洲的工作经历，张雷深知全球风电核心要素的分布：技术在欧洲，软件在美国，资本在全球，市场和成本优势在中国。他的目标是产品比欧洲的更有竞争力，产品质量比国内同行的更好。于是，远景在国内获得成功后就将目光投向了丹麦，在当地建立了远景全球创新中心，随后又将全球化版图以业务及研发、运营中心的模式扩张至智利、新西兰、瑞典等国家，丹麦的全球创新中心、德国的全球风电工程技术中心、美国的全球叶片创新中心，成为远景全球化战略的重要支点。而在搭建企业全球化架构的过程中，实际上也搭建了基于全球的资源获取体系。

除此之外，张雷对于能源行业的思考也是超前的，他对于全球新能源时代的预判是"传统能源是集中发电模式，未来必将会被新能源的分布式发电取代，每个人既可以是能源的消费者，也可以是能源的生产者"。而如何串联分布式发电，则成为未来绿电发展的关键。因此，张雷提出了"绿托邦"的理念，用互联网思维来思考和解决问题，即通过工具整合能源领域，构筑能源互联网系统。

除此之外，难能可贵的是张雷虽然以互联网思维来考虑公司发展，但却并不似互联网企业般追求速度。时至今日，远景还未上市，对此，张雷解释道："（远景）想要打造的是时代的作品，而不是围绕财务报表的上市公司。"

图9-5 远景在鄂尔多斯打造的全球首个零碳产业园

图片来源：远景官网《2022碳中和行动报告》。

合纵连横，对产品及未来的思考

远景的商业模式，与同行有着本质区别。远景能源诞生的伊始，就是用技术驱动产品研发的。在这点上，远景的国际化团队侧重于寻找价值链上的黄金环节，注重研发与设计，而在采购和组装环节上通过OEM来达到效率平衡，这样的模式使得远景从研发到生产的整个流程及供应链都更加高效灵活，也是远景能率先研发出低风速风机获得市场青睐的先决条件。

而专注于核心技术的战略，使得远景在以硬件切入市场、熟悉市场业态后，转向了产业链下游的管理与服务，布局于整个生态系统，催生了远景智能、远景动力及远景创投。远景能源注重发电业务，远景动力靠近用电业务，而远景智能作为连接用电和发电的平台，共同构成绿电和工业低碳转型的整体解决方案，EnOS、格林威治、AIoT技术、产业链投资等逐渐成为远景在行业内的护城河，为远景和其竞争者拉开差距，以技术服务领先于只卖硬件的国内竞争者，又以硬件实力击败只卖软件的外国服务商。

而在实现服务的能力上，远景擅于同全球伙伴达成合作。按张雷的话来说，是"合纵连横"。远景通过嫁接丹麦的先进风电技术征服日本市场；在美国建立全球数字能源创新中心，凭借美国的前沿技术获得新西兰智慧城市项目订单。

有意思的是，远景通过独特的营销投入宣传其理念：Formula E 作为电动汽车业最前沿的赛事，会诞生诸多未来最顶尖的民用技术。2021 年，远景集团完成对 FE 维珍车队的收购，正式更名为远景车队。2023 年，远景车队夺得 FE 锦标赛车队年度总冠军，使得远景集团的国际名声更添声量。而其赛车侧面醒目的"Race Against Climate Change"标语，彰显着远景通过能源改变世界的宏大愿景。

国际人才团队的搭设

风电及产业链后端的储能、能源管理等是新兴行业，需要充分吸收其他领域的科技成果并加以运用的优秀人才。远景的官网显示，远景团队拥有 50% 以上的国际人才，成员来自波音、福特、IBM、西门子、麦肯锡、摩根士丹利等各行各业的国际头部企业，这也促使远景集团从上到下都拥有宏大的成为国际化企业的愿景。

远景一直奉行的使命是解决人类可持续发展的挑战，远景的考虑群体是全人类，因此必须成为全球化企业，而不单单局限于中国。

远景在团队结构上追求扁平化——公司只有决策层和作业层，员工处于主动性更强的自驱状态。公司所有职能和管理体系都围绕"挑战者"打造，以"解决挑战"为第一要务。张雷自身也偏向民主化管理者，早前的远景每个月都有一天作为"CEO 对话日"，任何员工均可向他提问，也可以直接以邮件与他进行讨论。

以上举措，除了能让来自不同国家的人才感受到公司的使命，也使得国际人才感受到"被尊重"。

结　束　语

在回答了为何出海、如何出海、出海去哪儿，以及研究了 12 个实践案例后，本书到了结尾的时候。但对于绝大多数新出海的从业者来说，旅程才刚刚开始。

出海是一个长期的事情，不能操之过急、生怕失去机会，恐慌式出海的结果大概率不会好；也不能指望万事俱备、100% 无风险后再出海。正确的做法是：出发要早、走得要稳、保持自己可持续的节奏、有足够的耐心和毅力坚持不懈走下去。

如果中国有实力的公司海外收入占比从目前的不到 10% 能升至 30% 以上，这意味着中国经济有几十万亿元的增量。中国有优势的细分行业有数百个，海外有 200 多个国家和地区，基于这些细分行业的优势出海到任何国家，都可能产生不错的商业机会。

中国上一代企业家、创业者的舞台主要在中国，中国下一代企业家、创业者的舞台是全球。只有在新的舞台、用新的方式，下一代才有可能超过上一代。教育背景和国际视野更好的新一代，在出海方向尤其值得看好，这是新时代赋予年轻一代的大机遇。

尽管如此，中国年轻一代企业家、创业者敢于走出去的比例还不够高，对于海外的认知还不够客观。以天下为己任的中国精神，需要在年轻一代中进一步发扬光大。对于海外的研究，需要教育界和产业界联合起来去加强。平视世界，不仅包括平视欧美，也包括平视亚非拉各国；年轻一代要多去亚非拉国家走走，从欧美中心的视野中跳出来。

新全球化正在形成。在全球新格局下，中国和中国企业将扮演越来越重要的角色。在新时代赋予的巨大机会面前，企业出海可以更好地服务中国。新一代出海人，无论未来是落叶归根还是落地生根，都要有回馈中国的初心。

祝愿你的出海之路一帆风顺。